फर-ट लअ

फर्स्ट लभ

सम्पादक
अजित बराल

फाइनप्रिन्ट

प्रकाशक : फाइनप्रिन्ट आइएनसी
धुम्बाराही, काठमाडौँ
पोस्ट बक्स : १९०४१, फोनः ४४४३२६३
इमेल : fineprint@wlink.com.np
वेबसाइट : www.fineprint.com.np

संस्करण : पहिलो, वैशाख २०७०

ISBN : 978-9937-8666-5-1

FIRST LOVE, A COLLECTION OF MEMOIRS

भूमिका

एउटा उपन्यास लेख्दै थिएँ, सायद कहिल्यै नछापिने । लेख्नुभन्दा पहिल्यै शीर्षक दिएको थिएँ: हाउ नट टु फल इन लभ । उपन्यास प्रेमसम्बन्धी थियो । त्यसलाई प्रेममाथिको मनन बनाऊँ भन्ने सोच थियो मेरो । तर ग परैँ प्रेमको ठेट्ना, प्रेमलाई गहिरोसँग अनुभव नगरेको । लेख्न सहज थिएन । अनुभवलाई पढाइले पूर्णता दिन सकिएला भन्ने मनमा लाग्यो । र, पढ्न थालेँ प्रेम कथाहरू । एन्तन चेखबका । जन अपडाइकका । हेन्री जेम्सका । र, अन्य थुप्रै लेखकका । यसरी पढ्ने क्रममा हात लाग्यो इयान टर्गिनेभको लड सर्ट स्टोरी– फस्ट लभ ।

उक्त उपन्यासमा पार्टीमा भेट भएका केही व्यक्तिले पहिलो प्रेमका आआफ्ना छोटा-मीठा कथा सुनाउन थाल्छन् । जब मुख्य पात्र भ्यादिमिर पट्रोभिचको पालो आउँछ, उसले आफ्नो प्रेमकथा लामो भएकाले पहिला नोटबुकमा लेखेर सुनाउने प्रस्ताव राख्छ । त्यसपछि उसको कथा नोटबुकबाटै अघि बढ्छ । खासमा, उसको त्यो कथा नै फस्ट लभको कथा हो ।

त्यो कथा पढेपछि मनमा झङ्कार उत्पन्न भएको थियो । त्यही बेला हो, फेरि लेखकलाई पहिलो प्रेमको संस्मरण लेख्न लगाएर संग्रह निकाले करो होला भन्ने प्रश्न मनमा उब्जेको । प्रेम ज्यादै पढिने विषय हो । गुगलका अनुसार सन् २०१२ मा सबैभन्दा बढी सर्च गरिएको वाक्यांश 'ह्वाट इज लभ' हो । किन हुँदो रहेछ प्रेमबारे यत्रोविधि जिज्ञासा ? आफ्नो कथा अबाउट लभमा एन्तन चेखब भन्छन्, '(लभ) इज अ ग्रेट मिस्ट्री ।'

त्यही मिस्ट्रीलाई डिमिस्टिफाई गर्न हामी प्रेमबारे धेरै पढ्न खोज्दा रहेछौं कि !

फेरि, पहिलो प्रेममाथि लेखिएका संस्मरणहरूको संग्रह पहिले कसैले निकालेका थिएनन्, कमसेकम नेपालमा त थिएन । त्यसैले पृथकता र पठनका हिसाबले पहिलो प्रेमका संस्मरणको संकलन राम्रो होला भन्ने लाग्यो मलाई । अनि यस संग्रहको काममा जुटेँ ।

प्रेमलाई सजिलै परिभाषा गर्न सकिँदैन । यो जटिल छ । रहस्यात्मक छ । यसका अनेका रंग छन् । यसका अनेक रूप छन् । तर पनि यसलाई हल्काफुल्का विषयका रूपमा हेर्ने गरिन्छ । हल्काफुल्का मानिने प्रेमको संस्मरणको संग्रह फितलो नहोस् भन्ने चिन्ता संग्रह तयारीमा जुट्नुअघि नै थियो । त्यसैले राम्रो लेख्ने र भाषा मीठो एवं रोमाञ्चक प्रेम-कथा भएका लेखकहरूलाई आफ्नो पहिलो प्रेमको अनुभव लेख्न अनुरोध गरेँ । तीमध्ये कतिले समय अभावका कारण लेख्न भ्याउन्नँ भने । अरू कतिले लेख्न त रमाइलै हुन्थ्यो तर छापिएपछि घरमा समस्या पर्ला भनेर लेख्दिनँ भने । तर लेख्न उत्साह देखाउनेहरूका कारण संग्रहले यो स्वरूप पायो ।

संग्रहमा दसओटा प्रेम संस्मरण छन्– २५०० देखि ३५०० शब्दसम्मका । स्कुले, एकपक्षीय र गम्भीर, पूर्ण प्रस्फुटन भएको प्रेमदेखि क्रस र एक्स्ट्रा म्यारिटल लभसम्मका संस्मरण छन् यसमा । त्यसैले यी विविध छन् । तर त्यो विविधतामा एउटा समानता हामी पाउँछौं : वियोगान्त । संकलित सबै प्रेम वियोगमा टुंगिनु, के संयोग मात्र हो ? के पहिलो प्रेमको सबै कथा सधैं वियोगमै गएर टुंगिन्छ ? यी प्रश्नका जवाफ संकलित रचनाले त दिँदैनन्, तर तिनले प्रेमको प्रकृति, त्यसका विविध आयामलाई उजागर गर्छन् । तिनले हाम्रो पहिलो प्रेमलाई सम्झाउँछन्, पहिलो प्रेममा पर्दाका दिनमा हामीलाई पुर्‍याउँछन् । तिनले हामीलाई कुतकुत्याउँछन्, रोमाञ्चित पार्छन् । अझ महत्त्वपूर्ण त, राम्रो रचना पढ्दा हामी जुन सन्तुष्टि पाउँछौं, त्यो सन्तुष्टिको आभास यिनले हामीलाई दिन्छन् ।

अजित बराल

विषयसूची

विन्ते

विमल आरोही

म बिउँझिएँ । यात्रुहरूको ओर्लने हतारोबाट चाल पाएँ, गन्तव्य आइपुगेछ । नाडीको चिमचिमे पड्डी हेरैँ, चार बजेको रैछ । औँला गनेर हिसाब गरैँ, सात घन्टामा आइपुग्गेछ । यात्राभरि सामान्यज्ञानको किताब घोक्दै आएका सिट पार्टनर खर्दार दाइले भने, 'बैसट्ठी किलोमिटर बाटो पार अर्न चार सउ बीस मिनेट लाएच ।' दाङको तुलसीपुरबाट डरमर्नु बाटो हुँदै सल्यानको सदरमुकाम खलंगा आइपुगियो । सोचेँ– अब मनले मात्रै किन, आँखैले देख्न पाउनेछु ।

म दुई वर्षपछि घर जाँदै थिएँ । बसपार्कबाट ओरालो झर्दै घरतर्फ लागेँ । आफ्नै परिवेश मलाई अचम्मै नौलोनौलो लाग्यो । घरमाथिको पीपल तक्लु देखियो; बारी र कान्ला नाँगैभुतुगै । गाउँमा घर पनि टाढ्टाढा । बाटामा मान्छे पनि कोइ भेटिएनन् । सिरसिरे बतासले उदासीको बिस्कुन फिँजायो । छारो उडायो । चैतलाई ऋतुराज भनेको पढेथेँ, मलाई मन परेन । आफूलाई कहिले देखम भाथ्यो, दगुरेँ ओरालामा ।

घर नपुग्दै अलि माथि बाटैमा पँधेरो थियो; रोक्किएँ । बाटाको ढिकबाटै पँधेरो चिहाएँ । जे देखेँ, त्यो बडो दर्शनीय अनि प्रार्थनीय सिन थियो । ऊ पेटीकोट छातीगा कसेर नुहाउँदै थिई । एक्लै । दुई वर्षमै दुई टाकुरामा आएको उलटपुलटले गेरो आङ्मा उथलपुथल ल्याइदियो । बाटाछेवैमा थचक्क बसेँ हेर्नलाई ।

मलाई हेरूँहेरूँ लाग्यो, हेरिरहेँ । सम्झेँ, उस्को र मेरो छातीमा केही फरक थिएन । तर दुई वर्षमै यस्ती भइछ । मेरै उमेरकी उसलाई मैले 'दिदी' देखेँ । छोरी मान्छे हलक्कै बाढ्छन् भन्थे, हो रैछ । देब्रे हातले

पेटीकोट उचाल्दै अम्खरा छातीभित्र बगाइरही । म त्यहीं त्यही पानीपानी भएर बगैं । बगैं, बगिरहैं ।

'के हेर्चौ तो विमल ?' मेरा दुवै आँखा छोपिदिँदै कसैले भन्यो । आवाजले चिनैँ, शंकरे रैछ ।

भनैँ, 'थकाइ लागेर यसो बसेको ।'

'घर पुग्न पाँच मिनेट छैन, सुस्ताउनी पनि ...' सोच्यो सायद । धेरै बेरपछि भन्यो, 'अब हीँ पढ्नी, हैन्तो बड्डा ?'

शंकरेले था'पाइसकेछ ।

'हो, अब हीँ हाईइस्कुल पढ्नी हम्,' विन्तेले सुनोस् भन्ने चाहेर पनि सुस्तरी बोलैँ ।

ऊ टाउकोबाट कुर्ता छिराएर नुहाएको पेटीकोट तलबाट निकाल्दै थिई । आँखा पँधेरैतिर सोभ्याएर शंकरेलाई सोधैँ, 'काँ जान लाइस् तो ?'

शंकरेले भेस्टभित्र लुकाएर राखेको बोतल देखायो । थाहा पाएँ, जिल्ला हुलाकका पियन उस्का बाले शंकरेलाई साँस्साँभ्फ बजार पठाउँथे । 'बालाई ओक्तो हिन' भनेर ऊ उकाल्लियो बजारतिर । म ओराल्लिएँ, पँधेरातिर ।

बाटाछेउको होचो बान्नामा थियो, तामाको गाग्री । हेरैँ, गाग्रीमा पानी भरीभरी रैछ । आँखा विन्तेतिर सोभ्याएँ, ऊ पनि गाग्रीजस्तै टन्न देखिई । भरी गाग्रीको साइत शुभ हुन्छ भन्थे, भयो ।

टुसुक्क बसेर ढुंगाको छपनीमा लुगा छाँट्दै थिई । गुलाबी रङको कुर्ता जिउमा टिमिक्क थियो । कपालबाट चुहिरहेका पानीका थोपाले कुर्ता भिज्दो थियो । पानीका थोपाथोपा नाचिरहेका थिए अनुहारभरि । कस्ती राम्री देखिएकी !

बोलाऊँ कि नबोलाऊँ ! के भनी बोलाऊँ ! नबोल्ने विचार धेरै गरैँ– कम्तीमा हेरिरहन त पाएको छु । बोल्ने बहाना धेरै बनाएँ– आफू आएको थाहा दिन चाहेको पनि त छु । बोल्छु भन्यो, ओठ फुट्तैनन्, घाँटीमा के-के अड्केजस्तो हुन्छ । ओठै नच्यातीकन जोड-जोडले के-के बोलैँ-बोलैँ म ।

'पानी खाम्न ?' तैँ/तिमी/तपाई/हजुरविना दसौंचोटिको रिहर्सलपछि बिस्तारै भनैँ ।

विन्ते थरर्र हल्लिई । मुन्टो ठाडो पारी । आँखा जुधे । हाँसी मुसुक्क । हाँसोमा दुई वर्ष पहिलेको शुद्धता थिएन, लज्जा र बैंसको मिसावट थियो ।

मिसावटयुक्त हाँसोको सेवनले मलाई तुरून्तै रियाक्सन गन्यो; लफ पोइजन भो । कस्तोकस्तो जस्तो भयो मलाई । टुलुटुलु हेरिबसेँ चुपचाप ।

अम्खरामा पानी राखेर हल्लाइहुल्लाइ पारी तीनचारपल्ट । यसो गर्दा दुई टाकुरा पनि हल्लिए । बस्तीमा भूकम्प आउँदा त्यहाँको 'बासिन्दा' नहल्लिने कुरै भएन, म हल्लिएँ । पानी दिन नजिकै आई, साथमा लिरिलको हरर वास्ना पनि, कति मीठो ! अलिकति निहुरिएर मुखमा लगेर अञ्जुली थापेँ । उसले पानी चुहाई । अम्खरा थररर हल्लिरहेको थियो । हत्केला रगडेँ, हल्का पख्लिए । पानी घटघटी पिएँ । मुन्टो दायाँबायाँ हल्लाएँ । चुहावट बन्द गरी । प्यास मेटियो, तृप्त भएँ ।

हामी एकदम नजिकैबाट फेस टु फेस भयौँ । आँखा ठोक्किए । गुलाबी ओठ हल्का फैलिए, तर खुलेनन् । ऊ अलिकति निहुरी । घाँटीमा पुगेको चुन्नी छातीतिर सारी । कुर्ताको पछाडिको फेर दुई हातले जिउमा स्याप्प पारेर टुसुक्क बसी । ढुंगाको छपनीमै लुगा मिच्न थाली । म आँखा मिच्न थालेँ– विन्ते यही त हो ?

'अझ घर पुग्या छैनौ ?' शंकरेले भन्यो । म झस्किएँ । ऊ बजार पुगीवरी आइसकेको थियो । म ऊसँगै ओराल्लिएँ, गफ गर्दै । शंकरेबाट तर्केर यसो फर्केर हेरेँ, ऊ उभिएर हेरिरहेकी थिई । अलिकति तल पुगेपछि शंकरे छुट्टियो ।

घरमा ढोकामा ताला झुन्डेको देखेँ । आँगन जोडिएकी बराल्नी भाउजूले भन्नुभो, 'आमा जिउला गइहुनुन्च । बुआ त सदैं बजारैबाइ त हो नि ।'

जिउ हेरेँ, सारा धुलाम्य थियो । आउँदाआउँदै तुल्सीपुरमा किनेको 'भिजिट नेपाल १९९८' छाप टिसर्ट सुँघेँ, पसिना गनायो । साबुनको बट्टा, टाबेल र जग दलानमै भेटियो, दौडेँ पँधेरातिर ।

एक सासमा पँधेरा त पुगेँ, तर त्यहाँ विन्ते भेटिन । बाटोमै उभिएर पँधेरातिर ट्रलुट्रलु हेरेँ । नुहाऊँ कि फर्किऊँ, फर्किऊँ कि नुहाऊँ भो । विन्ते बरोकै छपनीगा उरौ गरी टुसुक्क बसेँ । देखेँ, कपालका एकदुइटा चिसा रौं ढुंगामा टाँस्सेका । हेरेँ ती कपाल, छोएँ, चलाएँ । पँधेरो पनि निक्कै वास्नादार बनाइथी । उही छपनीमा धेरैबेर बसेँ । जाडो पो लाग्न थाल्यो । आज चिसो भो । कपाल ए नङ्को वासस्थान मात्रै न्याएर घर पर्छे म ।

***

घर-मावल नजिकै भए पनि म दुई वर्षसम्म घर आएको थिइनँ । दाङ स्कुलमा चाडबाडका बेला छुट्टी त हुन्थ्यो, तर त्यही बेला मेरो डिमान्ड हाई हुन्थ्यो । छोरीको छोरो सँगै हुनु भनेको हजुरबा-हजुरआमाका लागि देउतासँगै हुनु बराबर थियो । गोजी पनि रिचार्ज हुने, चाडबाडमा कस्ले छोडोस् मावली ! बर्खे र हिउँदे बिदामा भने फाट्टफुट्ट घर आउँथेँ । त्यही फाट्टफुट्ट बसाइँमा म उस्लाई आँखाले चाट्टचुट्ट पार्थेँ । तर यस्पाला दुई वर्षपछि मात्रै आएको थिएँ एक्कुरै ।

मावलीमा छछ वर्ष बसेपछि बुझ्ने हुँदै जाँदा मलाई घरको यादले सताउन थाल्यो । स्कुलमा सहपाठी गट्ठीहरू जब बा-आमाको कुरा गर्थे, म टोलाउँथेँ । अरूले देउतै मानी जति मानमनितो गरे पनि आमासरह नहुँदो रैछ । दाङमा आफूजस्तै कोही देख्यो कि विन्तेजस्तै लाग्ने । अन्ततः दाङ श्रीगाउँको नामी स्कुल छोडेर म सल्यान फर्किएँ ।

***

पँधेराबाट फर्केर आँगनमा टुसुक्क बसेको थिएँ । आँखा पँधेरामै छोडेर आएको थिएँ । तिनले लाइभ रिपोर्टिङ गरिरहेका थिए । म मनको स्क्रिन एकसुरले हेरिरहेको थिएँ । जत्ति हेरे पनि दृश्य भने उही एउटै देखाउने । अल्छी रिपोर्टर !

अलि बेरपछि घाँसको भारी बोकेर आमा आइपुग्नुभो । दाइ र भाइ पनि आइपुगे । अँधेरो भएपछि बुवा आउनुभो ।

'साइतैमा आइस्,' दाइले भन्यो ।

'किन र ?' मैले सोधेँ ।

'आमालाई तीन दिन भए ।'

कुरो बुझेँ, खाना पकाउने मासिक टेन्सन आको रैछ । मैले मुख बिगारेको आमाले देख्नुभो । केही भन्नुभएन ।

आँगनमा आमा र म मात्रै थियौँ । त्यसैले मैले सुटुक्क सोधेँ, 'विन्ते आन्न र, आमा ?'

'आन्ने अइज्याल,' आमाले भन्नुभो ।

गौँडैबाट 'ठूल्जेई' भन्दै विन्ते भित्र पस्थी । पकाउने, दियोबत्ती गर्ने, पानी ल्याइदिने काममा आमालाई खुप सघाउँथी । उसको प्रशंसा आमाले दाङसम्म पुर्‍याउनुभएको थियो— बद्र रूप्से छे, पकाउनीवर्नी सब गर्छे, एकछिन खाली हात बस्दिन, पढेकी छे, सुविस्ताकी छे, बेहोराकी छे ।

पुछारमा एउटै टिप्पणी गर्नुहुन्थ्यो– दिनमा दसपल्ट धुँदी हो हातगोडा, अलि नक्कल पार्छे । आमा-सानिमाहरूबीच भद्र सहमति थियो– विन्तेलाई आफ्नै मान्छेका पार्नुपर्छ । म लोभिन्थेँ– कुनै कुटुम्ब नपर्ने, आमालाई समेत रिझाएकी; उहाँहरूको 'आफ्नै मान्छे' मबाहेक को होला र !

'आइरन्थी तो,' आमालाई सोधेँ ।

'आन्ने अइज्याल । तँसितै हो, हलक्कै बारेइछ । अब त ठूली भइगई । तिमरू कोइ नभया बेला सङ्दिन आउँचे,' आमाले भन्नुभो ।

आमाको 'ठूली भइगई'लाई पँधेरामा देखिएकी विन्तेले पुष्टि गरी । सधैँजसो भनिरहने 'तँसितै हो' भन्ने बेला आमाले मेरो लिखुरे ज्यान मायाले हेर्नुभएको थियो । विन्ते र म एकै साले मात्र होइन, एकै मासे थियौं । आमाले मलाई बच्चै र कच्चै देख्नुभो, विन्तेलाई भने बेला भएकी !

म दाङबाट घर आउँदा ऊ जहिल्यै आमासँग हुन्थी । घरमा छोरीमान्छे देख्दा आमा ससिलो अनुभव गर्नुहुन्थ्यो, म चैं धेरै थोक । सानोमा म कुरा खुप कोट्ट्याउँथेँ, तर आमासित मात्रै । आमाले विन्ते र मेरो जन्म अनि हुर्काइको सहसम्बन्ध सुनाइदिएपछि म छक्क परेको थिएँ ।

हामी जन्मिनुपूर्व हाम्रा आमाहरूबीच गोप्य सम्झौता भएको रैछ– छोरैछोरा वा छोरीछोरी जन्मे साटम्ला । तर, ऊ ठूलीकी बहिनी अनि म जेठोको भाइ भएरै जन्मियौं; म जनैपूर्णेको दिन, अनि ऊ दही जात्राका दिन । हामी जन्मेपछि आमाहरूलाई आफ्नो खुनको खुप माया लागेर आएकाले साट्न सक्नुभएन रे । उसो त खुनलाई माया नगर्ने आमा संसारमा को होला र !

हामी सानामा सँगैसँगै खेल्यौं, सँगसँगै हुर्कियौं रे । कतै टाढा काममा जानुपरे आमाहरूले हामीलाई सँगै बसालिदिने रे । रोइरहेका हामी जब एकअर्कालाई देख्यौं, चुपाउँथ्यौं रे । यस्ता कुरा सुनेर म भावुक हुन्थेँ । एउटै फोग्रोमा सुतेको अज्ञात सत्य फल्पेर म टोलाउँथेँ ।

म दाङबाट आएका बेला एकचोटि हामीलाई सँगै देखेर आमाहरूले खिज्याएका थे– उतिबेला हाम्ले सार्टेनम, अब आफै साट्यौला तिमरू । सुनेर ऊ लजाएकी थिई । ऊ लजाएको देखेरै लजाएको थिएँ म पनि ।

जब म अलिकति बुझ्ने भएँ बाआमाले मलाई सात वर्षकै उमेरमा दाङ पठाइदिए । नबुझ्ने बेलाको हाम्रो सम्बन्ध आगाबाटै टुनेको हुँ गैले । म दाङबाट कहिलेकाहीँ घर आउँदा विन्तेलाई घरमा पाउँथेँ । आमालाई

उस्काबारे के-के सोधेर हुक्क पार्थें । आमाले सानोमा म ऊ भनेपछि हुरुक्कै हुने गरेको सुनाइदिएपछि खै किन हो, मैले उस्लाई लुकेर हेर्न थालें । सुरूसुरूमा अरूका अघि ऊसँग नबोल्न थालेको म, पछि त उस्कै मात्रै अघि पनि नबोल्न थालें ।

त्यस दिन ऊ आइन । मैले आउँदाआउँदै बाटैबाट पँधेरो साथमा ल्याएको थिएँ । मेरो रात पँधेरासितै बित्यो छटपटीमा । पुराना दिन पँधेरालाई केन्द्रमा पारी फन्फनी घुमिरहे । कहिलेकाहीँ आउँदा देखेको थिएँ– पूजाभाँडा माफिदिन्थी । पकाउने भाँडाको बाहिरपट्टि खरानी मुछेर दलिदिन्थी । आगो बालिदिन्थी । अर्नी बनाउन सघाउँथी । पँधेराबाट पानी ल्याइदिन्थी । आमा भित्र गरे भित्र, बाहिर गरे बाहिर गर्थी । उस्को भित्र-बाहिर यात्रा म पनि भित्र-बाहिर नगरेर कहाँ देख्थें र ! ऊ घरको दैलोबाट मात्र भित्र-बाहिर गर्दिनथी, मेरो मनको दैलोबाट पनि !

आमा घरमा नभएको थाहा पाई भने खुरर्र दगुरिहाल्थी । 'स्वान्चर्नीहरू लुगुनछोरासित मस्तै हिस्कर्केको नाम्रो हुन्न' उपदेश गाउँभरि व्याप्त थियो । सायद यसैबाट प्रशिक्षित थिई ऊ । फर्कन्थी, बिचरीको मन कहाँ फर्किन्थ्यो र, मुन्टो फर्काउँथी ।

ऊ आउँथी, आइरहन्थी । ठूल्ठूला आँखा दायाँबायाँ, तलमाथि चलाइरहन्थी । दायाँबायाँ कोणबाटै छड्के हेर्थी मलाई । हेर्थी, अनि भागिहाल्थी । मोटीमोटी थुच्ची थी । सधैँ सफासुग्घर हुन्थी, हातगोडा धोइरन्थी । म कैलेकाहीँ मात्रै घर आउने भएर पो हो कि, ऊ टाढिन्थी । सके मलाई पाहुना ठान्दी हो । म उस्लाई आफ्नै घरकी मालिक्नी ठान्थें ।

हामी आपसमा बोल्दैनथ्यौं । मनहरू मात्र बोल्थे । म विनाकारण लजाउँथें । घुस्घुसे थिएँ । एक दिन बिन्ते मेरी आमालाई सोध्दै थिई, 'ठूल्जेई ! विमल दाइलाई मात्रै किन दाङ पठाको ?' सुनेर म गजक्क फुलेथें– ऊ पनि मलाई यहीँ देख्न चाहँदी रैछे ।

***

बिन्तेको घर गैरो ठाउँमा थियो, एकान्तमा थियो, र थियो अलि टाढै पनि । उस्को घर बाटामा नपर्ने, के भनी जानु ! मेरो घरको बार्दलीबाट उस्को घरको आँगनका मान्छे धुमिल र एकीकृत देखिन्थे, तर ऊ भने सधैँ स्पष्ट र वर्गीकृत देखिन्थी । मेरो धेरै समय बार्दलीमै बित्न थाल्यो ।

पढेको जस्तो गरी बस्थेँ, तर आँखा उसकै घरतिर मात्रै मोडिन्थे । किताबका अक्षर-अक्षरमा म पँधेरो मात्रै देख्थेँ । एक त कम बोल्ने म, झन् सय त कम बोल्ने भएको हुँदो हुँ ।

ऊ अब आउँदिन । उसका आम्बाले आउन दिन्नन् । धेरै दिन ऊ नआएपछि मैले यस्तो निष्कर्ष निकालेँ । हुर्केकी छोरी छोरामान्छे मात्रै भएको घरमा विनाकाम आओस् पनि कसरी । हामीमध्ये एक जनै छोरी भइदिया भए पनि ऊ आइरहँदी हो । उनीहरूमध्ये एक जनै छोरा भइदिया भए पनि म गइरहँदो हुँ । कति रमाइलो हुँदो हो, म यस्तै सोच्थेँ । मलाई पनि उसका घर हाकाहाकी जान त्यस्तै असजिलो लाग्थ्यो । बाटैमा नपर्ने उस्को घर, के भनी जानु !

***

श्री त्रिभुवन जन माध्यमिक विद्यालय, लुहापिङ, खलंगा, सल्यान । एउटा यस्तो स्कुल थियो, जहाँ ६ कक्षादेखि मात्रै पढाइ हुन्थ्यो । स्कुल बजारबाट निक्कै टाढा सल्लैसल्लाबीच एकान्त स्थलमा थियो । प्राविं तहका सिँगाने केटाटी त्यहाँ कोइ हुन्नथे । सल्लैसल्लाले घेरिएको एकान्त स्थल, सबै विद्यार्थी 'टेन-टीन' अनि विन्ते पनि; यस्तो मादक लोकेसनमा कक्षा आठको रोल नम्बर ४८ भएँ म । विन्ते र उस्की दिदी ठूलीका पाइलापाइला टेक्दै स्कुल पुगेको थिएँ म पैलो दिन । मेरो दाइले त्यसै वर्षदेखि स्कुल पूरा गरेको थियो, भाइ खड्गदेवी प्राविमा पढ्थ्यो । स्कुलमा म फ्री !

घन्टी बज्यो । प्रार्थनासभामा ऊ त सात कक्षाको लाइनमा पो छिरी । छट्पटिएँ । आफूलाई घर न पाठ'शाला'को 'साला' ठानेँ । कक्षामा म केटामध्ये सबैभन्दा पुड्को रैछु, प्रार्थनासभामा अग्रमोर्चामा उभिनुपर्‍यो । सबै भन्दा अगाडि उभिनुपरेपछि उसलाई कसरी हेर्नु ! दोस्रो गाँसमा पनि ढुंगा, थुङ्क्क म अभागी बुंगा !

सरले मलाई कमान्डर बनाए । प्रत्येक लाइनका अघिल्ला विद्यार्थीलाई अगाडि बोलाउने चलन रैछ । राष्ट्रिय झण्डा नाइटोमा टेकाइ दुवै हातले नियमानुसार समातेर उभिन सिकाए । प्रार्थनासभामा त्यो मेरो स्थायी ड्युटी बन्यो । म त्यही कर्तव्यपालनाको सिलसिलामा उस्लाई हेर्न थालेँ, त्यो हेराइ मेरो वैधानिक चानस थियो । बिहान पुग्नेबित्तिकै विन्तेलाई हेर्न पाइयोस्, चाहना पूरा भएको थियो । पसिना छल्केर हैरान होऊन् वा गोडा दुखेर

लखितरान, म विन्तेलाई हेर्न पाएकामा दंग हुन्थेँ । उस्लाई प्रार्थनासभामा देखेको एक झल्को घामले मेरो पूरै दिन घमाइलो हुन्थ्यो । जुन दिन देख्दिनथेँ, मेरो भूगोलमा दिनैभरि रात परिरन्थ्यो । दाङमा हुँदा ढिलो स्कुल पुग्ने म प्रार्थनासभा छुट्ला कि भनेरै सधैँ ट्याम्मै पुग्थेँ ।

रेडियो सुन्ने तथा पत्रमित्र साथी बनाउने' रूचि युवामञ्चमा छपाएको डिल्ले आयो घरमा । ऊ स्कुल जाँदाबाहेक रेडियो बोक्न छुटाउँदैनथ्यो । पाइखाना जाँदासमेत छेउको बकाइनाको रूखमा झुन्ड्याउँथ्यो रेडियो । चारओटा मसला खाने ठूलो रेडियो बोलिरहेको थियो । भन्यो, 'ल अब सुन् है ।'

हामी चुपचाप सुनिबस्यौँ । यसरी बस्यौँ, मानौँ हामी टीभी हेर्दै छौँ । पटक्कै बोलेनम्, गीत बजिरहँदासमेत । डिल्लेले बिस्तारै कान निमोठ्यो, रेडियो घन्कियो : '...र, यसै गरी सल्यानका डिल्ली विवश निश्चल घायलले अब बज्ने गीत आफ्ना पत्रमित्र साथीहरू इलामकी..., सिन्धुलीकी..., भोजपरकी ...र सल्यानकी विनिता शर्मा तथा विमललाई सुनाउन चाहनुभएको छ ।'

उसले रेडियो सानो बनायो । आफ्नै तिघ्रामा प्याट्ट हिर्कायो र भन्यो, 'देखिस् ।'

मैले भनेँ, 'देखिनँ, सुनेँ मात्रै ।'

उसले सुनाउन चाहेको गीत बज्यो– यो सम्झिने मन छ । रेडियोबाट पैलोचोटि मेरो नाम बजेकामा म जत्ति खुसी भएँ, उस्ले विनिता शर्मालाई पनि गीत सुनाउन चाहेकामा उत्ति नै दुःखी । रौद्र र हास्य रस बराबर मात्रामा घोलिँदा शान्त रस जन्मिँदो रैछ । म शान्त भएँ । प्रतिक्रियाविहीन । ओठ नखोलेर जोडले चिच्च्याएँ, 'यो सालेले पनि विन्तेलाई ताकेको रैछ ।'

डिल्ले सहपाठी थियो, छिमेकी थियो । ऊ नक्कल पारीपारी गजपगजप चिठी लेख्थ्यो । गीत, कविता र गजल पनि कोरी टोपल्थ्यो । म भने यी सब मनको पानामा मात्रै कोर्थेँ । उसका अनेकन् चिठी म खुप चाख मानी पढ्थेँ । ती चिठी पढ्न मलाई खुप मन पर्थ्यो । असाध्यै लोभिन्थेँ म, ईर्ष्िन्थेँ । तर म मेरो मन पराइ उस्लाई कहिल्यै देखाउन्नथेँ । फोटु पनि पठाइदिएका हुन्थे उस्का पत्रमितिनीहरूले । म ती केटीहरूको खुप प्रशंसा गर्दिन्थेँ । म चाहन्थेँ, प्रशंसा सुनेर ऊ विन्तेलाई बिर्सोस् ।

एक दिन ऊ रेडियोसँगै अटो पनि बोकेर आयो मेरो घरमा । र, देखायो यी वाक्यहरू :

'प्रिय आत्मीय साथी डिल्ली विवश निश्चल घायल ! यो निश्चल जीवनको अनन्त यात्रामा यदि कुनै क्षण पलभर नै भए पनि मेरो याद मात्र आइदिए यो अटो हेरेर भए पनि मलाई सम्झिदिनू, म पारि क्षितिजबाट विवश र घायल बनी तिमीलाई नै सम्झिरहेकी हुनेछु – विनिता शर्मा ।'

मलाई त्यो पेज ध्वार्रर च्यातेर चपाइदिम् जस्तो भयो ।

'यस्तो खत्रा साहित्य लेख्छे र ?' अटो हेरिसकेपछि फेरि विन्तेको पाना हेर्दै मैले सोधेँ ।

'काँ लेख्दी हो । आफैँ लेख्याउ हुँ,' सर्टले छोपिने पैन्टको पछाडि अटो घुसार्दै भन्यो, 'सही गर्दी । फोटु पन्दै दिन्छु भनेइछ ।'

आफैँले नसुन्नी स्वरमा भनेँ, 'सारा देशभरिका केटीका फोटु खेरिन पुगेन, विन्तेलाई समेत । साला डिल्ले कत्ति चालू भएछ !'

स्कुल जाँदा-आउँदा विन्तेसित बोल्छु भन्यो हुँदै नहुनी । ऊ सधैँ टूलीसँगै हुन्थी । कहिलेकाहीँ उस्लाई एक्लै देखेँ भने पनि पँधेरो देखिरहेको हुन्थेँ । म उसका नजिक त पुग्थेँ, तर बोल्न पटक्कै सक्दिनथेँ । 'किन आउँदिनस्' भनेर जहिल्यै सोध्छु भन्ने सोच्थेँ । तर अहँ, बोली पटक्कै फुट्तैनथ्यो । बरू हरेक दिन सुत्ने बेला 'किन आउँदिनस्'लाई नै सोध्थेँ, 'तँ मेरो घाँटीबाट माथि किन आउँदैनस् ?'

विन्ते आफ्नो सरसफाइमा खुप ध्यान दिन्थी, मतलब पँधेरा धाउँथी । ऊ पँधेरा आउने समय मलाई ख्याल भइसकेको थियो । म आमालाई खुप सघाउन थालेको थिएँ । जर्किनमा पानी बोक्न थालेको थिएँ । नुहाउन भनेपछि तर्किने म नुहाउन थालेको थिएँ । लुगा धुन थालेको थिएँ । पँधेरा गइरहने मेरो जाँगर देखेर आमा दंग !

विन्ते एक्कासि सोझै श्राद्धका दिन मात्र आई मेरो घरमा । पहिले जस्तो गौँडेबाट टूल्जेई भन्दै आइन । आफ्नो घरको गाईको काँचो दूध र घिरौला बोकेर आई । ऊ आउँदा मेरो नाक्चो पनि घिरौले भएको हुँदो हो । आमालाई खोज्दै ऊ सीधै भान्सामा छिरी । मेरो मनको भान्सामा 'आमाको भान्सा'माभन्दा धेरै र मीठामीठा परिकार पाक्न थाले । आमाले 'धेरैगा देख्खिरस् नि' भन्नुभो । गैले पानि ओठ नखोलेर तुरून्तै भनेँ, 'धेरैमा देख्खिवस् नि' । उसले खिसिक्क हाँसेर जवाफ फर्काई ।

आमालाई तरकारी केलाउन, अचार बनाउन, खीर-फुलौरा पकाउन उसले खुप सघाई । आमाले मलाई अरू काम गर्न अह्राउँदा पनि मैले भान्सा छोडिनँ; मैले पनि त्यहीत्यही काममा आमालाई (विन्तेलाई) सघाएँ । आँगनमा केटाटीलाई लहरै बसालेर विन्ते र मैले टपरी र दुनामा खाना खुवाऔं । त्यस दिन विन्तेले मलाई पनि जाती-जाती के-के जाति खुवाई । लुटको मन, फुपूका बाको श्राद्ध !

मेरो आठ कक्षाको अर्धवार्षिक परीक्षा आयो । मलाई ऊसँगै हुने रहर यत्ति थियो कि म चाहन्थेँ, एक वर्ष फेल नै होऊँ । तर परीक्षा हलमा छिरेपछि फेल हुने विचार स्वात्तै हरायो । आफूलाई संसारकै भाग्यमानी ठानेँ । म जुन बेन्चमा बस्न गएँ, उही बेन्चमा भित्तातिर विन्ते बसेकी थिई । वाह क्या सिट प्लानिङ ! नहल्लेरै बेस्कन उप्रैँ । दुवैको नामको अल्फाबेट 'बीआइएम/एन'लाई धन्यवाद । उसको सातको परीक्षा, मेरो आठको । तर मलाई लाग्यो, म सात र आठबीचको साढे सातको परीक्षा दिँदैछु ।

ऊ पढाइमा कमजोर थिइन । छ कक्षामा सेकेन्ड भएकी थिई । तर पनि म चाहन्थेँ, ऊ केही सोधोस् । आठ दिनमध्ये उस्ले मलाई गणितको एउटै प्रश्न मात्र सोधी । मलाई हल गरिदिन नआए पनि म दंग परेँ । बरू मैले पो त्यसपछिका सामाजिक र जनसंख्याको परीक्षाका दिन उस्लाई सोधेँ । लाज मानेरै सिकाइदिई । मैले पनि लाजै मानेर सिकेँ ।

अक्षर पनि आफूजस्तै ठूला, सफा र सुन्दर लेख्दिरैछे विन्तेले । छिट्छिटो लेख्थी । अरूजसरी समयअघि नै कपी बुझाउँदिन थिई । लेखेको सर्सर्ती पढ्थी, र सायद मलाई पनि । म भने एकदम ढिलो लेख्थेँ । अन्तिम आधी घन्टामै म धेरै लेख्थेँ । सुरू घन्टा त उसैलाई हेर्न ठिक्क हुनी, कसरी लेख्नु !

उस्का ज्यामितीय औजार प्रयोग गर्ने रहरले आफ्नो ज्यामिति बक्स मैले कहिल्यै बोकिनँ । सेकेन्ड लास्ट परीक्षाका दिन उस्ले नदेख्ने गरी उसको ज्यामिति बक्समा एउटा चिर्कटो राखिदिएँ । हामी हलबाट सँगै निस्कियौं । तन हलबाट बाहिर, मनचाहिँ बक्सभित्रै !

उसो त त्यो चिर्कटो मसँग जाँचको दोस्रो दिनदेखि नै थियो । गोजीमा हात हाल्छु, हात रित्तै निस्किन्छ । खल्तीबाट निकाल्छु, तर मुठीबाट निस्किन्न । पाँचौं दिन सकीनसकी उसको ज्यामिति बक्सभित्र राखेको पनि

हुँ । तर बाहिर निस्कनेबित्तिकै आफ्नो पेन आफैले लुकाएँ । 'त्यहाँ परेको छ कि' भनेर उस्को ज्यामिति बक्स मार्गैं । र, उस्ले नदेख्ने गरी त्यो चिर्कटो निकालैं । ढुकढुक भएको मुटु बल्ल ढुक्क भयो । सास फेरैं !

त्यस रात म पटक्कै निदाइनँ । उसो त परीक्षाभर म जागै रहेँ । पढेर होइन, सुतेर । सुतेर तर ननिदाएर; मनमा के-के कल्पेर । 'यस्तरी नजिकिने चानस पनि गुमाइस् भनें' परीक्षा अवधिभर मनभरि यही भाब्ना दाइँजस्तै घुमिरह्यो । नजिकिने आइडिया लेख्दै, च्यात्तै गरैं मनका पानाभरि ।

आइडिया युनिक बनाउनु थियो । रातभर सोचेर परीक्षाको दोस्रो दिन बिहान लेखैं, 'A B न्ते, तैँ Bना म १ पल पनि बाँच्दिनँ, Eye लब U, K B४ ६ ?' दाङ्मा सिकेको स्टाइलको चोरी थियो यो । पढन्ते विन्तेका लाजले न मैले आन्सर चोर्ने चिट निकाल्न सकेँ, न त उस्लाई चोर्ने चिट नै । स्मरण रहोस्, विन्तेकै कारण आठ कक्षादेखि म चिट नचोर्ने सद्दे भएँ, मनचाहिँ चोर्ने रद्दे !

रातरातभर मलाई व्यापक छटपटी र औडाह भयो । असाध्यै पछुतो लाग्यो, चिर्कटो बेक्कारमा राखिदिएँ । भाइको समेत डर लाग्यो । आफैले नसुन्नी गरी बोलिरहेँ— उस्की दिदी ठूलीले हेरेकी भए, मलाई भुत्ल्याउँछे । हातैमा दिएको भए सुटुक्क हुन्थ्यो बरू । उस्ले घरमा कुरा गरेकी भए, म जिउँदै मर्छु । उस्को र मेरो घरपरिवारले थाहा पाए भने के हुने होला । उसै त उस्को र मेरो परिवारका 'ठूला'हरूको सम्बन्ध ठूलीका कारण चिस्चिसो भएको थियो । सोझो र सीधासादा मेरो इमेज एक नम्बरको फटाहामा बद्लिनेछ । मैले के-के सोच्दासोच्दै आमा ढोका पोल्न उठ्नुभो । म रातभर निदाएको रैनछु ।

अन्तिम परीक्षा मलाई आफ्नो जीवनकै अन्तिम दिन हो जस्तो लाग्यो । परीक्षा दिन नगएर भागौँ या मरौँ भन्ने विचार मनमा आइरह्यो । अरू दिन विन्तेका दिदीबैनीलाई पछ्याउँदै हिँड्ने म त्यस दिन भागीभागी हिँडैं । विन्ते बसेकै बेन्चमा बस्न पाउनु स्वर्ग थियो, त्यस दिन नर्क । सोचेको थिएँ, हलमा छिर्नेबित्तिकै 'आयाम भेरी सरी' भन्छु ।

सधैं पहिले नै आएर बसेकी हुन्थी । सरले कपी बाँडिसके, तर विन्ते आइन । आएर पनि कहाँ गइहोली त, म डराएँ ।

सरले कोइसन पेपर बाँड्न सुरू गर्दै गर्दा ढोकामा मीठो सानो आवाज सुनैँ, 'मे आई कम इन सर ।' हेरिनैँ, आवाजैले चिनैँ विन्ते थिई ।

लेख्न सुरू गरेपछि ऊ निहुरेर ननस्टप लेखिरन्थी क्यारे । त्यसैले टाउको उठाएँ, हेरैँ । मलाई ऊ कस्ती कस्ती लागी । म फेरि मरैँ । ऊ लेखिरन्थी, म उसलाई हेरिरन्थेँ, तर त्यस दिन हेरिरहने साहस आएन । काँपेको सानो स्वरमा हतारहतार 'क्यान आई गो टु द ट्वाइलेट सर' भनेर निस्की । कहिल्यै बाहिर नजाने ऊ एक घन्टी लाग्नेबित्तिकै त्यस दिन बाहिरिई । असजिलो पारामा बिस्तारै हिँडिरहेकी उस्लाई हेरिरहेँ— छोरीमान्छेको मासिक दुःख सम्झेर कस्तो नमज्जा लाग्यो । मनभरि माया भरिएर आयो । फेरि आफूलाई सम्झेँ, थुरथुर कापेँ ।

छिट्टै लेखिसके पनि कपी लास्टमा मात्र बुझाउँथी । त्यस दिन चाँडै बुझाई । कपी बुझाउँदै गर्दा उस्ले मलाई हेरेकी थिई । सधैँ प्रिय लाग्ने उस्को हेराइ मलाई अनौठो लाग्यो, छुट्ट्याउन सकिनैँ— हेराइको माने के हो सम्झेर फेरि डर लाग्यो । सोचेँ— ऊ निस्की, आजलाई बाँचेँ, ठीकै छ ।

प्रश्न त सजिलै थिए । हिसाब गरेँ, ३२ नम्बर त कसो नआउला र ! कपी बुझाइदिएर बाहिरिएँ । आँखा विन्तेकै खोजीमा दौडिए । निक्कैबेर देखिनैँ । म निराश भएँ । परीक्षा सकिन आधी घन्टा बाँकी भएको जनाउ घन्टी बज्यो । दसको परीक्षा दिँदै गरेकी ठूली पनि निस्की होली त ?

ट्वाइलेटतिरबाट विन्ते आउँदै गरेको देखेँ । असाध्यै माया लागेर आयो । ऊ मलाई नै ताकेर आउँदै थिई बिस्तारै । जति नजिक आई, उस्को चिरपरिचित आदिवासी मुस्कान धनात्मक हुँदै गयो । मुटु उछिट्टिएलाभैँ भयो मेरो । म भित्री कम्पाउन्डबाट ओर्लेर ठूलो चउरको छेउतिर बेहुली हिँडेको चालमा भागेँ । घरतिर जाने बाटो लाग्ने अलि एकान्तजस्तो ठाउँमा पुगेर उभिएँ । विन्तेलाई हेर्न पछाडि फर्किएँ । ऊ त्याक्कै आँखाअघि !

दुवै बोलेनम् । मैले उस्लाई सीधा हेर्न सकिनैँ । हिजैदेखि घोकेको सेन्टेन्स घोप्टो परेर फुस्फुसाएँ, 'आयाम भेरी सरी, विन्ते ।' ऊ केही बोलिन । धेरैबेर नबोलेपछि मैले टाउको उठाएँ । उसका आँखा टिलपिल थिए । चिम्म गरी, पानी चारैतिरबाट भुल्भुलायो । ऊ यसरी फुटी, मानौँ ऊ मेरो अँगालोमा टाँसिएर हुक्कीहुक्की रून चाहन्छे । त्यो देखेर म पनि

भित्रैदेखि हुँडलिएँ । आँखा हुलुक्क भल्किए । ओठका किनारा चाटेँ, नुनिलो भयो । मलाई पनि रोइरहेकी ऊसँगै टाँस्सिएर डाकै छोडेर रोऊँरोऊँ जस्तो भयो । सम्हालिन असाध्यै गारो भयो । वरिपरि कोही नभएका भए हामी एकअर्काका काखमा हुक्कीहुक्की रून्थ्यौं, कस्सम हो !

हामी एकाकार्लाई हेर्थ्यौं, फेरि कताकताबाट आँसु डबक्कै भइहाल्थ्यो । मनले के-के बोले, आँखाले के-के बोले, लामो-लामो श्वासप्रश्वासले के-के बोले, आँसुका भेलमा के-के बगे— अक्षरमा खिच्न सकस भइरहेको छ मलाई । अक्षर त ओठको भाषाको मात्रै लिपि हो रैछ; मन र श्वास अनि आँखा र आँसुको भाषाको लिपि के होला !

दुवैका आँखा ठूली आउन सक्ने सम्भावित बाटामा थिए । हातले इसारा गरेँ, बाटो लागौँ भनेर । अति पिन्चे स्वरमा बोली, 'ठूली ।' नीलो मिड्डीबाट रूमाल निकालेर आँखा र नाक पुछी । मसँग रूमाल थिएन । मलाई उस्को रूमाल मागूँमागूँ भइसकेको थियो, सास आएन । उस्लाई पनि दिऊँदिऊँ भइसकेको हुँदो हो, पुछिसकेर पनि खल्तीमा नराखेर हत्केलामै खेलाइरहेकी थिई । हामी उभिइरह्यौं । उस्की दिदी प....र देखिनेबित्तिकै म साइड लाग्ने भनेर नबोलेरै योजना बनाइसकेका थियौं ।

'कस्तो भो त ?' के-के सोध्छु भनेर सोचेको थिएँ, जाँच पो सोध्न आयो । मेरो सेतो सर्टको गोजीमा मसीको ठूलै ताजा दाग थियो, त्यै हेरेरै भनी, 'ठीकठीकै ।'

हामी चउरको छेउमा घर जाने बाटानेर स्कुलबाट अलि टाढै थियौं । जाँच सकिएको घन्टी बज्यो । ठूलीको भूतले तर्साउन थाल्यो । भाग्ने बेला भइसक्यो, जे पर्लापर्ला भनेर ठूले साहसले खुस्खुसाएँ, 'अनि हिजोको कुरा… ।'

म बोली नसक्दै मेरो हात तानेर एउटा चिर्कटो थमाई फटपट । छोइएका हात-हात हुम्, तर सारा आङ सर्रर गन्यो मेरो । 'ठूली आई' भनेर ऊ स्कुलतिर गई । ऊ गएतिर हेरिरहेँ । तर ठूलीलाई देख्दै देखिनँ, कुन्नि कं मानेर चाँडै पन्छिएकी हुदी हो !

छनलाई हातमा दुईपाते चिर्कटो थियो, तर मलाई पानीले भरिभराउ दसलिटरे जर्किन हातमा झुन्ड्याएर पँधेराबाट घर फर्किंदाजस्तो भारी भो । हडबडाउँदै पढेँ, गानौँ ग ट्वाइलेट जाने बहानामा परीक्षा हलबाट

बाहिरिएर फँसेको चिट पढ्दै, घोक्दै थिएँ । एक सासमा पढिसकेँ । पानामा आँसुका एकदुटा थोपा चुहिए, मैले पढिरहेँ । (त्यो चिठी यहीँ संस्मरणमा ड्याङ राखिदिन मन लागेको हो, तर उस्ले मानिन । नागरिकता र चारित्रिक प्रमाणपत्रभन्दा बढी सुरक्षित राखेको छु मैले त्यो चिठी । त्यो चिठीको सप्रसंग व्याख्या र प्रशस्तिमा मैले खर्चेका पचपन्न हजार तीन सय समथिङ अक्षरभन्दा चिठी त्रियानब्बे पोइन्ट पान्चार गुना सुन्दर र भव्य लाग्छ मलाई । निपर्सि कहीँकतै 'पुस्तक-वार्ता' गर्ने चानस पाइहालेँ भने 'सबैभन्दा बढी दोहोर्‍याएको', 'सबैभन्दा बढी प्रभाव पारेको'जस्ता सवालमा मेरो जवाफ अहिल्यै हाजिर छ– मेरो जिन्दगीको पैलो (अन्तिम त भन्दिनँ) पिरेमपत्र, विन्तेको पिरेम ।

त्यसपछि मलाई बार्दलीमा बसूँबसूँ या पँधेरा जाऊँजाऊँ लाग्न छोड्यो । बरू त्यही चिठी सधैँ पढूँपढूँ लाग्न थाल्यो । लुकीलुकी त्यही चिठी पढ्नु र एक्लैएक्लै मुस्कुराउनु मेरो दिनचर्या । म ठान्थेँ, संसारमा म जत्ति भाग्यमानी कोइ होओइन ।

ऊसँग देखादेख र हेराहेर मात्र त पँधेरामा भेटघाटैपिच्छे हुन्थ्यो । तर एक दिन बोलचालसमेत भो । खस्रो ढुंगामा कुर्कुच्चा घोट्दै भनी, 'ठूलीको ब्या हुन लाउच,' यसरी भनी मानौँ रोक्दारोक्दै पनि निस्किहाल्यो । मनले भनेँ, 'वाह ! क्या गुड न्युज सुनाइस् यार, विन्ते ।' ओठले भनेँ, 'कैले ?'

चुन्नी निकालेर कम्मरमा गुँथ्तै भनी, 'दुई गते ।' आँखा फेरि उसका दुई टाकुरामा गएर थपक्क बसे । गाग्री कम्मरमा राख्दै मुसाले सुन्लाभैँ गरी भनी, 'कस्सैलाई नभन्नु नि ।' दाइने हातले गाग्रीलाई अंकमाल गरेर बिस्तारै गई ऊ । चार पाइला हिँडेपछि फरक्क फर्की, अनि मुसुक्क हाँसी । मलाई काउकुती लाग्यो । कुमकुम छोएको कपाल केराको पातजसरी क्या मज्जाले हल्लेको ! डब्लु आलोपालो लचकलचक लच्केको आहा !

विन्ते ओझेल परी । अनि हुनेवाली बेहुली आई सम्झनामा । ठूली, जो आफैँ प्रेम गर्थी, विन्तेलाई भने खुप गाली गर्थी । किनकिन मलाई उस्की दिदी जहिल्यै कबाबमा हड्डीजस्ती लाग्थी । उस्कै कारण स्कुल जाँदा-आउँदा म विन्तेलाई टाढैबाट हेर्न पनि डराउँथेँ । मलाई जहाँ देखे पनि यत्रा आँखाले हेर्थी । औँला गर्नेँ, दुई गते आउन त चार दिन मात्रै पो रैछ । बन्द ओठभित्र जोडले चिच्याएँ– ए माघ दुई ! कुदेर आइज न ।

ठूलीको बिहेमा गएँ । विन्ते दुलैभन्दा नि चिटिक्क भइथी । कस्ती

राम्री भएकी । उसो त विन्तेको रूपको बखान गाउँले निम्तारूहरूबीच पनि चलेको सुनें मैले । विन्तेको प्रशंसा सुनिरहें । खै किन हो, त्यतिखेर रिस उठेन मलाई, मख्ख परेर फुलें जो । रिस त्यति बेला नराम्ररी उठ्यो, जति बेला जन्तीका अलौटा र ठेट्नाहरू विन्तेलाई ताकेर क्या च्वाँक सोल्टिनी/साली/मैयाँ यार, आजै सँगै लैजानुपर्छ भन्दै हाँस्दै-गिज्जँदै गरेको सुनें । मलाई औडाह भयो । गोजीबाट निकालेर ती सबका अधि विन्तेको पिरेमपत्र सो गर्देर सस्वर वाचें मैले । र भनें, 'इः लेलाऊ साला पाखेउ ।' तर यी सब विधान मनकै मण्डपमा एक सासमा सु-तुर्कन्नसाथ सु-सम्पन्न गरें मैले ।

भँगेराभैँ भुर्भुर्र उडेर एक्कैछिन यता एक्कैछिन उता दौडिन्थी । खुप बिजी थिई । 'फन्याकफुरूक र सन्याकसुरूक गरेको पनि कति स्वाको,' ज्यैले अरूसँग भन्दै गरेको सुनें । मनमनै भने, 'नातिनीबुहारी हो ज्यै, हजुरकी नातिनीबुहारी ।' मण्डपमा बसेका दुला-दुलैको ठाउँमा विन्तेलाई र आफूलाई बसाली हेरें । सबैले भने— बद्दै स्वायो ।

मैले मनको कसार घियुसँग खाइरहें !

हड्डी रोएको सुनेर मेरो ध्यान विन्तेबाट बल्ल बिहेतिर सऱ्यो । बिदाइ गर्ने बेला भाऽरैछ । बेहुली त्यसरी रोएको मैले देख्या थिइनँ । मेरी आम्मै ! क्या सारो रोएकी हड्डी त । उस्का बा सुँकसुकाए । आमा सप्कोले मुख छोपेर घोप्टो परेर रोइरहेकी । जब विन्ते रोई, मलाई पनि अचानक रून पो आयो । लभ गरेकोसित पोइल जान्छे भन्ने डरले दसमा पढ्दै गरेकी हड्डीलाई ठीकैको बङ्गोसित भिडाइदिए । साढुदाइ मलाई चै पटक्कै गतिलो लागेन । त्यसो त निम्तारू रमितेहरू एक जनै पनि भेटिनँ— मेरो साढु ठीकै हो भन्ने । लभ-म्यारिजका कट्टर विरोधी धेरै आम्बाहरूसमेत भन्दै थिए— दुलाका अधि ठूली त काँ हो काँ, कस्तो भाग्य ल्याकी रैछ !

सम्भैँ— यत्रा आँखाले हेरे पनि, हड्डी नै भए पनि आखिर मेरी विपीरारू गो हो त । बोली चर्को भए पनि विन्तेजस्तै त थिई— पढाइ, रूप, रंग, कामकाज... । उमर पनि सानै थियो, पढ्दै थी बिचरी ! छोरीले लभ गरेको केटो जत्ति नै ठीकठाक किन नहोस्, बिहे त हुनै नदिने; दुईखुट्टे भेट्यो कि दिऽहाल्ने । सोचें— हाम्रो लभ थाहा पाए भने विन्तेका आम्बाले तेह्र वर्षकी घटी फूल आजै भिटाइदिनेछन् जन्तीमध्येको कुनै शिवशर्मालाई । म विन्तेलाई लभ गर्दिनँ, बिहे गर्छु— कसम खाएँ ।

बिहेको पर्सिपल्ट सगुन ल्याइदिएर विन्ते मेरो घरमा आई । 'अब टूलीलाई पठाल्यौ,' सगुन बुभ्कदै आमाले भन्नुभो, 'पठाल्यौ क्यार, तैं नगरेस् तेस्तो ।' आमाका पछाडि उभिएको मलाई पुलुक्क हेरी । म फिसिक्किएँ । आमालाई के थाहा आफ्नै छोराले विन्तेलाई 'त्यस्तो' गर्छ भन्ने ! घर-घरमा स्वस्थानी वाचनको याम थियो । स्कुलमा जाडो बिदा भाथ्यो । म ग्वाला जान्थेँ । विन्ते ग्वाली हुन चाहेर पनि घरेलु बन्न विवश थी । सुटुक्क भनेँ, 'आज मिलाम्न ।' तैं/तिमी/तपाई/हजुरको सम्बोधनविना जहिल्यै यसै गरी बोल्न आउँथ्यो मलाई; सोचेर होइन, आफसेआफ । 'सदर'को ढाँचामा मुन्टो हल्लाई ।

खाना खाइवरी चिसै हातले पैन्टको पछाडिको गोजीमा नासो कोचारेँ । एउटा गाई र पाँचोटा बाख्रा अघि लगाएर सधैंजसो म ग्वाला हिँडेँ । गाईको पुच्छर निमोठ्दै ओरालामा बेस्कन दगुराएँ– कहिले भेटम् भाथ्यो । बाख्रा त उसै पनि इन्ठेमिन्ठे दगुरिहाल्थे । गाउँको पुछार र जिउला-वनको शिरमा रहेको तीलचउरमा पुगेपछि देखेँ, ऊ आइसकेकी रैछ । स्कुल छुट्टी भएको हुँदा धेरै स्कुलेहरू छोरेट्टा-छोरेट्टी भएका थिए त्यहाँ । तर मलाई अरूको के मतलब !

उस्का र मेरा गाई-बाख्रा एउटै बाटो साउनेपानीको जंगल छिरे, गाईबाख्राका पछिपछि हामी पनि । साल र सल्लाका रूख अनि करौँती र दत्कुनाका बुटाले छपक्कै भरिएको जंगलको ओरालो बाटो । प्रत्येक पाइलैपिच्छे आपसमा आँखा जुधाउँथ्यौं । ऊसँगको पैलो, एकान्त अनि दीर्घ साथ सम्भेर अचाक्ली कुतकुतिएको थिएँ म । डर र लाज पनि समानान्तर रूपमा धनात्मक हुँदो थियो । अरू दिन कस्तो भ्याउ लाग्ने त्यो बाटो, त्यो जंगल; त्यो दिन क्या रमैलो भएको यार !

ओरालामा हिँड्दाहिँड्दै मेरो पैन्टको पछाडिको गोजीबाट आधा देखिएको नासो भिकी स्वाट्ट । म दंग परेँ– अब बाटो खुल्यो । मैनाली बाजेको नासो संग्रह दाङ्मै पढेर सँगै ल्याएको थिएँ । चिताको ज्वाला खुप मन पर्थ्यो । त्यो पढ्दा म जहिल्यै विन्ते र आफूलाई पात्र बनाउँथेँ । मैले घुस्घुसे प्लान बनाएको थिएँ– आज जसरी नि पढाउँछु ।

'यी नाउँका मान्छौ फुट्टु त मेरो नेपाली किताबमा पनि छ,' उसले यत्ति खुसी भएर भनी, मानौँ उस्ले छिमेकीका गुरूप्रसादज्यूलाई साक्षात् भेटी ।

स्कुलमा पढ्दै गरेको लेखकको किताब भेटेपछि ऊ त दंगदास । उस्लाई दंग पार्न सकेकामा म भकुन्डोझैँ टम्म फुलेँ ।

चिताको ज्वाला स्वस्थानी वाचेझैँ सुनाउन थालेँ, स्वरमा सक्दो अभिनय गरेर । ऊ टसमस नगरी एकचित्त भएर सुनिरही । म पढ्दै जान्थेँ, ऊ किताबमै हेर्न रहर गरेजस्तो गरेर अलिअलि गर्दै नजिकिई; छोइई । उनीहरूको प्रेम बिहेमा परिणत भएन । शशीको बिहे रक्स्याहासँग भयो । अन्तमा 'शशि चिरायु होस्' भन्नपऱ्यो उस्ले । गला अवरूद्ध हुन्थ्यो, म रोकिन्थेँ । उस्लाई हेर्थेँ, उस्का पनि आँखा डबक्कै भरिएका हुन्थे । धेरैचोटि पढिसकेको थिएँ, त्यसैले धेरैबेर रोकिन्थेँ । तर ऊ भने 'छिटो पढोस्' आँखाले हेरिरन्थी, बोल्दिनथी । पढी टुग्याएँ । ऊ खुप रोई, तर म सुक्सुकाएँ केवल !

मैले सम्झेँभन्दा बढी सम्झेयकी रैछ हाम्रो सहशैशव । मैले यादै नगरेका हाम्रा कत्तिकत्ति सम्बन्ध र देखाइ सुनाई उस्ले । हामी चार वर्ष हुँदा सँगै खिचाएको फुटु उस्का घरमा रैछ । आमालाई सोधेर चिनेपछि ठूली हुँदै जाँदा ऊ त्यो फुटु सधैँसधैँ हेरिरन्थी रे । तर उसको एउटै फुटु पनि थिएन हाम्रा घरमा । म दाङ गएपछि ऊ टोलाइरहन्थी रे । मेरी आमालाई मेराबारे सोधिरन्थी रे । मैले पनि सबै सम्झना सुनाएँ । तर डिल्लेबारे भने केही सोध्न सकिनँ । त्यस दिन विगत कोट्याउँदै हामी खुप रोयौँ । आँसु कत्ति जाती ! हाँस्दा पनि झरिदिन्छ, रूँदा पनि !

छोरीमान्छेहरू सानैदेखि कति व्यावहारिक, कति परिपक्क । कत्ति थोकको सामासोज गर्न जानेका-चाहेका । दिउँस साँधेको सिन्कीसँग मकै-भट्टको अर्नी पनि उसलै खुवाई । अनि फर्किँदा घर लाने भनेर स्याउला काटेर र भाँचेर घाँस पनि बनाई । मलाई पनि बनाइदी । म पनि अलिअलि मिसाइलागेँ । फर्किँदा लागेथ्यो- गाई पनि कति छिटोछिटो हिन्या हुनन् । भोलि पनि आउने सल्लाह गरेर हामी छुट्टियौँ । छोराले काखीमा च्यापेर घाँस ल्याको पैलो पल्ट देखेर मेरी आमा मख्ख !

भोलिपल्ट विन्ते आइन । उरका परबाट उरकी आगा पो आइन । ग आत्तिएँ— कतै हामी छोरेट्टा-छोरेट्टी बनेको चाल त पाइनन् ? म उनका

नजिकै परिनँ; देखे-नदेखेजस्तो गरेँ । घरमा के-के भनी बल्लतल्ल फुत्केको थिएँ, दिन सारा चौपट भएजस्तो लाग्यो ओरालाभरि ।

हिजो जहाँ बसेका थियौं, त्यही थोरै भिरालो ठाउँमा गएर बसेँ । स्याउला भाँचकुच पारेर ल्याएँ; सिरानी बनाएँ । ठडिएको दाइने घुँडामा देब्रे कुर्कुच्चो टेकाएर उत्तानो पल्टेँ । आँखा चिम्लेर हिजोको स्वादिलो साथ सम्झेर मुख मिठ्याइरहेँ– विन्तेले पुङ्गा टेकाएको यो पुण्य-प्रणयभूमि, आहा ! कति वास्नादार !

त्यस दिन म अँधेरो भइसकेपछि मात्रै पँधेरा गएँ । विन्ते टन्न लुगा धुँदै थिई । धेरै खेप पानी बोक्दाबोक्दा पनि म नआएपछि नमैलेकै लुगा भए पनि बोकेर पँधेरा आएकी रे । आमाले ग्वाला जान नदेको बताई । भोलि पनि मिल्दैन भनी । ऊ नगएपछि म पनि जान छोड्देँ । ऊ घरमा एक्लै हुन्थिन, जाऊँ पनि कसरी !

डिल्लेका घरमा स्वस्थानी सांगेको पूजा भयो । म गएँ । विन्तेकै उमेरका धेरै केटीहरू आँगनमा लहरै बसेर पूजा गरिराथे । मख्ख डिल्ले केटाहरूको ग्रुपमा खुस्खुसाउँथ्यो, 'यी सब एउटा शिवलिंग पाउन व्रत बस्या हुन् रे ।' केटाहरू गलल्ल हाँस्थे । व्रतालु-कर्तालु विन्ते कस्ती राम्री देखिएकी । विन्तेले मलाई बोलाएकी थिई, सुटुक्क एक चिज दिम्ला भनेर । तर के दिनी भनेकी हो, मलाई थाहा थिएन । पूजा सकिएपछि विन्तेले संकेत गरी, कुरा बुझेँ । उसकी आमा अघिअघि हिँड्दै थिइन् । पछिपछि हिँडेर विन्ते र मैले एकछिनपछि भेट्ने योजना बनायौं । म छुट्टिएँ ।

गाउँमा सानोतिनो पूजाआजा भयो कि पूजाघरमा रातरातभर नाचगान जम्थ्यो । डिल्लेकी दिदी र आमा नाचगानमा खुप मन दिन्थे । डिल्लेका घरमा नाच गम्मागम्मी जम्यो । मेरो घरका बुवाबाहेक अरू सबै नाच हेर्न गएका थिए । म नाचघर गइनँ । तर गएँ … ।

माघ शुक्ल पूर्णिमाको जून टहटह लागेको थियो । उखुबारीमा रहेको परालको टौवामा बसेर म विन्तेलाई कुरिरहेको थिएँ । डिल्लेको घर जाने बाटो मेरो घर नजिकै थियो । त्यहाँ नाच गम्मागम्मी चलेको थियो । मादल र बाँसुरीको संगीत रातमा कति तेजिलो सुनिएको ! नाच हेर्न जाने- आउनेहरू बाटामा हाक्कहुक्क गरी चिच्याउँथे बेलाबेला ।

व्रत बसेकाहरू पूजा सकेपछि खानपिन गरेर पूजाघर अर्थात् नाचघरमा नाच्नैपर्छ भन्ने चलन । नाचघर जान भनेर आमासँगै आएकी विन्ते घर

जान्छु भनेर बाटैबाट बिदा भई । आमाले ठानिन्, छोरी घर गई । घरका बाले ठाने, आमासँगै गई । के दिनी होली त, मुख मिठ्याउँदै कुरिबसेको थिएँ । ऊ चोर बाटोबाट टुप्लुकिई । आकाशको काखमा त त्यस दिन मात्रै फुल-मुन, मेरो साथमा चैं सधैं फुल-मुन !

उस्ले ओढ्नाले छोपेको टपरी निकाली र मेरा हातमा थमाइदिई । अनि यस्तरी मुस्काई, मानौं हामीलाई हेरिरहेको फुल-मुन पनि लजायो ।

'के हो यो ?' उस्ले सुटुक्क दिने भनेको 'एउटा चिज' देखेरै पनि सोधेँ मैले ।

'आठ रोटी,' पैलो चोटि मलाई सीधा हेरेर भनी ।

'वर्त बस्नेलाई पनि थाछैन, आठ रोटी कल्लाई दिन्छन् ?' भित्रभित्र मख्ख परेर हेपेजसरी बोलेँ म पैलोचोटि ।

ऊ डराएजस्तो गरी । मैले बस्न भनेँ । मानिन, उभिरही । हात तानेर बसालेँ । हामी छोइयौं । नसोयेगो होइन, खान सुरू गरिहालूँ । तर लाग्यो, उसैले ख्वाइदेओस् न । पर्खिबसेँ । चालवास गरिन । उस्को स्वाँस्वाँको संगीत एकान्त ठूलै पो सुनियो । जूनको शीतल अनि संगीत !

टपरीबाट निकालेर खान थालेँ । झटपट मेरो हात समातेर ख्वाइदिई । म दंग परेँ । उस्लाई पनि ख्वाइदिएँ । कपाकप खाँदै उँउँउँ चपाउँदै मैले भनेँ, 'कस्तो मीठो !' ऊ लजाई । मख्ख परेर फुली पनि !

केही बेरपछि भनी, 'किन थाहा छैन मलाई । थाहा छ, पतिलाई दिनू, पति नभए छोरालाई दिनू, छोरा नभए मीत छोरालाई दिनू, नभए खोलामा लगेर बगाइदिनू ।'

'अनि मचैं के परेँ र ?' उसका काँधमा दाइने हात राखेर भनेँ ।

'पैलो,' यति सुस्तरी बोली, मानौं त्यो आवाज उस्ले आफैंले सुनिन ।

'हजुरलाई जाडो भयो होला,' सधैं मजस्तै सम्बोधनविना बोल्ने उस्का मुखबाट निस्केको अचानकको 'हजुर'ले मलाई त्यो माघको जाडोले भन्दा बढी कमाइदियो ।

उस्ले ओढेको ओढ्नामा आँखा गाडेर बिस्तारै भनेँ, 'अँअँ, भो ।'

म नबोलीसक्दै उस्ले ओढ्ना फैलाइसकेकी थिई । दुवै दाइनेदेब्रे टुमुक्क बसेका शिङ्गम् परालमाथि परालको छेकोमा । उस्ले ओढ्ना ओढाई । अचानक न्यानो भयो । आकाशको जूनले शीतल तर टौवाको जूनले चाइँ

ताप दिने रैछ । डिल्लेका घरमा बजेको मादल ताल र बाँसुरीको मधुर धुनमा हामी टौवामाथि बसीबसी नाच्यौं ।

जूनको उज्यालोमा जूनको साथमा एघार बज्यो । हामी चोरबाटोबाट उस्का घरसम्म गयौं । उस्लाई घरसम्म पठाएर फर्किंदा म नाचघर पुगँ । डिल्ले मादल ठोक्तै थियो, आमाहरू ताली बजाउँदै, गाउँदै अनि व्रतालु तरूनीहरू छम्मछम्म । म धेरैबेर बस्न सकिनँ । 'हजुर' पल्टेर मख्ख पर्दै खाका थुप्रै आठ रोटीले पेटमा गडबड गर्न थाले । अरू जे-जति पचाए पनि आठ रोटी पचाउन गारो हुने रैछ !

प्रेममा पागल भएको थिएँ; भइरहेँ । सधैं उसैलाई हेरूँहेरूँ भइरहने । पँधेरामा सधैं ऊसँगै गुनगुन गरिरहन मन लाग्ने । ऊस्का हरचिज मलाई ऊजस्तै प्रेमालु लाग्ने । उस्ले बोलेको-हाँसेको सम्झेर एक्लैएक्लै बोल्ने-हाँस्ने गर्दो रहेछु म । मैले जिस्काउँदा उस्ले 'मार्दिन्छु अइलेइ' भनेर पिटेको सम्झन्थेँ, काउकुती लाग्थ्यो जिउभरि । सुत्ने-निदाउने बेला म सधैं उसैलाई सम्झिन्थेँ । सँगै सुत्ने दाइ काठमान्डु आइसक्याथ्यो । सपनामा म बोल्थेँ-बोल्दिनथेँ, कस्ले सुनोस् !

सपना-जपना सबै विन्तेकै थियो । मेरो पागलीय यादमा कुनै कमी आएको थिएन । ऊ पनि त्यसै भएको सुनाउँथी । स्कुलमा सधैंजसो देखादेख र हेराहेर हुन्थ्यो । बोलचाल चाहिं कैलेकाहीं मात्रै हुन्थ्यो । कि त पँधेरा, कि त ग्वाला, कि त बाटाघाटामा हाम्रो भेटघाट दिनमा कम्तीमा पाँच पल्ट त भएकै हुन्थ्यो । म दंग पर्थेँ । ऊ पनि दंग भएकी देख्थेँ म ।

मेरी दिदीसासू एसएलसी दिन दैलेखबाट माइत आई । आउँदा ऊ दिदीसासू होइन, पहिलेभैँ हड्डी भएर आई । उसै त यत्रा आँखा झन् तरेर पो आई । हड्डीले हाम्रो 'त्यस्तो' उहिल्यैदेखि हल्का चाल पाएकी पनि हुँदी हो, आँखा तर्थी नि त जहिल्यै मलाई ।

विन्तेले एक दिन पँधेरामा रूँदै भनी, 'हड्डीले घरमा सबै भन्दी । अब सँगै लैजान्छे रे मलाई पनि । उतै पढ्नी अरे मैले ।'

हरियो घर
शिवानीसिंह थारू

सन् १९९३ को कुरा । म कक्षा ९ मा पढ्थेँ र धोबीघाटस्थित छात्रावासमा बस्थेँ । छात्रावासमा एउटै क्लासमा पढ्ने पाँचजनाको समूह थियो हाम्रो । नाम हामीले आफैँ जुराएका थियौं– 'द फेमस फाइभ' । बेलायती बालसाहित्यकी लेखक एनिड ब्लाइटनको रोमाञ्चक उपन्यासको सिरिज द फेमस फाइभबाट प्रभावित भएर हामीले आफैँलाई 'फेमस फाइभ' भनेर घोषणा गरेका थियौं ।

छात्रावासमा बाहिरको खानेकुरा ल्याउन वर्जित थियो । र, हाम्रो वीराङ्गनाको कथा यही सीमा तोडेर सुरू हुन्थ्यो । बाहिरी खानेकुरा भित्र स्मगलिङ गर्नेदेखि, टेस्टमा कम नम्बर ल्याउँदा टेस्ट पेपरमा होस्टेल मेट्रनको नक्कली हस्ताक्षर गर्नेसम्मको बदमासी छाडेका थिएनौं हामीले । तर त्यसलाई हामीले 'एडभेन्चर'को रूपमा लिन्थ्यौं, 'द फेमस फाइभ'को सिको गर्ने धूनमा । एसेम्ब्ली लाइन अगाडि हाम्रो नम्बर जहिले पनि काढिन्थ्यो पिटाइ खान । 'टु, एट, सेभेन्टिन, ट्वेन्टी एट एन्ड सेभेन्टी फोर, याँ आइजो तिमेरू,' दार्जीलिङे लवजमा होस्टेल मेट्रन जहिल्यै कुर्लिन्थिन ।

हामीलाई कहिले पाइपाई पैजारी गरेकामा त कहिले गेट्रनको खान्ज्ञागा चिकेन करी सफाचट गरेकामा सजाय हुन्थ्यो । कहिले त हामीलाई पर्खालबाहिर लिटिल एन्जल्सका केटालाई हेरेको अभियोग पनि लाग्थ्यो । बदमासी गर्दागर्दा हाम्रो छवि यस्तो बन्यो कि नगरेको बदमासीको मार पनि सहिन्थ्यो ।

क्लासमा एकजना साथी थिई, प्रीती थापा । छात्रावासमा सँगै नबसे पनि ऊ हामीकहाँ ट्युसन पढ्न आउँथी । उसको घर हाम्रो छात्रावास नजिकै थियो । हामी उसलाई पैसा दिन्थ्यौं र उसैले हामीलाई पसलबाट खानेकुरा ल्याइदिन्थी । कहिलेकाहीँ छुट्टी पर्दा उसले चाउचाउ र चक्लेट हाम्रो छात्रावासको पछिल्तिरको होचो पर्खालमा राखेर जान्थी । हामी कोही नभएको बेला सुटुक्क लिएर आउँथ्यौं । यस्तै खुफिया आदानप्रदानको मेसोमा एक दिन उसले 'लभलेटर' पनि लिएर आई मेरा लागि ।

छात्रावास पछिल्तिरको चौरमा बनाइएको थियो मंकी क्लाइम्ब र रोटे पिङ । त्यही चौरको होचो पर्खाल पछाडि थियो स्यानो गल्ली र गल्लीसँगै बन्दै थियो एउटा घर । खासै दुरी नभएकाले बन्दै गरेको घर छात्रावासको पछिल्तिरबाट टड्कारै देखिन्थ्यो । हुन त बन्दै गर्दा त्यो घर हाम्रो सरोकारको विषय थिएन । तर जब त्यो घर चहकिलो हरियो रङमा रंगियो र त्यहाँ एउटा परिवार बस्न आयो, तब सुरू भयो एउटा नयाँ अध्याय ।

छात्रावासको पछिल्तिर विद्यार्थीहरू कोही हिँडेर, कोही बसेर, कोही आँखा चिम्लेर पाठ घोक्थे । मलाई त कक्षा नौमा हिसाबको हल पनि घोक्ने बानी परिसकेको थियो । म पनि रोटे पिङमा घुमीघुमी पाठ घोक्थें । अभ साँस्साँझ फेमस फाइभको अड्डा त्यहीँ जम्ने गर्थ्यो । त्यसमाथि रोटे पिङमा हामी मच्चीमच्ची गीत पनि गाउने गर्थ्यौं ।

एकदिन ट्युसन हलमा छिर्नेबित्तिकै प्रीतीले भनी, 'सुन्न आज तिमोरूलाई एउटा डेड्ली कुरा भन्नु छ ।' हामी पाँचैजनाले कान प्रीतीतिर सोझ्यायौं । तर ऊ केही नभनी एकछिन मस्किरही आफैंआफैं । हामी भने व्यग्र भएर उसको कुरा सुन्न तम्सिरह्यौं ।

'शिवालाई त एकजनाले मन पराउँछ नि,' उसले भनी । म त ट्वाँ परें । साथीहरू एकछिन प्वाक्क परेर मलाई नै हेरिरहे । चारजना साथीहरू घोक्रो सुक्ने गरी कराए, 'नहीऽऽ ।' (परिस्थितिलाई बढाइचढाइ गर्नुपरेमा हामी यस्तै फिल्मी अन्दाजमा नाटकीय भैहाल्थ्यौं ।) लाजले भुतुक्कै भएँ । साथीहरूले त्यो केटा को हो भनेर प्रीतीलाई सोधे । सोध्न त मलाई तिनीहरूभन्दा अगाडि नै मन थियो । अर्कै अर्थ निस्केला भन्ने डरले लजाएर खुम्चेभैँ गरें ।

साथीहरूको जिस्काजिस्की र ही...हा अलि सामसुम भएपछि प्रितीले बल्ल 'डेड्ली' कुराको कुटुरो फुकाई, 'शिवालाई मेरो भाइले मन पराउँछ ।'

प्रितीका पाँचजना दिदीबहिनी मात्र थिए, भाइ कताबाट आयो ? साथीहरूले अचम्म माने ।

'मेरो कजन भाइ पर्ने क्या,' हामीले नपत्याएपछि उसले भनी । 'ऊ त्यही घरमा बस्छ' भन्दै उसले हामी पढिरहेको डाइनिङ हलबाट देखिने पारिको हरियो घर देखाई । पर्खालबाहिरको गतिविधिमा जति चासो दिए पनि त्यति नजिक ठडिएको हरियो घरबाट हामीलाई हेरिरहने कुनै केटाको भेउ त्यस बेलासम्म पाउन सकेका थिएनौं । आँखा तन्काएर हामीले एकपटक उतै हेर्‍यौं ।

'आशिष थापा,' प्रितीले नाम पनि भन्दिहाली । हामीलाई कुत्कुत्याउँदै ब्यागबाट चिठी निकाली मस्कीमस्की । चिठीले ब्यागबाट हल्का चिहाएको मात्र के थियो, सबैजना झम्टाझम्टी गर्न थालिहाले । बिहा गर्ने बेहुलाबेहुली भन्दा जन्ती रौसेजस्तो । मनमनै कम्ता रिस उठेको थिएन । चाचार जनाको चालीसवटा औंलाको छाप परेपछि बबुरो चिठी बल्ल मेरो हातमा आइपुग्यो । चिठी पढी सक्काएर एकछिन त म अलिनो मुस्कानमै सीमित भएँ । मनमनै छ्या भन्दै बसिरहेँ । तीलजत्रो कुरा पनि केरेर हेर्ने भएकाले फरक पर्‍यो सायद मलाई । किनभने केटोले लेटर प्याडमा चिठी नलेखेर कापीको पानामा लेखेको थियो । त्यो पनि व्याकरण नमिलेको अंग्रेजीमा । त्यसमाथि अक्षर पनि 'हेन-राइटिङ' जस्तो । उसले आफूलाई राम्ररी व्यक्त पनि गरेको थिएन वा गर्न सकेन । फेरि आशिष मभन्दा दुई वर्ष कान्छो र कक्षामा पनि एक वर्ष स्यानो भनेर थाहा पाउँदा मलाई त झनै छ्याSS भन्ने भयो । प्रेम प्रस्ताव स्विकार्ने कुनै आधार थिएन ।

मैले प्रस्ताव अस्वीकार गरिदिएँ । प्रितीले मलाई फकाउन थाली । भनी : आशिषले मलाई आफ्नो कोठाबाट राम्रै हेरिराख्छ रे । घ रोटे पिठ्ठामा घुमीघुमी पढिरहँदा ऊ म्यानो म्यान पनि तल झार्दैन रे । शनिबार नुहाएर मैले कपाल छोड्दा त्यतिबेला ऊ मलाई हेर्याहेर्यै हुन्छ अरे । उसको कुरा सुनेर साँच्चिकै केटोले मेरो हरेक कुरालाई पछ्याउँदो रहेछ भन्ने मनमा लाग्न थाल्यो । तर मभन्दा मेरा साथीहरू पो रोमान्टिक हुन थाले ।

साथीहरूले प्रस्ताव स्विकार्न दबाब दिए । मैले अनुहार नहेरी त कहाँ हुन्छ भन्नैं । साथीहरूले सम्झाए, यस्तो माया गर्ने केटा कति नै

हुन्छ र ! भन्नै पर्दा केटाको मायासँग उनीहरूको केही लेनादेना थिएन । वास्तवमा मेरा साथीहरूका लागि त्यो पनि एउटा 'रमाइलो' थियो, जसले छात्रावासको पट्यारलाग्दो जीवनलाई केही चटपटे बनाउँथ्यो । त्यसैले मेरो नाइँनास्ती कस्ले सुन्ने । साथीहरूले 'हुन्छ'को स्ट्याम्प लगाइदिए । रह्यो कुरा, केटोको नाकनक्सा हेर्ने । त्यो तय भयो अर्को दिनका लागि । हाम्रो खाजा खाने बेला केटो छतमा आउने र म पनि त्यही समयमा रोटे पिङमा केही खोज्न गएजस्तो गरेर उसलाई हेर्ने ।

प्रितीले यही सन्देश लिएर गई । र, अर्को दिनको 'काउन्टडाउन' सुरू भयो । रातभरि मेरो मनमा उथलपुथल चलिरह्यो । केटोले मलाई छतबाट हेरिराख्दा म कस्तो देखिएकी थिएँ होला ? मजस्ती कालीलाई किन मन पराएको होला ? केटोको अनुहार कस्तो होला ? उर्लंदो बैंसको तोडै भनुम् क्यारे, यसरी सोच्दा मन गार्डन-गार्डन भएर आउँथ्यो । तर अर्को मन भन्न थाल्थ्यो– घरकाले थाहा पाए भने के भन्लान् सोच्दिनँ भन्यो, तर फेरिफेरि मनमा हल्ला सुरू भइहाल्थ्यो । बल्लतल्ल निद्राले भेटे पनि त्यसरात सपना देखिएन ।

भोलिपल्ट स्कुल जानुभन्दा अगाडि साथीहरूले मेरो अव्यवस्थित आवरणलाई चिरिच्याट्ट बनाउन कम्मर कसे । मैले केटो बाटोमा भेट्ने भए पो सिँगारिने, होस्टेलपछाडि नै हेराहेर कार्यक्रमका लागि पनि किन तामझाम गर्ने भन्दा पनि उनीहरूले मानेनन् ।

साँच्चि भन्नुपर्दा मेरो आवरण अनाकर्षक नै थियो । कम्मरसम्मको लामो कपाललाई तेल हालेर च्यापुल्ले बनाएर राख्थें । केटीहरू फेसनेबल हुन स्कुलको जामा घुँडासम्म बनाउँथे । तर मेरो जामा भने घुँडाभन्दा पनि तल झर्ने गर्थ्यो । त्यसमाथि मेरो कमिजमा इस्त्री कहिले पनि हुँदैनथ्यो । म बरू जरिवाना तिरिराख्थें समयसमयमा, तर इस्त्री लाउन भनेपछि मेरो ज्यान नै खुम्चिने गर्थ्यो ।

किन हो मेरो मोजा प्रायजसो हराइरह्यो । आजित भएर मैले बेजोडी मोजा लगाएर काम चलाउर्थें । जुत्ता पालिस गरिएको हुँदैनथ्यो । अझ स्कुल जाँदा बाटोका ढुंगाहरूलाई किक मार्दै हिँड्ने बानीले जुत्ताको अघिल्लो भाग फुस्रो भइसकेको हुन्थ्यो ।

मेरा साथीहरू मलाई 'लेडिलाइक' बनाउन कस्सिए । मेरो दुईसरो लामो कपाललाई काटेर अगाडि निधारमा लर्काए, हिन्दी फिल्ममा चलेकी माधुरी

दीक्षितको स्टाइलमा । चेरी ब्लुसम बुटपालिसले जुत्ताको सेतो फुस्रोलाई डेन्टिङ-पेन्टिङ गरिदिए । नम्बर 'टु'ले सिलाइबुनाइमा अब्बल एकजना साथीलाई गुहारेर मेरो लामो जामालाई कलमा सिलाएर घुँडासम्मको बनाइदिई । नम्बर 'सेभेन्टिन'ले कमिजमा इस्त्री लगाइदिई । हामीमध्ये की सबभन्दा धनीमानी साथी नम्बर 'एट'ले त झन् आफ्नो नयाँ मोजा नै मलाई अर्पण गरिदिई । मैजस्ती बिन्दास नम्बर 'सेभेन्टी फोर' भने खाली हाँसेर बसिरही ।

मैले स्थितिको गम्भीरतालाई गर्मैं र लौ त भनिदिएँ । मलाई आफ्ना लागि भन्दा पनि मेरा साथीहरूका लागि लभ गरिदिएजस्तो लाग्न थाल्यो ।

त्यस दिन स्कुल त गइयो । तर पूरै अर्कै चालढाल र रंगरोगनमा । स्कुल जाने लाइनमा हिँड्दा ढुंगाको फुटबल नखेली हिँडिरहेँ । लाग्यो, केटोले मलाई कतैबाट नियालिरहेको छ । बेसरी तन्काएर काटेको कपाल निधारमा छोटो हुन गएछ । माधुरी दीक्षितको जस्तो लर्कनुपर्ने जुल्फी, कुखुराको चल्लाको कपालझैँ फुर्रुर भयो । निधारमा फुर्फुराउने कपालले घरीघरी झर्को पनि लगाउँथ्यो । तर राम्रो देखिनुपर्ने बाध्यता थियो । म प्रत्येक कक्षापछि शौचालय जान्थेँ र जुल्फीलाई पानीले भिजाएर आउँथेँ ।

नम्बर 'एट' र म एउटै कक्षामा थियौं । ऊ घरीघरी पल्लो कुर्सीबाट मतिर आँखा पसार्थी । र, देख्थी मलाई कताकता हराइराखेको । साढे चार बज्ने पर्खाइमा मैले आठवटा कक्षा दिवास्वप्न हेरेर नै बिताएँ ।

स्कुल साढे तीन बजे छुट्टी भयो । हामी चार बजे छात्रावास पुग्यौं । साथीहरूको आग्रहमा मैले सेतो कुर्ता-सुरूवाल लगाएँ र साढे चार बजे रोटे पिङनिर पुगेँ । साथीहरू अपरेसन 'आँखा-चार'लाई सफल बनाउन सेन्ट्रीमा तैनाथ भए । उनीहरूले मेट्रन, आया दिदी र अरू सिनियर दिदीहरूलाई निगरानी गर्न थाले ।

छतमा मैले आशिषलाई देखेँ । मेरो मस्तिष्क शून्य भयो ।

आशिष अग्लो थियो, केटल अग्लो । त्योबाहेक मैले सन्तोष गर्ने कुनै ठाउँ थिएन । चिम्सा आँखा, डाँडी नभएको नाक, कपाल ठाड्ठाडो, साउँलो वर्ण, दुब्लो-पातलो शरिर । त्यतिबेलासम्म मैले चाहेको केटाबारे मात्र कल्पना गरेकी थिएँ । जब आशिषलाई देखेँ, गैले नचाहेको केटाबारे पनि थाहा पाएँ ।

छतबाट आशिष मुसुक्क मुस्कुरायो । सोचें, हाँस्दा पनि हिस्सी नदेखिने केटोसँग के नारिनु ! मुस्कानको जवाफ फर्काइनँ । चुप लागेर त्यहाँबाट फर्कें, अनुहार चुकिलो बनाउँदै । कस्तो ताइँ न तुइँको केटोले मन पराएछ भनेर साथीहरूले रेल्ला गर्छन् भन्ने थाहा थियो । त्यसैले मैले आफ्नो मुटु स्टेनलेस स्टिलभैँ दह्रो बनाए ।

पाँच बजेतिर डाइनिङ हलमा छिर्दा देखें, साथीहरू त अझ पनि छड्के नजर हरियो घरतिर लाउँदै रैछन् । मलाई देख्नेबित्तिकै साथीहरूले भने, 'क्या टल है !'

लगत्तै नम्बर सेभेन्टी फोरले भनी, 'क्या रफ एन्ड टफ है !'

रफ एन्ड टफ ? हैन कुन छेउबाट त्यस्तो देखी उसले ।

'हो र भन्या ? मलाई त …,' मैले मुख बिगार्दै भनें । तर मेरो मन नपराइ मेरा प्यारा साथीहरूले पढ्न सकेनन् वा पढ्न चाहेनन् । मैले आफ्नो कुरा राख्नुभन्दा अगाडि नै उनीहरू आशिषको लम्बाइको चर्चामा जुटे । 'पाँच पाँच कि पाँच छ ?' केटाको हाइटसँग अलि बढी नै लगाव भएकी हामीभन्दा अग्ली नम्बर 'एट' अनुमान लगाउन थाली ।

टुप्लुक्क प्रीती आइपुगी, मुस्कुराउँदै । हामी बसेको टेबलमा बस्दै सोधी, 'कस्तो लाग्यो त ?'

साथीहरूले उसको मुस्कान सापटी लिएर मुसुमुसु हाँस्दै मलाई हेरे । म भने अलि कूटनीतिक प्रतिक्रिया फुराउनुपर्‍यो भनेर कपाल कनाउन थालें । प्रीतीको मुखेन्जी आशिषको अनुहार मन परेन भन्न त भएन । भनें, 'म भन्दा कान्छोलाई कसरी लभ गर्ने ? मलाई त भाइभाइजस्तो फिलिङ्स आइराछ ।'

'प्लिज शिवा, एभ्री थिङ इज फेयर इन लभ एन्ड वार !' नम्बर सेभेन्टिनले अटोबुकमा भर्ने गरेको 'क्लिसे' दोहोर्‍याई ।

'तैँ भन्दा त आशिष टल छ लु,' दार्जीलिङे लवजमा नम्बर एट आशिषको बचाउमा कुर्ली । (पाँच-पाँच वर्षसम्म दार्जीलिङका सर र मिसहरूसँग छात्रावासमा बस्दाबस्दा हामी दार्जीलिङेहरूभन्दा पनि बढी दार्जीलिङे भएका थियौं) ।

'हैन क्या, क्लासमा पनि त स्यानो छ नि,' मैले भने ।

'एउटै क्लास त स्यानो हो नि,' नम्बर टुले भनी ।

'बिचरा आशिष कस्तो लभसीक भइराछ । अस्ति घर आउँदा गिटारमा माया मेरी माया गाएर सुनाउँदै थियो,' प्रितीले मायालाग्दो गरी भनी ।

गिटार बजाउँछ भन्ने थाहा पाउनेबित्तिकै साथीहरूको आँखामा आशिष एक तह माथि उक्लियो । झन् उसको प्रभाव अझ जमाउने काम प्रितीले गर्न थाली । भन्न थाली, 'आशिषले राम्रो गिटार बजाउने मात्र हैन गीत पनि गाउँछ र चाँडै नै ब्यान्ड बनाउँदै छ ।'

यो सुनेर साथीहरू मख्ख परे । मलाई पनि के-के हुन थाल्यो ।

छात्रावासमा बस्दा मेरो पहिलो परिवार नै मेरा साथी थिए । जति माया यी चारजनाले गर्थे, त्यति माया मैले आफ्ना दाजुभाइ-दिदीबहिनीबाट पनि पाएकी थिइनँ । यिनीहरू छुट्टीमा मलाई आफ्नो घर नेपालगन्ज पनि जान दिन्थेनन् । हामी पाँचैजना एकअर्काको कुरा एकदमै खान्थ्यौं । त्यसैले साथीहरूकै प्रभावमा मैले मन नखाएको आशिषलाई पनि मन पराउन थालेँ ।

'के भनूँ ? हुन्छ भन्दिऊँ ?' सोधी प्रितीले । साथीहरू केही बोलेनन् मेरो अनुहार टुलुटुलु हेरिरहे । 'खै राम्ररी हेर्नै पाइनँ,' मैले भनेँ ।

'कहिले भेट्ने त ? आशिषले पनि शिवालाई भेट्नै खोजिरा'छ,' प्रितीले भनी ।

तर उसलाई भेट्नु सजिलो थिएन । कसरी भेट्ने समस्यामा हामी घोत्लिन थाल्यौं । पाँच-पाँच जनाको मस्तिष्क मन्थनपछि आखिर उपाय निस्क्यो र तयार भयौं जोखिम मोल्न हामी फेमस फाइभ ।

पहिला हामीले कक्षाको तालिका हेर्‍यौं । बिहीबारको अन्तिम कक्षा हिसाब पढाउने कन्दवा सरको थियो । उहाँलाई हामीले उल्लीबिल्ली बनाउँथ्यौं । उहाँकै कक्षाबाट अलि अघि निक्लेर आशिषलाई भेटन जाने निर्णय भयो । त्यो कुरा प्रितीले आशिषलाई गएर भन्ने भई ।

प्रिती गएपछि साथीहरूले मलाई भने, 'हेर शिवा, यस्तो लभ गर्नेलाई झुन्डाएर नराख है ।' ती चारैजनाले यसो भन्दा मलाई हो कि क्या हो भन्ने लाग्न थाल्यो ।

बिहीबार आयो । हाम्रो छुट्टीको घन्टी साढे तीन बजे लाग्थ्यो । मैले ठीक तीन बजेर बीस मिनेट जाँदा शौचालय जाने बहाना बनाएँ । कक्षाको

हल्लाले पाकिसकेका कन्दवा सरले नाइँ कसरी भन्थे । ज-जसले शौचालय जाने बहाना बनाइराखेका थिए सबैलाई उनले जान अनुमति दिए ।

ठीक साढे तीन बजे अन्तिम घन्टी लाग्यो । शौचालय ठूलो गेट नजिक थियो त्यसैले त्यहाँ पुग्न मलाई बेर लागेन । बसमा जाने केटीहरू ग्वारग्वार्ती ठूलो गेटबाट निस्कँदा म पनि उनीहरूको हुलमा मिसिएर बाहिरिएँ । स्कुलको मेनगेटनिरको चिडियाखाना जाने गल्लीमा आशिष एकजना साथीसँग मलाई पर्खेर बसेको थियो । ऊ पनि स्कुलबाट सीधै आएको रहेछ । उसलाई देख्दा मेरो मुटुले ठाउँ छोड्यो । आशिष भने मभन्दा बेसी नै लजाइराखेको थियो ।

आशिषछेउ पुगेर मैले हाई भनेँ । उसले पनि हाई भन्यो त्यसपछि मलाई मायाको जिनिस टक्रायो– क्याडबरीको ठूलो प्याकेट र आर्चिज कार्ड । मैले त्यो लिएँ र बाई भनेँ । र फर्केँ, उसको बाई नपर्खीकनै ।

म स्कुल गेटभित्र छिरेँ । नम्बर एट मेरो झोला लिएर शौचालयनिर पर्खिराखेकी थिई । मैले झोलामा उपहार राखेँ र हामी दुवैजना स्यानो गेटतिर लाग्यौं । त्यहाँ छात्रावास जाने विद्यार्थीहरूको लाइन थियो । हामी गएर पछाडिबाट सुटुक्क मिसिइहाल्यौं लाइनमा । बाटोभरि हामी एकअर्कासित नबोली हिँडिराख्यौं । काम फत्ते गरे पनि मनमा डर बाँकी नै थियो ।

छात्रावास पुग्नेबित्तिकै साथीहरूले सोधे, 'मन पन्र्यो ?'

मैले आशिषलाई राम्ररी हेर्दै हेरेकी थिइनँ । तर एउटा कुरा त थियो आशिषको आवरणमा जुन मैले त्यति छोटो भेटमा पनि केर्न भ्याएँ । त्यसैले मेरो आँखालाई बिझाएको कुरा मैले भने बरू. 'आशिषको स्कुलमा त रातो टाई पो लाउनुपर्दो रैछ, थ्यांक गड हामीलाई टाई, त्यो पनि रातोचाहिँ लाउन परेन है ।' सबैजना खितित्त हाँसे । त्यसपछि उनीहरूले मलाई आशिषले दिएको कार्ड देखाउन भने । आतुरी त मलाई पनि थियो हेर्न । आधी पेट खाजा खाएर हामी कुदिहाल्यौं हाम्रो डरमिट्रीमा अनि हामीले ब्यागबाट उपहार फुकायौं । क्याडबरीको चाक्लो पाता मैले सबैजनालाई भाग लगाएँ । त्यसपछि नम्बर 'टु'ले कार्डमा लेखेका शब्द वाच्न थाली । आर्चिस कार्डमा प्रेमका भावहरू बडो कवितात्मक शैलीमा लेखिएको हुन्थ्यो । सुन्दै जाँदा म मख्ख पर्दै गएँ । काम जति सबै कार्डले नै गरिराखेको थियो । त्यसमाथि उसको गिटार बजाउने प्रतिभाले त मलाई झन् प्रभावित

पान्यो । मेरो अनुहार देखेर साथीहरूले जिस्काउन थाले । कुरो स्पष्ट थियो, मैले पनि आशिषलाई मन पराउन थालेको उनीहरूले चाल पाए ।

प्रीती साँझको ट्युसन पढ्न आई । मेरो मुहारमा गुलाफ फक्रेको उसले चाल पाइहाली । 'भन्न शिवा केके भयो ?' सोधी उसले । मेरा साथीहरू केही नभनी हाँस्न थाले (पछि उनीहरूले मलाई भने झिल्के रातो टाईको कुरा सम्झेर हाँसेका रे) । 'के भयो भन्न मलाई पनि,' हाँसोको अर्थ लाउन नसकेर उसले सोधी । म केही बोलिनँ । बरू उसको हातमा मैले बनाएको कार्ड थमाइदिएँ । उसले कुरा बुझी अनि मुसुमुसु हाँस्न थाली ।

त्यही साँझ हामी धेरैबेर रोटे पिङमा बसिरह्यौँ । अलि झिसमिसेतिर गिटारको हल्का धुन हाम्रो कानमा पन्यो । आशिष तीनजना साथीहरूसँग बसेर भर्खरै निक्लेको सञ्जय श्रेष्ठको एल्बमको गीत गाइरहेको थियो : त्यो मुटुलाई छोएर, आजलाई भनिदेऊ… तिमी नै हौ मेरो जीवन आजलाई भनिदेऊ… ।

मैले विज्ञानको मोटो किताबभित्र लुकाएको उसको कार्ड सम्झेँ । मनमा आशिषप्रतिको मायाको तापमान बढ्न थाल्यो ।

शनिबार आयो । नुहाएपछि तेलले च्यापुल्ले नबनी कपाल त्यतिकै छोडिराखेँ । कुर्तासुरूवालमा राम्रो देख्छु भनेर साथीहरूले भन्थे । उनीहरूले करै नगरी रहरले लगाएँ । साथीहरूले पनि कुर्ता-सुरूवाल नै लगाए, सायद मलाई साथ दिन । हामीलाई कुर्ता-सुरूवालमा देखेर छात्रावासकी आया कृष्ण दिदीले भनिन्, 'फेमस फाइभ, बौलायो क्या हो ?' उनलाई के थाहा फेमस फाइभको मनमा के फली-फुलिरहेको छ ।

सिंगो शनिबार र आइतबारभरि आशिषको सांगीतिक समूहको अभ्यास चलिरह्यो । कहिले ड्रमको डाङडुङ, कहिले गिटारको झ्याङझुङ त कहिले सञ्जय श्रेष्ठको एल्बमको गीतको गुञ्जन :

माया मेरी माया

हाम्रो मिलन कहिले हुन्छ…

मलाई आशिषसित फेरि भेट्न मन लाग्यो । जाँच्न र नाप्न हैन अबचाहिँ ऊराँग डेटिङगै जान गन लाग्यो । तर डेटिङ जान छुट्टीमा मात्र सम्भव थियो । छुट्टी नहुन्जेल होस्टेलपछाडिको परिसरबाट हरियो परतिर नसै चुँडिने गरी आँखा तेर्साउन थालेँ । कहिलेकाहीँ चौरमा विनाकाम

ओहोरदोहोर पनि गरिहाल्थेँ । यसरी परिक्रमा गर्दा कहिले आशिषलाई देख्थेँ, कहिले उसकी आमालाई त कहिले उसकी बहिनीलाई । आशिषका जो देखे पनि आँखामा वसन्त छाउँथ्यो र मन गुलाबी भएर आउँथ्यो ।

बल्लतल्ल छात्रावास छुट्टी भयो । म घर गएँ । आशिषसँग भेट्ने कार्यक्रम हामीले पहिल्यै मिलाएका थियौं । चारजना साथीहरूसँग म आशिषलाई भेट्न पुल्चोकको एउटा रेस्टुरेन्टमा पुगेँ । आशिष पनि आफ्नो एउटा साथीसँग आएको थियो ।

म र आशिष एउटा टेबलमा आमनेसामने भएर बस्यौं । मेरा चारजना साथी र आशिषको साथी अर्को टेबलमा बसे । हामी दुवैले लस्सी मगायौं । तर लस्सी पिउन त टाढाको कुरा लाजले मैले आँखा उठाएर आशिषलाई हेर्न पनि सकिराखेकी थिइनँ । उता साथीहरूले भने चाउमिन अर्डर गरेका थिए । तर साथीहरू चाउमिन कम आशिषको साथीलाई काँचै खाइरहेका थिए, उल्लीबिल्ली बनाएर । आशिषलाई आफ्नो साथीको चिन्ता हुनथालेको टड्कारै देखिन्थ्यो । ऊ घरीघरी अर्को टेबलतिर फर्किहाल्थ्यो । त्यही बेला पारेर मैले उसलाई हेर्थें । उसका चिम्सा आँखा, डाँडी नभएको नाक, ठाड्ठाडो कपाल, साउँलो रङ सबै मायालु लाग्दै आयो ।

त्यो भेटमा मैले आशिषलाई एउटै प्रश्न सोधेँ, 'तिमीले मलाई नै किन मन पराएको ?'

पहिला त उसले जवाफै दिएन, खालि मुसुमुसु हाँसिराख्यो । मैले उसलाई फेरि सोधेँ । बल्ल उसले भन्यो, 'तिमी नै राम्रो लाग्यो त्यही भएर ।'

जवाफ मलाई चित्त बुझेन । मायाबारे मैले लामो वक्तव्य सुन्न खोजेकी थिएँ । तर … ।

छुट्टीपछि हामी छात्रावास फर्क्यौं । हाम्रो कार्ड र चक्लेट आदानप्रदान चलिनै रह्यो, प्रीतीको कृपाले । बिस्तारै मेरो र आशिषको मात्र होइन अरूको पनि माया बस्ने छाँटकाँट देखिन थाल्यो । त्यो पनि प्रीतीकै कृपाले । आशिषको ड्रम बजाउने साथीले नम्बर 'एट'लाई मन पराउन थाल्यो र बेस गिटार बजाउने रेस्टुरेन्टवाला साथीले नम्बर 'टु'लाई । प्रेम खुद्रामा हैन, थोकमा हुन थाल्यो । धन्य प्रीती !

एक दिन कृष्ण दिदीले गफैगफमा हरियो घरमा आमा-छोराको जहिल्यै बाझाबाझ हुने गरेको बताइन् । यसबारे मैले प्रीतीलाई स्कुलमा सोधेँ । आशिषको बुवा इन्स्पेक्टर रहेछन् र उनको सरूवा ताप्लेजुङ भएको रहेछ ।

बुवा नभएपछि आशिषलाई तह लगाउन गाह्रो भएछ आमालाई । एसएलसी आउन दुई वर्ष बाँकी छँदा आशिष पढाइलाई बेवास्ता गरेर संगीत कर्ममा लागेको थियो । उसै त गाउने र बजाउने लहडमा आशिष लागेकामा चित्त दुखाएकी उसकी आमालाई हाम्रो छात्रावासको सरले डिस्टर्ब भयो भनेर कुरा लगाइदिएपछि उसकी आमाले आँखै देखिनन् । उनले आशिषलाई बुवा भएकै ठाउँमा पठाउन थालेकी रहिछन् । त्यसैले उनीहरूको घरमा झगडा परिरहँदो रहेछ ।

आशिष मबाट टाढा जाने कुराले मन खल्लो भयो । तैपनि मनमनै आमा र आशिषको झगडामा आशिषकै जित होस् भनेर कामना गरिराखेँ । तर त्यस्तो भएन । आशिष जाने नै भयो ।

मन कटक्क खायो । मियो नै नभएपछि थोकमा प्रेम गर्ने मेसो पनि भताभुंग भयो ।

ताप्लेजुङ जानुअघि मैले आशिषलाई प्रितीको घरमा भेटेँ । ऊ नबोली बसिराख्यो । मैले उसलाई आफ्नो हातैले बनाएको कार्ड दिएँ जस्मा मैले लेखेको कविता पनि थियो । संगीतमा उसको लगाव भएकाले मैले उसलाई माउथ अर्गन पनि दिएँ । उसले छुट्टीमा फर्केपछि मलाई भेट्छु भन्यो । त्यो छुट्टी कहिले आउने हो कहिले ! मन गह्रुंगो भएर शरीर चलाउन नसके पनि मुस्कानको धर्सा अनुहारमा केर्न सकेँ ।

त्यस वर्षको मेरो पढाइ एकदमै बिग्रियो । मेरी आमा हातमा रिपोर्ट कार्ड र आँखामा निराशा लिएर मलाई सम्झाउँदै रून थालिन् । उनको आँसुले मलाई त्यतिन्जेलसम्म नदुखेको ठाउँमा दुखायो । त्यसपछि त मैले उनलाई वचन दिएँ, आफू छात्रावास नबसेरै एसएलसीमा पहिलो श्रेणीमा पास हुने । आमाले कति पत्याइन् थाहा भएन तर म एकदमै गम्भीर भएँ । र, छात्रावासबाट निक्लेँ, साथीहरूले छात्रावासमै बस भनेर कर गर्दागर्दै पनि । मलाई एसएलसीमा पहिलो श्रेणीमा पास हुनु थियो, जुन छात्रावासमा बसेर सम्भव थिएन ।

यसबीच मेरो र आशिषबीच चिठीपत्रको आदानप्रदान केही भएन । ताप्लेजुङबाट आशिषले फोन गरेर मलाई सोधिरहने खबर प्रितीले लिएर आउँथी । त्यति कुराले मलाई डोज पुग्थ्यो । आशिषले नै छोएर गएजस्तो लाग्थ्यो धेरै दिनसम्म । पढाइको चटारोले मनको विशेष तहमा आशिष र ऊसँगका सम्झना थुपुक्क गरी पट्याएर राखेकी थिएँ । परेका बेला

सम्झनाहरूलाई खोतलिबस्थेँ ।

पाँच महिनापछि आशिष छुट्टीमा आयो र उसलाई भेट्न मेरो मन बुर्कुसी मार्न थाल्यो । भेट्नका लागि उही प्रितीले नै खबर लिएर आई । पुल्चोकको विहारमा भेट्ने निर्णय गर्यौं । उसलाई देख्दा लाग्यो, ऊ कहिले पनि गएकै थिएन । तर ऊ फर्कनुपर्छ भन्ने नमीठो अँचेटाइले मेरो मनलाई चिमोटिरह्यो । लाग्यो उसलाई गुटमुटाएर आफूसँगै राखूँ र कहिले पनि कहीँ पनि जाने नदिऊँ । उसले मलाई ताप्लेजुङको छुर्पी दियो । हामीले आआफ्नो पढाइका कुरा गर्यौं । पहिलाजस्तो लाजले कहाँ लुकौं र के गरौं भएन हामीलाई । विशेष गरी मलाई भनुम न । मैले उसलाई कुरैकुरैमा सोधेँ, 'मलाई कति माया गर्छौ, आशिष ?'

उसले मतिर ढल्केर खुसुक्क भन्यो, 'धेरै ।'

मलाई लाग्यो उसले मलाई अँगालोमा बेर्छ । तर ऊ ढाड सोझ्याएर पुल्चोकको डाँडाबाट मंगलबजारतिर हेर्न थाल्यो । मलाई रिस उठ्यो । मैले उसलाई तिमीले मलाई माया गर्दैनौ भनेर भनिदिएँ । ऊ वाल्ल परेर मलाई हेरिरह्यो, केही बोलेन ।

मैले जाडो भयो, घर जाम् भनेँ । घुँडाको कापमा चेपेर राखेको मेरो हातलाई उसले समायो । आफ्नो हातले रगडेर तातो बनाउन थाल्यो । घर जाम् भन्यो । मैले होस् एकछिन नजाम् भनेँ । उसले फेरि लाटोकोसेरोले भैँ मलाई हेर्न थाल्यो ।

'कस्तो बुद्धु !' मनमनै भनेँ । त्यसपछि मनको कुरा रोक्न सकिनँ र भनिहालेँ, 'व्याSS म भन्दा जुनियर भएर होला कस्तो भाइ भन्ने खाल्को तिमी त ।' रिसाएर जन्याकजुरूक उठ्यो । अनि हिँड घर पुर्‍याइदिन्छु भन्न थाल्यो । मैले माफी माग्दा पनि मानेन । केही नलागेपछि जानैपर्‍यो भनेर म पनि उठेँ ।

विहारको गेटमा उसको साइकल थियो । त्यही साइकलमा उसले मलाई बस भन्यो । टुस्केर म अँध्यारोमै अघिअघि हिँडिरहेँ । पछिपछि उसले प्लिज प्लिज भन्दै साइकलमा बस्न आग्रह गरिरह्यो । मेरो मुड बिगारेकामा उसलाई मैले माफी माग्न लगाएँ र मैले पनि अबदेखि उसलाई भाइजस्तो नभन्ने वाचा गरेँ । कुरा मिल्यो र म उसको माउन्टेन बाइकमा बसेँ ।

आशिष हरेकपटक काठमाडौँ आउँदा हामी पुल्चोकको विहारमै भेट्ने

गर्थ्यौं । फर्किंदा हामी उसको माउन्टेन बाइकमै फर्किन्थ्यौं । माउन्टेन बाइक चलाउँदा उसको जिउ अघिल्तिर ढल्किन्थ्यो । अगाडिको डन्डीमा बसेको म जहिल्यै गियरलाई च्याप्प समाउँथे । आशिषले मलाई लडाइदेला भन्ने डर लागिराख्यो । त्यसरी बस्दा मेरो शिर उसको छातीमा अडिन्थ्यो र उसको शिर मेरो काँधनिर हुन्थ्यो । घरको गल्ली नपुगुन्जेल उसको तातो सासले मेरो गालालाई न्यानो बनाइराख्यो । यसरी नै हामीले एकअर्कालाई स्पर्श गर्थ्यौं । आशिषले न मेरो हात समाउँथ्यो न मलाई अँगालोमा बेर्थ्यो । हामी हिँड्दा पनि एकअर्कालाई नछोई हिँड्थ्यौं । बरू म नै कहिलेकाहीँ उसको पाखुरा समाउँदै लादिन जान्थें । हत्पत्त ऊ मलाई पन्छाइहाल्थ्यो । यस्तो बेला म खालि एउटै कुराको गुनासो गरिबस्थें । तिमीले मलाई माया नै गर्दैनौ । यति भनेर म बाटैमा ठिंग उभिदिन्थें । उसलाई मैले हैरानै बनाउँथें, ऊ भने मलाई एकनासले माया गरिराख्यो । तर उसको सड्लो माया मैले कहिले पनि बुभिनँ, बुझ्न सकिनँ । कुरा यहीँनिर आएर बिग्रियो ।

मैले एसएलसी दिँदा आशिष दस कक्षामा गयो । एसएलसी दिएपछि म एकदमै फुक्काफाल भएँ । मलाई आशिषको अनुपस्थिति खट्किन थाल्यो । आशिषको एसएलसी बिग्रिन्छ भनेर उसको बाबाले भन् उसलाई त्यस वर्ष काठमाडौं आउनै दिएनन् । मेरो छटपटी कम नहुने गरी बढ्दै गयो । अस्तव्यस्त मनलाई उपचार गर्न जति गीत सुन्थें, त्यति नै मन पोखिएर रित्तिन्थ्यो । रित्तो मनले संसारै फुस्रो र न्यास्रो लाग्थ्यो ।

एसएलसी सकिनासाथ छात्रावासकी मेट्रनले मलाई बच्चाहरूलाई पढाइदिन आग्रह गरिन् । मैले स्विकारें र साँस्साँझ छात्रावास जान थालें, पढाउन । हरेक दिन भम्सिखेलबाट धोबीघाटसम्म जाँदा आशिषको याद ताजा हुन थाल्यो । धोबीघाटको छात्रावासमा ट्युसन पढाउन बस्दा एक वर्षअघिको सम्झना ताजा हुन्थ्यो । अनि साँझ भम्सिखेल हुँदै घर फर्किंदा आशिषको साइकलमा सयर गरेको स्मरणले चिमाट्थ्यो । यस्तै छटपटीका दिनहरूमा मैले एकजनालाई भेटें ।

छात्रावासका साथीहरूसँग भेट त हुन्थ्यो, तर महिनामा एकचोटि मात्र । मेरो एकजना साथीको घर भम्सिखेल नै थियो, उसको घरमा भने आउजाउ, गरिराख्थें । उसैले मलाई उराको परगा आइरहने एकजना टोले दाइले मलाई मन पराउन थालेको खबर सुनाई । उनी मभन्दा दस वर्ष

जेठा थिए । म साथीकोमा आएको थाहा पाउनेबित्तिकै उनी आइहाल्थे । पत्रकार भएकाले कुरा गर्न उनी निकै सिपालु थिए । आशिषजस्तो उनले पनि मेरो कपालको चर्चा गर्थे । अझ आशिषभन्दा एक पाइला अघि बढेर उनले कपाललाई लिएर छेडखानी पनि गर्थे, 'तिम्रो कपालको सिरान हालेर लुटुपुटु गर्न मन लाग्यो, कालु ।'

साथीले मेरो र आशिषबारे उनलाई भने पनि उनी अलि जब्बर खालका थिए । मलाई उनको त्यही जबर्जस्तपन नै मन पर्न थाल्यो । आशिषको अनुपस्थिति उनले पूरा गर्न थाले अझ ठोस रूपमा । किनभने उनी देश दुनियाँको कुरा गर्थे म पक्क परेर उनकै कुरा सुनिराख्थें । कुरा गर्दागर्दै अनुहारमा झरेको मेरो कपाललाई कान पछाडि घुसारिदिन्थे । उनको छुवाइले मेरो आङ सिरिङ भएर आउँथ्यो । उनीसित बस्दा मलाई डर त लाग्थ्यो तर उनको आकर्षणले मलाई नजानिँदो पाराले तानी पनि राख्थ्यो ।

एकदिन मैले पढाउने छात्रावास अगाडि आएर उनले धेरै बेर कुरिरहे । ट्युसन सकेर बाहिर निस्कँदा त मैले उनलाई गेट अगाडि पाएँ । म छक्क परेँ । त्यस दिन उनले तलब बुझेका रहेछन् र मलाई डिनरका लागि लिन आएका रहेछन् । मलाई सात बजे त जसरी पनि घर पुग्नैपथ्र्यो । त्यसैले साँझमा डिनर खान जाने कुरै थिएन । त्यसपछि उनले मलाई झम्सिखेलको डिपार्टमेन्टल स्टोरबाट झोलाभरि चक्लेट किनेर उपहार दिए । खाइनसक्नु चकलेटको गुलियोमा म घोलिएँ । उनको हरेक क्रियाकलाप म आशिषसँग तुलना गर्थें । चाहे त्यो उनको चटपटे कुराकानी गर्ने शैली होस् वा माया देखाउने लहडीपन ।

उनी मेरो ट्युसन पढाउने ठाउँमा आउन थाले । धोबीघाट-झम्सिखेलको बाटो त्यो बेला बिरानै हुन्थ्यो । बाटोमा ल्याम्पोस्ट पनि थिएन । त्यसको फाइदा उठाउँदै उनी प्रायः मेरो हात समाउँथे । कसैले देख्ला भन्ने डर लागे पनि उनको स्पर्शले त्यसभन्दा अगाडि नकुत्कुत्याएको भाव अन्तरकुन्तरमा चलमलायो । घर पुगेर ती कुतकुतीमा रुम्मल्लिराख्दा आफैँदेखि लाज लाग्थ्यो र आशिषलाई सम्झेर ग्लानि हुन्थ्यो । अनि सोच्थें– जे भइराखे को छ, कतै चाँडोचाँडो त भइराखेको छैन ? वास्तविक प्रेम यस्तै हुन्छ ?

एसएलसी सकेर आशिष काठमाडौँ आयो । प्रतीमार्फत उसले मलाई भेट्ने खबर पठायो । खुसी हुनुको साटो म चिन्तित पो हुन थालेँ । मैले

उसलाई विहारमा हैन रेस्टुरेन्टमा भेटौं भनेँ । ऊ आयो । ऊ निकै खुसी देखिन्थ्यो । उसले आफ्नो पढाइको कुरा गरिरहँदा मलाई झर्को लाग्न थाल्यो । उल्टै मेरो ध्यानमा उनी पो छाउन थाले । आशिषको कुरामा शिर हल्लाउँदै म एकपटक त्यही बाटो हुँदै तिनीसित हिँडेको सम्झनामा कताकता हराइराखेँ । केहीछिन पछि त मैले दुवैको अनुहार दाँज्न पो थालेँ । आशिषको केटौले अनुहारको काँचोपन र उनको पुरूषत्व झल्किने पाकोपन । त्यसपछि त मेरो पूर्वाग्रह भरिएको आँखाले आशिषलाई 'क्लोज अप'मा हेर्न थाल्यो ।

आशिषको अनुहारभन्दा घाँटी मैलाजस्तो देखिन थाल्यो । उसको समर ज्याकेट काँधमा अलि ठूलो भएको हो कि जस्तो पनि लाग्न थाल्यो । नाकको पोराबाट एकसरो रौं निक्लेको देख्दा त, 'उफ !' त्यसपछि त मैले आशिषलाई भन्नै पन्यो । 'मेरो ट्युसन टाइम भइसक्यो, आई ह्याभ टु लिभ ।' उसले मलाई छात्रावाससम्म पुऱ्याइदियो र कहिले भेट्ने भनेर सोध्यो ।

'फेरि ?' मनैमन झस्केँ । खबर गर्छु भनेर पछाडि नफर्की म छात्रावासभित्र छिरेँ ।

त्यस भेटपछि मेरो मन निकै खलबलियो । बच्चाहरूलाई अक्षर राम्रो बनाउने गृहकार्य दिएर म टोलाउन थालेँ । मेरो दोमन 'क्लाइमेक्स'मा पुगेको थियो । मनमा के गरूँ–गरूँ भइराखेको थियो । साँझ ट्युसन सकेर बाहिर निस्किँदा मैले गेटमा उनलाई पाएँ । उनी त्यसरी आएकामा म अरू दिनभन्दा त्यस दिन बढ्तै खुसी भएँ । फर्किरहँदा भावविभोर भएर मैले आफ्नो शिर उनको काँधमा राखिदिएँ । उनले मलाई अँगालो हाले मायालु पाराले ।

आशिषसित मैले सम्बन्ध टुटाउनैपर्छ । घर पुगेर मैले निर्णय गरेँ । तर के भनेर सम्बन्धविच्छेद गर्ने, सोच्नै सकिनँ । एक हप्ता बित्यो, दुई हप्ता बित्यो । आशिषले मलाई दुईचोटि जति भेट्न खोज्यो । मैले ऊसँग दूरी राखिनै रहेँ । गति भरै नसोचेर सम्बन्ध टुटाउँदा गनि हुन्थ्यो होला तर मन कताकता बिझेर आउँथ्यो आशिषलाई सम्झँदा । उनीसँगको सम्बन्ध परिपक्व भएको भए सायद त्यसले मलाई मद्दत गर्थ्यो होला, आशिषलाई छोड्न । तर उनीराँग पनि म सम्पूर्ण रूपले सन्तुष्ट थिइनँ । किनभने जबदेखि मैले आफ्नो शिर उनको काँधमा राखेँ तबदेखि उनी मलाई सास

फेर्ने ठाउँ नदिइकनै नजिकिन थालेका थिए ।

ट्युसनपछि सधैं उनले लिन आएको मलाई मन पर्दैनथ्यो । तर उनी सधैंजसो आउन थाले । एकपटक छात्रावासबाट अलि ढिलो बाहिर निस्कँदा उनले मलाई हपारे । कसैले लेक्चर दिँदा मलाई छोरी मान्छे भएर यस्तो र उस्तो भन्दै केटा र केटी हुनुको व्याकरण छाँट्यो कि पारा छुटेर आउँथ्यो । म केही नबोली हिँडिराखें । लिटिल एन्जल्स स्कुल कटेर चिडियाखाना आइपुग्दा उनले मेरो हात समाउन खोजे, मैले दिइनँ । उनी मेरो नजिक आएर अँगालो हाल्न खोजे, मैले त्यसो गर्न पनि दिइनँ । उल्टै फर्किंदै भनें, 'छोरी मान्छेलाई बाटोमा यस्तो गर्न सुहाउँछ ?' उनको मिसाइल उनीतिर फर्काउँदा उनी रिसाए । त्यस दिन हामी टुस्किँदै बिदा भयौं ।

अर्को दिन पनि उनी मलाई लिन आए । हामी कुरा गर्दागर्दै हात समाएर हिँड्न थाल्यौं । एकाएक उनले मलाई ग्वाम्लंग अँगालोमा कसे । म उनको अँगालोबाट छुट्न खोजें । सकिनँ । उनले मेरो अनुहार आफूतिर सोझ्याएर मलाई म्वाइँ खाए । मैले उनलाई धकेलें । उनको लट्ठिएको आँखामा मैले माया हैन, शारीरिक भोकमात्र देखें । हामी छुट्टिने मोड आइसकेको थियो, म अघि लागेर जान खोजें । उनले मलाई जान नदिई 'आई लभ यु' भनिरहे । मलाई लाग्यो म कुनै नौलो मान्छेसँग छु । उनीबाट पन्छिएर म घरतिर कुदैं ।

रातभरि उनले मलाई म्वाइँ खाएको सम्झें । त्यसपछिको अर्को पाइला भनेको ओछ्छिनु हो । उनको लट्ठ परेको आँखाले कम्तीमा पनि यही संकेत गरिरहेको थियो । उनको स्पर्शले कुतकुतिएको मन, उनको चुम्न हतारिएको मनस्थिति सोच्दा पनि आफू गिजोलिएजस्तो लाग्न थाल्यो । सोचें, एकअर्कालाई नबुझीकन शारीरिक सम्बन्ध हुनु त चाहिनेभन्दा बढी नै हतारिनु हो । उनको हतारले मलाई लाग्यो हाम्रो सम्बन्ध रोमान्टिक हैन, यौनको भोकले डोऱ्याइरहेको सम्बन्ध हो । मलाई आशिषको शिशुभावले भरिएको निर्दोष अनुहारले टुङ्न थाल्यो ।

रातभरि सोचेको कुरा उनलाई भन्न अर्को दिन म झम्सिखेलको साथीको घरमा उनीसित भेट हुने आशामा गएँ । उनी भेटिएनन् । मलाई लाग्यो उनी मलाई लिन साँझ आउँछन् । तर आएनन् । एक हप्तापछि उनी बल्ल भुल्किए । उनी मसँग बिच्किएका पो रहेछन् । मैले उनलाई

चिया खान जाऊँ भनेँ । एकाएक चिया खान जाने प्रस्तावले उनी पनि अचम्ममा परे । उनले हुन्छ भने र हामी सँगसँगै हिँड्न थाल्यौं । बाटोमा उनी नजिकिन खोज्दा म परपर हुँदै हिँडेँ ।

हामी जावलाखेलको एउटा रेस्टुरेन्टमा छिर्यौं । मैले हाम्रो सम्बन्धको अन्त भयो भनेँ । उनी ट्वाँ परे । सम्बन्ध अन्त गर्नुको कारण उनले सोधे । मैले आशिषको बहाना बनाएँ । उनले पत्याएनन् । एकछिन पछि उनले एक हप्ता अगाडिको कुराका लागि माफी मागे । मैले त्यो कारणले ब्रेकअप गरिरहेको होइन भनेँ । उनले पत्याए पनि नपत्याए पनि मैले आशिषवाला कारणको तर्क तेर्स्याइरहेँ । उनले मेरो हात समाउन खोजे । मलाई झनक्क रिस उठ्यो । म झर्किएँ । उनी पनि रिसाए । जान्छु भनेर म सट्ट उठेँ र आफ्नो बाटो लागेँ ।

फर्किंदा मन एकदम हलुंगो भयो । आफू स्वतन्त्र भएको अनुभव गरेँ । हाम्रो सम्बन्ध एक झट्कामा अन्त गर्दा मलाई कुनै ग्लानि भएन । ग्लानि मलाई एउटै कुराको थियो, यस्तो हलुको सम्बन्धका लागि आशिषलाई छोड्ने सोचको । त्यस रात सुत्दा मलाई आफ्नो अन्तआत्माबाट लुक्न परेन ।

त्यही बेला आशिषले मलाई भेट्ने सन्देश पठायो । मैले विहारमा भेटम् भनेर खबर पठाएँ । उसलाई भेट्न मेरो मन आतुर भइराखेको थियो । आशिषको निर्दोष व्यवहार र उसको माया गर्ने तरिका सम्झेर उसका लागि मेरो माया उर्लेर आयो । उसले गर्ने रोमान्समा 'फास्ट-ट्र्याकपन' थिएन । प्रेममा हुनुपर्ने धैर्य थियो । उसले मलाई गर्ने माया सङ्लो थियो जुन मेरो उमेरसुहाउँदो थियो । आशिषबारे जति सोच्न थालेँ त्यति नै म ग्लानिले गल्दै गएँ । उसको अनुपस्थितिमा मैले गुमाएको धैर्य सम्झीसम्झी गलेँ ।

आशिषलाई भेट्ने दिन मैले ट्युसनबाट छुट्टी लिएँ । त्यस दिन विहारमा म चाँडो पुगेर आशिषलाई पर्खिराखेँ । के-के कुरा भन्छु भनेर नानाथरी संवाद बनाउँदै भत्काइरहेँ ।

ग व्यग्र भएर कुरिरहेकी थिएँ । तर आशिष धेरै बेररागम पनि आएन । मलाई झर्को लाग्न थालिसकेको थियो, ऊ आउँदै गरेको देखेँ । देख्नेबित्तिकै

फतफताउन थालेँ । गिटार बजाउने उसको साथी पनि सँगै आएको देखेँ । आशिष मनिर आयो र उसको साथीलाई अलि परै बस्न लगायो ।

डेटिङमा आउँदा पनि साथीलाई लिएर आउने हो भनेर म फन्किएँ । ऊ केही बोलेन । अघिल्लो पटक रेस्टुरेन्टमा भेट्दा ट्याउँट्याउ बोलिराखेको आशिष चुप थियो पहिला-पहिला जस्तै । उसको मौनताले अधैर्य बनाए पनि मैले धेरै कचकच गरिनँ । ममात्र बोलिरहेँ । एकछिन पछि उसले आफ्नो प्यान्टबाट मैले दिएको माउथ अर्गन निकाल्यो । त्यो फर्काउँदै उसले मलाई भन्यो, 'सरी, म ब्रेकअप गर्न आएको । यो तिमीले दिएको फिर्ता लेऊ ।'

म अवाक् भएँ र उसैलाई हेरिरहेँ ।

आँखामा आँसु भर्भराएर आयो । मन निमोठिएजस्तो भयो । आफूलाई बोल्न लायकको दह्रो बनाउन खोजेँ, सक्दै सकिनँ । म कहिले उसको साथीलाई हेर्थेँ, कहिले उसलाई । बल्लतल्ल आफ्नो गिलो स्वरमा मसँग सम्बन्धविच्छेद गर्नुको कारण सोधेँ । उसले मलाई त्यत्तिकै हो भनिराख्यो । मैले उसलाई कारण नभनुन्जेल जानै दिन्नँ भनेँ । उसले मलाई बेवास्तापूर्वक एक पटक हेर्‍यो र जान ढिलो हुन्छ भन्यो । त्यसपछि उसले आफ्नो साथीलाई जाऊँ भनेर इसारा गर्‍यो ।

ऊ र उसको साथी विहारबाट ओर्लने भन्‍याङबाट पुल्चोक झर्न थाले । ऊ ओरालो झरिराख्दा मैले उसलाई दिएको माउथ अर्गन हेरेँ । त्यसमा आशिषले एउटा स्टिकर टाँसेर दिएको रहेछ, 'ब्लिडिङ हार्ट' लेखेको । मलाई औडाहा भयो । मलाई लाग्यो मैले उसलाई धेरै कुरा भन्न बाँकी छ । अगाडि हेरेको त, ऊ गइसकेको थियो । मनले भन्यो उसको पछाडि दौडेर जाऊँ । फेरि लाग्यो, प्रितीलाई भनेर आशिषलाई भोलिपल्ट भेटूँ । मनमा फेरि आशा जाग्यो, ऊ फर्केर आइहाल्ला कि !

ऋतुको चिया पसल
कुमार नगरकोटी

वि.सं. २०५१ ।

ऋतुको चिया पसलमा मेरा केही जिप्सी यादहरू छुटेका छन् ... यादका भेडाबाख्राहरू धपाउन/गाईवस्तुहरूलाई गोधुली साँझमा घर फर्काउन म कहिलेकाहीँ विस्मृत इलाकाका गल्लीहरूमा देखा पर्छु । अतीतको गोठालो भई डुली हिँड्छु ।

ज्ञानीहरू भन्छन्, 'अतीतमा डुल्ने डुलुवाहरू मूर्ख हुन् ।' आफू कुनै पनि 'रूप प्लस सार'मा ज्ञानी पुरूष नभएको हुनाले म लाक्षणिक हिसाबकिताबले मूर्ख नै हुँ । र, सायद पटमूर्ख पनि । रूप र सारको गन्जागोलमा नपर्नु नै यस बखत रूचिकर होला । कि कसो ?

तर पनि भन्नपर्ने हुन्छ : जीवनमा भए गरेका सम्पूर्ण मूर्खतापूर्ण एवं सुरूचिपूर्ण घटना, उपघटना या कार्यकारी घटनाहरूको लेखाजोखा गर्न म यहाँकहाँ ती स्मृतिजन्य उद्यानहरूतिर डुली हिँड्छु, घुमी हिँड्छु ।

ऋतुको चिया पसल वास्तवमा एलेन गिन्सबर्गको कुनै कवितामा फेला पर्ने स-सानो कफी हाउस जस्तै थियो । सात-आठ थान मेच टेबल, खित्रिडमित्रिङ सामान, भित्तामा मोनालिसाको पोस्टर, प्लास्टिकका बाटा एवं बाल्टीहरू, स्टोभ, यस्तै यस्तै । अलमस्त टाइपका ग्राहकहरूले चिया पिउने अड्डा ।

ऋतु चिया बनाउँथी । के चिया बनाउँथी र ! चियासित आफ्नो गार्शिन-हृदग उमाल्थी, सागद । सादा कुर्ता सल्वार लगाउने ऋतु कुनै मौन तपस्वीभैँ सदा शान्त मुद्रामा हुन्थी । ऊ जवान थिई । म पनि कम जवान

कहाँ थिएँ र ! ऊसित मेरो कुराकानी कमै हुने गर्थ्यो । गफगाफ गर्ने जिम्मा त अरू ग्राहकहरूको नै थियो । म त त्यहाँ छेउको टेबल ओगटी चुपचाप अद्भुत किताबहरूको रहस्यलोकतिर हराइरहेको हुन्थेँ ।

'अर्को कप चिया ?' ऊ आफैँ सोध्थी । मलाई उस्को अनुहार हेर्ने फुर्सद हुँदैन थियो । सायद ऊ नै चिया उमाल्दै मेरो मङ्गोल अनुहार हेरी बस्थी पसलको कुनाबाट । तात्तातो चिया मेरो अगाडि राखिदिन्थी ।

मैले पढिरहेको पुस्तकको नाम पनि ऊ यसो चिहाउँदी होला र ! डायरीमा, नोटबुकमा म के फुटनोट्स लेखिरहेको हुन्थे, उसले कल्यै थाहा पाई होला ?

वास्तवमा, त्यसबेला म साहित्यको नवोदित पाठक बन्ने सत्कर्ममा जुटेको थिएँ । आफूलाई म एक उदीयमान पाठक बनाउन चाहन्थेँ । साहित्यमा उदीयमान या नवोदित केवल 'लेखक' हुनुपर्छ भन्ने टिप्पणी विश्वसाहित्यको कुन संविधानको कतिऔं धारा/उपधारामा उल्लेख गरिएको छ, म बब्बुरोलाई थाहा थिएन ।

तसर्थ, म एक उदीयमान पाठक बन्ने सन्दर्भमा थिएँ । मेरो सम्पूर्ण पेसा भन्नु नै साहित्य, कला, दर्शन, चित्रकारिताको अध्ययन नै त थियो नि ! पढ्नैका निम्ति मैले आफ्नो जीवनको आकर्षक प्रथम नोकरी छाडेँ । कलेज छाडिदिएँ । विश्वविद्यालयको प्राज्ञिक इम्पेरियलिजममा कहिल्यै रूचि जागेन । स्वअध्ययनकै निम्ति वसन्तपुरस्थित दाजुभाउजूको परिवारलाई छाडिदिएँ । पाटनको चाकुपाटमा एउटा डेरा लिएँ जहाँ ऋतुको चिया पसल पनि थियो ।

त्यो चिया पसलमा मैले आफ्नो केही आयु फ्याँके । घन्टौं बसोवास गर्थें त्यहाँ ।

ऋतुको परिवार मेरो कोठाभन्दा माथिको तल्लामा बसोवास गर्थ्यो । तीन दिदीबहिनीमा ऊ माहिली छोरी थिई । दाइ पाटनको इलेक्ट्रिक पसलमा सेल्सम्यान थियो । आमा आध्यात्मिक पाराकी थिइन् । गुरू बाल योगेश्वरको शिष्य । भन्नूँ भने पूरै परिवार गुरूजीको आशीर्वादमा थियो । बुबा चाइने अस्तित्वदेखि सफाचट भैसकेका थिए !

ऋतुकी आमाले एक दिन भनेकी थिइन्, 'कुमार बाबु ! हिँड्नुस् भोलि शनिबार तपाईंलाई गुरू महाराजजीकहाँ लैजान्छु । जानुहुन्छ ?'

'मैले त्यहाँ गएर के पो गर्ने होला ?' भनेँ ।

'प्रवचन सुन्ने । सत्संग गर्ने ।'

प्रवचन र सत्संगको अभ्यास नगर्नुपर्ने कुनै कारण थिएन । ओशो, युजी अनि कृष्णमूर्ती, नागार्जुनजस्ता आध्यात्मिक गुरूहरूको किताबी सत्संगको अद्भुत लत लागिसकेकै थियो । यसो गुरू महाराजजीको सत्संग 'ट्राई' मार्दा राम्रै त होला नि !

सामाखुसीको प्रवचन हल आध्यात्मिक फ्लेभरमा/सम्पूर्ण 'औरा एण्ड अरोमा' सितै मेरो प्रतीक्षा गरिरहेभैँ लाग्यो । ऋतु छेवैमा बसी । केही भजन कानभित्र छिरे । भिडियो स्क्रिनमा गुरू महाराजजी बाल योगेश्वर देखापरे । हल्का सप्पैहरू आध्यात्मिक मुडमा देखा परे । ऋतुले भनी, 'प्रवचन ध्यानपूर्वक सुन्नुस् । तपाईंको जीवनमा काम लाग्छ ।'

जीवनमा काम लाग्ने प्रवचन त ध्यानपूर्वक सुन्नै पर्‍यो । एउटी जवान युवतीले भनेपछि झन् टार्ने नै कसरी ! भिडियो प्रवचनमा गुरूजी उवाच :

मनुष्यको इस तरह से सम्मोहित किया गया कि वो अपनी अन्दर की यात्रा हि तय कर नहीँ पाता । कितनी अजीव बात है ये कि अपना आत्माकी खोज वो बाहर की दुनियामे करता है । भौतिक पदार्थों मे वो खो गया है । मानव सभ्यता के इतिहास मे मैने आदमीको इतनी विवश और दुःखदायी स्थिति मे कभी नहीँ पाया । बचपन से लेकर युवा तक, युवा से लेकर बुढापे तक आदमी सिर्फ बाहर हि देख्ने की अभ्यास करता है । जब कोई बच्चा रोता है तो उसकी माँ उसे कोई खिलौना थमा देति है । बच्चाको आदत पड जाती है खिलौनासे । वो खिलौना वादमे बदल जाती है और आदमी की स्थायी मित्र बन जाती है । वो पडोस की महल, सडक की ल्याम्प पोस्ट, विज्ञापन की होर्डिङ बोर्ड देखकर बडा होता है ।

अपनी भितर की यात्रा मे वो भला क्यों पडे ! क्यों कि उसे तो बस पकडना है । ट्रेन छुट जाती है । अपनी अस्तित्व की खजाना छुट रही है, उसे इसका कुछ पता नहीँ । मै कहेता हुँ, इस भागदौड की जीवन से कुछ देर विश्राम लो । ध्यानमे डुबो । अपनी अन्तसकी यात्रा मे तुम्हैँ कोई भिसा जरूरत नहीँ होगी । कोई पासपोर्ट जरूरत नहीँ होगी । जागो और अपने आप को ढुँडो । बहुत हो गई वेवफाइ अपनी आत्मा से । अपनी

आत्मा की मौन प्रेम निवेदन स्वीकार करो … ।

झसंग भएँ । आफ्नो आत्माको प्रेम निवेदन स्वीकार गरियोस् भनी गुरूजीले भखरै भने । मौन तपस्वी ऋतुलाई यसो हेरेँ । ऊ त पद्मासनमा प्रवचनको आनन्द लिइरहेकी थिई आँखा चिम्लेर । भिसा या पासपोर्ट नै नलिई ऊ कुन आनन्दलोकमा उडिरहेकी थिई ? मेरो हृदयलोकमा आएको त कुनै खबर छैन ।

ऋतुलाई उसकै आफ्नो आनन्दलोकमा मैले छाडिदिएँ ।

जीवन मेरो औसत रूपमा सरल रेखामा कोरिएको गल्लीमा हिँडिरहेको थियो । तर पछि वक्ररेखामा मेरो जीवन कुनै भुस्याहा कुकुरभैँ अस्तित्वका तपसिल गल्लीहरूमा भड्कन थाल्यो । मैले चाल पाएँ, सारा मानिसभैँ बाँच्नु मेरो अधिकार थियो । तर प्राथमिक अधिकार मात्रै मेरो निम्ति पर्याप्त थिएन । सार्वभौम भन्नुस् या संवैधानिक अस्तित्वमा जीवनका केही पर्सनल छनोट पनि त हुनु परो नि ए गाँठे ! मैले छनोट मन पराएँ । मैले मीरा भट्टराईलाई रूचाएँ । माफ गर ऋतु !

ऋतुको चिया पसल उस्तै थियो । त्यहाँ हजारौं कप चिया र त्यति नै खिल्ली चुरोट खाएँ हुँला । सत्संग या प्रवचनले मेरो आत्माको शुद्धीकरण खै किन हो, हुनै सकेन । हृदय परिवर्तन भन्छन् नि ज्ञानीहरू ! खै त ! आफ्नो हृदय त उस्तै छ, खनिज जस्तो, शिलालेखजस्तो …

चिया पसलमा कहिलेकाहीँ ग्राहकहरूसित आध्यात्मिक भनाभन हुन्थ्यो । सन्त महाराजभैँ गरी फुर्ती लगाउँदै कोही भन्थ्यो, 'मनुष्यको केन्द्र आत्मा हो । मानव देह त आखिर के नै पो हो र ! केवल भ्रम हो, माया हो, मृगतृष्णा हो ।'

मलाई आत्मा र मानव देहबीचको यो डिमार्केसन-रेखा उचित लाग्दैनथ्यो । म भन्थेँ, 'मृगतृष्णा नै सही मानव देह केही त हो नि, यार !'

म मानव देहवादी या आत्मवादी केही थिइनँ । तर मृगतृष्णाप्रति मेरो चाख किन त्यस्तो रोचक थियो त ? यसको एउटा कारण छ । म एउटी महिलाको प्रेममा चुलुम्म डुबेको थिएँ ।

ऊ मेरी छिमेकी थिई । जिजस क्राइस्टले भन्नुभएकै छ : लभ दाइ नेवर (आफ्नो छिमेकीलाई प्रेम गर) ।

मैले छिमेकीलाई प्रेम नगर्नुपर्ने कुनै कारण थिएनन् । प्रेममा तर्क नाजायज हो, प्रेममा विचार अवैध हो । यस्तै मनको लड्डुमा रमाइरहेँ । जर्मन दार्शनिक मार्टिन लुथर (अमेरिकी मार्टिन लुथर किङ होइन) ले भनेकै छन् नि : रिजन इज द डेभिल्स होर । त्यस्तै केही ठानेँ । उसलाई अभै प्रेम गरेँ । ऊ नै भई मेरो पहिलो (बुढाहरू भन्छन् नि) पिरेम ।

मेरो प्रेमको समस्या के मात्र थियो भने मीरा भट्टराई विवाहित थिई । ऊ कसैको आधिकारिक पत्नी थिई ।

मीरा मेरो डेराबाट लगभग सय मिटर परको एउटा घरमा केही महिनादेखि बस्दै आएकी थिई । तर कालान्तरमा ऊ मेरो जिन्दगीको सुनसान करिडरमा चुपचाप ओहोरदोहोर गर्न थाली । र, एक साँझ मेरो हृदयको दैलोमा आफ्ना मसिना औलाहरूले 'ट्याक्क ट्याक्क' गरी आवाज दिई । मैले दैलो उघारेँ । मुस्कुराउँदै उसले भनी, 'मे आई कम इन् ?'

ट्वा परेँ । 'अहो ! एस प्लिज्, गेट इन्साइड' भन्नुपऱ्यो ।

उसलाई मैले आफ्नो हृदयको अतिथि कक्षमा स्वागत गरेँ । बेरोजगार युवाको अतिथि कक्ष कस्तो हुन्छ ? लथालिंग एवं अस्तव्यस्त न हो ! उसले सरसफाइ गरी । कुर्सीमा बसी । म ट्वाँ पर्दै उसलाई हेरिरहेँ ।

ओछ्यान पनि चिटिक्क पर्दो रैछ त ! म हुस्सुलाई बल्ल पो थाहा भयो । कोठाभरि यत्रतत्र छरिएका तन्त्रशास्त्रका, दर्शनशास्त्रका, आख्यानशास्त्रका, कोकशास्त्रका ग्रन्थहरूलाई उसले जतनसाथ न्याकमा थान्को लगाइदिई ।

हेरचाह गर्ने, माया गर्ने स्त्रीको जीवनमा ठूलो महत्त्व हुँदो रैछ । मैले मनमनै भनेँ ।

ओभरकोट, मफलर, ज्याकेट इत्यादि लुगाफाटाहरूलाई ह्याँगरमा भुन्ड्याइदिई । खुम्चिएका, खजमजिएका कपडालाई प्लास्टिकको भोलामा प्याक गरी, र भनी, 'इस्त्री गरेर ल्याइदिन्छु ।'

'मेरो मन पनि खुम्चिएको, खजमजिएको छ । त्यसलाई पनि स्त्री– ए सरी ! इस्त्री लगाइदिए क्या जाती, क्या दामी हुन्थ्यो' भन्नु मन थियो उसलाई, भनिनँ ।

चिया बनाएँ र उसलाई दिएँ ।

ती कालतिर ग कविताको व्यसनमा थिएँ । कविता-कर्ममा थिएँ । डायरी लेख्ने पुरानो आदत ज्यूँदै थियो । उसले पढ्ने रहर गरी । उसको चाहनामा

ल्याप्चे लगाउँदै पाँचवटा नोटबुक रिफर गरेँ । गोविन्द गोठालेको पल्लो घरको झ्याल पनि पढिछाड्ने जिद्दी गर्न थाली । बदलामा मैले गोविन्दका भाइ विजय मल्लको अनुराधा उपन्यास पनि बोनसमा चढाएँ ।

मेहदी हसन, गुलाम अली, जगजित-चित्रा सिंह, चन्दन दासका गजल चक्का पनि 'लौ तपाईंले यिनीहरूलाई पनि सुन्नुपर्छ' भनी दिएँ । अनुप जलोटाको भजन चाहिँ दिइनँ । भजन-कीर्तनले रोमान्टिक मुडलाई ध्वस्त पार्थ्यो कि ! अर्को कप चिया म आफैं बनाउँछु भनी ऊ स्टोभ बाल्न थाली । पुरानो फिलिप्स टेप रेकर्डरमा 'अर्थ' फिल्मको चक्का घुसाएँ । गीत बज्न थाल्यो :

तुम इतना जो मुस्कुरा रहे हो

क्या गम है जिसको छुपा रहे हो … ।

चिया पिउँदै मेरो अव्यावहारिक जीवन-ढाँचाबारे उसले चाख राखी । अस्तव्यस्तता एवं अव्यावहारिकता नै मेरो जीवनको व्यावहारिकता भयो । यस्तै केही भनेँ ।

ऊसित प्रशस्त जिज्ञासा थिए मेरो चरित्रलाई लिएर । म बर्सात्मा विनाकारण किन रुन्छन मन पराउँछु ? साँझपख एक्लैएक्लै फगत गितार बजाई म किन उदास गीतहरू गाउने गर्छु ? विनाकारण म किन शिव शर्माको (नजिकैको दारू अड्डा) पसलमा रक्सी पिउने गर्छु ? विनाकारण म किन ऋतुको चिया पसलमा घन्टौं पुस्तक पढी आफ्नो युवा आयु खल्लास गर्दो रहेछु ? जागिर खान छाडी म व्यर्थमा किन चुरोट खाँदो रहेछु ? उसका यस्ता टाइपका जिज्ञासा सुनी म केवल फिस्स, फिस्स फगत फिस्स गरिरहेँ । मसित यस्ता प्रश्नहरूका नैतिक जवाफ पनि त थिएनन् नि !

जाने बखत उसले भनी : 'कुमारजी ! तपाईं एकदमै अनौठो मान्छे हुनुहुन्छ । तपाईं जस्तो हरफनमौला मैले आजसम्म भेटेकी छैन । ज्यादै अजीव ! अहिले जान्छु । तपाईंको कोठा चिटिक्क बनाइदिएकोमा मसित नरिसाइदिनुहोला ।'

मेरो सामानहरू लिएर ऊ गई । सामानसित केही टुक्रा मुटु पनि लिएर गई । फर्केर कहिले पो आउली ?

पाटन, चाकुपाटको रू ६०० को डेरा मलाई भव्य लाग्न थाल्यो । वरपर फैलिएका खेतबारीहरू सुन्दर लाग्न थाल्यो । कहाँसम्म भने कोठाबाहिर बग्ने खुल्ला ढलको पानी पनि कलकल गरी बगेजस्तो लाग्न थाल्यो ।

'पल्लो घरको झ्याल'मा बस्ने मीरा जादुगर्नी थिई । बेँसीसहरकी यो भद्र महिला आकारमा नेपाली महिलासमान औसतकी थिई । औसत उचाइ । औसत लवाइखवाइ । औसत रुचि । ओठ, आँखा, केशविन्यास, नितम्ब, वक्षस्थलका शास्त्रीय चर्चा यहाँ नगरूँ । यति हो, हरेक नेपाली स्त्रीभैँ ऊ आकर्षक थिई, राम्री थिई, सुन्दर थिई ।

उसको पार्टटाइम-पति पोखराको कुनै नुडल्स कारखानाको म्यानेजर थियो । बिदामा यदाकदा पोखराबाट चिनियाँ मोटरसाइकल कुदाउँदै ऊ मीरा भट्टराईलाई भेट्न आउँथ्यो । त्यो भद्र पुरूषसित मेरो कहिल्यै भेट भएन । मलाई ऊ कुनै भिजिटिङ प्रोफेसर जस्तै लाग्थ्यो । यस्तै पन्ध्र/सोह्र दिनमा आउँथ्यो, घर खर्च दिन्थ्यो, रातमा सम्भोग-सेक्स यस्तै केही गर्थ्यो र अर्को बिहानै भालेको डाकसितै चिनियाँ वाइक स्टार्ट गर्थ्यो र नुडल्स फ्याक्ट्री भेट्टाउन पोखरा रवाना हुन्थ्यो । यस्तै थियो जम्माजम्मी मीरा भट्टराईको दाम्पत्य जीवनको रामकहानी ।

मेरो अजिवोगरिब जीवन-ढाँचा यथावत् थियो । पसलमा उधारोले डाँडा काटेपछि घरमा बुवालाई चिठी लेखेँ :

पूजनीय पिताज्यू !

साष्टाङ्ग ढोग ! आराम छु, आराम चाहन्छु । तपाईंले मेरोबारे कुनै चिन्ता नलिनुहोला ।

कलेज र रत्नराज्य बहुमुखी क्याम्पस नगए पनि आइए पढिराछु डेरामै । किताबहरू किन्नका निम्ति दस/बाह्र हजारको खाँचो परेको छ । पसलमा उधारो पनि तिर्नु छ । कृपया, पठाइदिनुहोला ।

हजुरको आज्ञाकारी छोरा,

उही, कुमार नगरकोटी

तर कालान्तरमा, केही समय म कुमार नगरकोटी रहिनँ । नाम परिवर्तन गरी मिराज लेख्न थालेँ । मिराज अर्थात् मीरा भट्टराईको । मिराज (mirage) को अंग्रेजी अर्थले पनि त्यस बेलाको मेरो मनोदशालाई म्याच गर्थ्यो । मृगतृष्णा...

मिराज अर्थात् मीराको

मिराज अर्थात् मृगतृष्णा

मिराजको नाममा मैले केही कथा, कविता लेखूँ । साहित्यिक उपनाम भन्छन् नि साहित्य अध्येताहरू ! समकालीन साहित्यको ३५ औं अंकमा मिराज श्रेष्ठको नाममा एउटा लेख प्रकाशित छ : 'स्यामुएल बेकेट : एक फ्ल्यासब्याक' ।

एक साँझ मीरा आई । इस्त्री लगाइएका कमिज र प्यान्टहरू, डायरी, कविताका नोट-बुक र गजलका चक्काहरू लिएर आई । आफैँले चिया बनाउन थाली । थोत्रो फिलिप्समा पुनः बज्न थाल्यो गीत :

तुम इतना जो मुस्कुरा रहे हो

क्या गम है जिसको छुपा रहे हो ... ।

चिया पिउँदै उसले भनी, 'तपाईंको डायरी मन पर्‍यो । तर कविताहरू छेउटुप्पा केही बुझ्न सकिनँ । बुझिने कविता पनि लेख्नुस् न !'

स्वीकारेँ उस्का कुराहरू । कविताहरू मेरो युवा मनोदशाभन्दा जटिल नै थिए । मोहन कोइराला, ईश्वरवल्लभ, टिएस इलियट, एज्रा पाउन्ड, गिन्सबर्गलाई मन पराउथेँ, ती जटिल कालमा । भूपी शेरचन, वासु र बासो, चुआङ जु कुन्नि कता थिए ! तर म चाहिँ केही अब्स्ट्राक्ट अवश्य थिएँ ।

उसले अरू थुप्रै कुरा पनि गरी— आफ्नो बाल्यकालको बैँसीसहरको नोस्टाल्जियाहरू । पोखरामा बिताएका रमणीय दिनहरू । आफ्नो हजबेन्डसित घुमेका, बिताएका क्षणहरू । 'भिजिटिङ प्रोफेसर'ले उसलाई पत्नी बनाई काठमाडौँ ल्याएको कुरा ।

मैले सुनेँ उसका अतीतका गाथाहरू ।

मीराको आवाज केही रूझेको, भिजेको थियो । सदा त्यस्तै अलिकति नासल-टोन आउँथ्यो । नाके आवाज र मलाई मन पर्ने गायक अरूणा लामाको वेदनामय आवाजभैँ ।

वास्तवमा, ऊ ज्यादै एक्ली थिई । 'भिजिटिङ प्रोफेसर' कहिलेकाहीँ मात्र आउँथ्यो । प्रायः पल्लो घरको झ्यालमा धुम्धुती बस्थी । साथीसंगीहरू कोही थिएनन् । आउटसाइडरभैँ थिई । मानिस कुरा काट्थे । उसका मनमा केके कुरा खेल्दै बस्दो हो । बच्चासच्चा थिएनन् । बच्चा जन्माउन चाहँदैन रे लोग्ने । के ऊ पत्नीलाई भेट्न मात्रै चाहन्थ्यो ? लोग्ने-स्वास्नीबीच उमेरको

पनि ठूलो फरक थियो । कसोकसो माया लागेर आउँथ्यो, मीरा भट्टराईको ।

उमेरले ऊ पच्चीस-छब्बीसकी थिई । म थिएँ, बीस वर्षको । आफूभन्दा पाँच/छ वर्ष जेठी महिलासित पिरती लगाउन मिल्छ ? अर्काकी पत्नीसित पिरेम गर्न सकिन्छ ? यस्ता नैतिक प्रश्नहरूले दिमागलाई तर्साउँथ्यो । तर मेरो आदिम हृदयले भन्थ्यो, जरूर मिल्छ बच्चु ! तर उत्तिखेरै चतुर दिमाग भन्थ्यो, न न, यो त पतन मार्गतर्फको अनैतिक यात्रा हो ।

मैले पतन मार्ग रोजेँ । आदिम हृदयको आवाज सुनेँ ।

प्रेममा तर्क गरिन्न, त्यो भनेँ । वैध, अवैधको हिसाबकिताब गरी प्रेम गरिँदैन, त्यो पनि भनिसकेकै छु । अब हातमा बहिखाता बोकी प्रेमको पवित्र मार्गमा हिँडिदैन । खलिल जिब्रान आफ्ना रचनाहरूमा प्रायः 'प्रेममा सहिद' हुने चर्चा गरी बस्छन् । मैले सहिद हुने पथ रूचाएँ । मध्यरातमा शङ्खमूल घाटमा गितार बजाउँदै गीत गुनगुनाउन रूचाएँ :

मैले पुण्य मन पराएँ, या पाप मन पराएँ

जे होस् मैले तिमीलाई, चुपचाप मन पराएँ ... ।

मीरालाई मैले निःसर्त मन पराएँ ।

'तपाईंलाई कस्तो रङ मन पर्छ ?' त्यो साँझ उसले सोधेकी थिई !

'सबै रङ मन पर्छ ।'

'तैपनि, विशेष ?'

'पहेँलो ।'

'छ्या यो त जोगीको रङ भैगो ।'

'म जोगी नै त हुँ नि,' हाँस्दै भनेको थिएँ ।

उसले औंलाको बित्ताले मेरो छाती नाप्न थाली । कुम नाप्न थाली । 'के गर्न थाल्नु भो ?' भनी सोधेँ ।

'जोगीलाई एउटा स्वटेर बनाइदिनु परो,' उसले भनी ।

'त्यसो भए, मैले स्नेटर लगाउन पाउने भएँ, होइन ?' होम मेड पहेँलो स्वेटर । त्यसपछि ऊ गई ।

उसले फर्काएका नोट-बुकहरूलाई यसो पुस्तक न्याकमा मिलाएर राख्नुपर्‍यो भन्दा एउटा कापीबाट तीनवटा फोटो भुइँमा भरे । उठाई हेरेँ । सबै तस्बिरमा ऊ उदास देखिन्थी । कापीको खाली पानामा पनि उसले

केही लेखेकी रै'छे । बाङ्गाटिङ्गा शब्दाक्षरहरू पढेँ । त्यो लिखोट यहाँ जस्ताको तस्तै :

कुमारजी !

कहिलेकाहीँ जीवन किन यति खल्लो लाग्छ ? सब थोक भएर पनि केही नभए जस्तो । तपाईंका लेख, कविताहरू पढेँ । छपाउन पाए कस्तो जाती हुन्थ्यो । तर तपाई ज्यादै लापरवाही हुनुहुन्छ । म चाहन्छु, तपाई राम्रो मानिस भएको हेर्न । तपाई सुध्रिएको, व्यवस्थित भएको देख्न चाहन्छु । आफूलाई व्यवस्थित पार्नुहोस् । हुन त यस्तो भन्ने म तपाईको को नै पो हुँ र ! तैपनि किनकिन तपाईको माया लागेर आउँछ ।

यसरी एउटा जोगीको सुनसान हृदयमा एउटा फूल फुल्यो । गुलाब नै त भनी हाल्दिनँ । त्यो फूल सायद ट्युलिप थियो । यसरी एउटा जोगीको सुनसान हृदयको मरूस्थल मनमा प्रेमका नयाँ घाँसहरू उम्रिए । पिरतीका अनाम पुतलीहरू हृदयाकाशमा उड्न थाले । प्रेमको दिव्य आभास, अनुभूति वसन्त ऋतु मात्रै होइन पतझरका मौसमहरू पनि महसुस गर्न थालेँ । हृदय नै एक सुकुमार काव्यखाना भइदियो । जीवन आशीर्वादपूर्ण लाग्न थाल्यो ।

काठमाडौंमा सुन्दर पार्क नभएकामा मेरो मनले मसित धेरै कचकच, गुनासो गरी बस्यो । त्यसो त पार्कमा, सार्वजनिक स्थलमा प्रेम गर्दै हिँड्ने मेरो प्रेम कदापि थिएन । मेरो प्रेम समाजका तथाकथित भद्र भलाद्मीहरूले गर्ने अनुष्ठानभन्दा अलि बेग्लै थियो । उनीहरू भनिदिन्छन् नि : एक्स्ट्रा मेरिटल अफेयर्स ... ।

त्यसपछि—

लभ स्टोरी, रोमान्टिक फिल्म कहिल्यै नरूचाउने मैले मीरासितै पाटनको अशोक सिनेमा हल (आजकल त्यो हल 'पार्टी प्यालेस'मा रूपान्तरण भएको छ) मा 'दिलवाले दुल्हनिया ले जाएंगे' टाइपका फिल्महरू रूचिसाथ हेरेँ, त्यो पनि ब्ल्याकमा टिकट काटेर ।

दक्षिणकालीको सवारी चलाइन्थ्यो । नगरकोटको 'मिड टावर'बाट अलिकति जीवन चियाउँथ्यौं ।

ऋतुको चिया पसलमा मीरा पनि मसितै घन्टौं बस्न थालेकी थिई । ऋतु केवल टुलुटुलु, फगत ट्वाल्ल ट्वाल्ल मलाई हेरी बस्थी ।

म साँझ अबेरसम्म डेराबाहिरको आँगनमा बस्थेँ । 'पल्लो घरको झ्याल' खुल्लै हुन्थ्यो । झ्यालमै बसी ऊ कुर्सीमा आफ्नो खिरिला औंला चलाइरहेकी हुन्थी । पहेँलो स्वेटर जो बन्दै थियो नि त ! रात अबेर हुने छाँट भएपछि मीरा झ्यालैमा उभिन्थी र इसाराले नै 'गुडनाइट-किस' दिन्थी । उताबाट उडी आएको त्यो उडन्ते चुम्बनलाई म पक्रेर राख्थेँ । त्यसपछि ऊ बत्ती निभाउँथी ।

मेरो हृदयमा जलिरहेको मैनबत्ती पनि निभ्थ्यो ।

अनि निद्रा ?

निद्रा त के लाग्थ्यो र ! निदाएको प्रशस्त बहाना चाहिँ निर्विकल्प रूपमा अवश्य गरिन्थ्यो ।

समय, आफैँ लुरूलुरू, खुरूखुरू हिँड्छु भन्यो । समयलाई रोक्ने कुरा पनि आएन । ऋतुको चिया-पसलमा मीराले एक साँझ भनी, 'कुमारजी ! जिन्दगी किन सोचेजस्तो हुन्न ?'

यस्तो गहन प्रश्नको जवाफ कनीकुथी दिएँ । जिन्दगी सोचेजस्तो किन नभएको भनेर मानिस अनावश्यक रूपमा बढी नै सोच्छ । सोच्छ पनि के भन्नु र खै, बरू गुनासो गर्छ भन्नू । जीवनसित मानिसको धेरै गुनासो हुने गर्छ । यसो/उसो हुनुपर्थ्यो, भएन । यस्तो किन भएको होला ? यसो नभए उसो भएको भए कस्तो हुन्थ्यो ? मानिस अनावश्यक रूपमा बढी सोची बस्छ । जीवनप्रति ठूलो आग्रह, महत्त्वाकांक्षा राखी बाँच्छ । त्यसैले जिन्दगी सोचेजस्तो छैन ।

भन्न त भनेँ । तर आफैँलाई चित्त बुझेन आफ्नो जवाफ । 'चिया खाऔं ऋतु, कसो ?' मौन तस्बिरलाई भनेँ । ऊ चुपचाप चिया बनाउन थाली । चियासितै उसले आफ्नो पार्थिव-हृदय उमाल्न थाली स्टोभमा ।

त्यो साँझ मीराको कोठामा सन्ध्या-भोजन गरेँ । मांस-परिकार अरूले बनाएको रूचाउन्न थिएँ । तसर्थ, आफैँले 'मटन ग्रेभी' बनाएँ । स्वादिलो छ, मीराले मेरो पाक कलाको प्रशंसा गरी । स्वेटर लगभग आधाउधी तयार भएको थियो । कुर्सीसितै उसले पीता-पस्त्रेलाई मेरो आङगा जाँची । ऊ ढुक्क भई । स्वेटरको आकार मेरो तामसिक-देहसित म्याच गन्यो ।

केही बेर यताउतिका सार्वजनिक चासोका विषयको चर्चा गरेपछि उदास मुद्रामा मीराले भनी, 'कुमार ! यसरी कतिन्जेल गुपचुप बस्ने ? पोखरामा बूढाको अर्कै बूढी छ भन्ने मलाई शंका छ । मलाई त आफ्नो जीवनदेखि वाक्कदिक्क लागिसक्यो । तपाईंको माया लाग्छ तर के गर्ने खै ? यो प्रेमको अन्त कसरी हुने होला ? कहाली लाग्छ । चिन्ताले सताउँछ । निद्रा लाग्दैन । मेरो एक्लो जीवनमा तपाईं आउनुभयो, कहिले त लाग्छ किन आउनुभयो ? मलाई रूवाउन ? यो समाजले हाम्रो प्रेमको के फैसला गर्ने हो, कुन्नि ?'

उसको नासल टोनमा हिक्कहिक्क थियो । उसका आँखा आँसुले भरिएका थिए । उसको हृदयमा सायद कुनै टुहुरो ईश्वर रोइरहेको थियो । वेदनाको त्यो प्रशान्त गहिराइमा मेरो आत्मा पनि छट्पटाइरहेको थियो । समाज, व्यवस्था, ईश्वर, नैतिकता परिदृश्यमा आउँदा भए, जाँदा भए । प्रेममा जोखिम त उठाउनैपर्ने भयो ।

'डु हेल विथ दिस सोसाइटी । हामी विवाह गरौं ?' भनैं ।

मीरा अवाक् रही । मलाई टुलुटुलु हेरी केही बेर । त्यसपछि ऊ त झन् रून् पो थाली । मलाई उसको लोग्ने अर्थात् 'भिजिटिङ प्रोफेसर'को बाल थिएन । समाजले, साथीभाइले, आफन्तले के भन्ला बाल थिएन । म केवल प्रेममा सहिद हुन चाहन्थें । उसका मोती दानाहरू पुछिदिएँ । उसलाई अँगालोमा बेरैं । बोल्नु केही थिएन । मौनताको त्यो घडीमा निःशब्द हुनु नै हाम्रो नियति, प्रारब्ध, उत्सव थियो ।

साँच्ची ! प्रेममा सहिद हुनु कति गाह्रो रैछ । खलिल जिब्रानले कसरी भन्न सकेको होला त्यस्तो कुरा !

मेरो ओठलाई चुम्दै उसले भनी, 'कुमार ! मेरो जीवनमा किन आउनुभयो यसरी ? कहिलेकाहीँ धिक्कार लाग्छ आफैंलाई देखेर । माया किन यस्तो अनौठो हुन्छ ? आज म पतित हुन चाहन्छु । पतित मीरा नगरकोटी हुन चाहन्छु ।'

आखिर, शारीरिक सुख भनेको के हो ? बायोलोजिकल-इच्छा भनेको के हो ? यौन-विशेषज्ञले भन्ने गरेको सम्भोग सुख भनेको के हो ?

सन्तान-सुख भनेको के हो ?

'भिजिटिङ प्रोफेसर'को कन्डमको प्याकेट छेवैमा थियो । मीराले त्यसलाई झ्यालबाटै मिल्काइदिई । पूर्ण रूपमा बेहोसबेहोसमा, मादकताले खर्लप्प निलेको अवस्थामा उसले भनी, 'केको डर कुमार ! भुँडी बोके पनि तिम्रै बोकूँला ।'

आजकाल लाग्छ मलाई, त्यो सेक्स पतित थिएन । अहिले त्यो अतीत भए पनि पतित थिएन । त्यो रातको स्मृतिले आजकाल पनि मलाई यदाकदा डस्न आउँछ । सर्पदंशझैँ ! संसारमा सम्भोग पवित्र कर्म थियो, छ र रहिरहनेछ । लुकीलुकी कामवासनाद्वारा ग्रस्त समाजका तथाकथित नैतिक भद्रभलाद्मीका सम्भोगप्रति मेरो 'आलोचनात्मक समर्थन'जस्तो कुनै राजनीतिक टिप्पणी छैन । मेरो प्रेम मन्दिर हो । सम्भोग एक पवित्र तीर्थयात्रा हो ।

तीर्थयात्रामा हिँडेको म एक जोगी थिएँ ।

तर जीवन विरोधाभासको अर्को नाम पनि हो ।

टोलमा केही गाइगुइँ-हल्ला बतासमा घुम्न थालेको मैले सुनेँ । म, अर्थात् कुमार नगरकोटी 'मीराको मोहन' भएको सामाजिक टिप्पणी मैले सुनेँ । म 'मोहनलाल' भएकामा मीराले दुःख व्यक्त गरी । 'एक कान, दुई कान मैदान' भन्ने जुन सार्वजनिक लोकोक्ति छ, त्यसले अन्ततः 'प्रुफ' गर्ने छाँटकाँट देखाउन थाल्यो । भिजिटिङ प्रोफेसरलाई यसबारे केही थाहा हुने कुरा भएन । ऊ त आउँथ्यो, जान्थ्यो ।

यही बेला बुवाको खबर आयो, गाउँबाट । 'नाथे कुमार ! गाउँ आइज, म क्रमशः मर्दैछु .... ।'

मीरालाई भने, 'गाउँ जाऔँ । उतै बसौँ । बुवा अलि लिबरल हुनुहुन्छ । हाम्रो सम्बन्धलाई स्विकार्नु हुन्छ ।'

ऊ गाउँ जान तयार भइन । आफूसित प्रेमिकालाई फकाउने फगला थिएन । सदा अड्वाङ्गे थिएँ, र छु । मीरालाई फकाएर गाउँ लान सकिनँ । भनी, 'चाँडै आउनुस् । म तपाईलाई पर्खन्छु ।'

वि. सं. २०५३ ।

गाउँ, खुर्कोट जाँदा थाहा पाएँ, बुवालाई घाँटीको क्यान्सर भएको रैछ ।

डाक्टरहरूले उहाँलाई 'बाँच्ने' केही समय प्रेस्क्राइब गरेका रैछन् ।

बुवा क्रमशः खिइँदै जानुभयो । दिन प्रतिदिन उहाँ मेरो अगाडि मर्दै जानुभयो । उहाँ मेरा निम्ति पिता, बुवा, बा, या ड्याडी मात्र हुनुहुन्थेन, साथी पनि हुनुहुन्थ्यो । उहाँका निम्ति म 'फुच्चे/नाथे कुमार' थिएँ ।

मृत्युशैय्यामा आराम गरिरहेका बुवालाई मैले एक दिन भनेँ, 'बुवा, म एउटी आइमाईसित प्रेम गर्छु ।'

'नाथे कुमार ! लोग्ने मान्छेले प्रेम भनेको आइमाईसित त हो नि ! तेरी आमालाई मैले गोरखाबाट भगाएर विवाह गरी ल्याएको हुँ क्यारे !' हाँस्दै भन्नुभयो, 'तेरी आइमाई चाहिँ के थरकी हो ?'

'भट्टराई ।'

'बजिया ! आफू नेवार भएर बाहुनी पो ताक्दो रैछ !' आफ्नै सेन्स अफ ह्युमरमा उहाँले भन्नुभो ।

म चुप ।

'जातको त के कुरा भयो र ! प्रेममा जातभात हुँदैन । बुभिराख्, केटा । तेरी आमा पनि त गुरूङ हो । होइन भने भन क्यारे ?'

'त्यो त हो, बुवा । तर ऊ मभन्दा उमेरले जेठी छे ।'

'तब के भयो र ! दुईमध्ये एकजना जेठो, कान्छो हुने भैहाल्यो नि ! खै कुरो बुभेको तैले ? अलिकति लिबरल बन्न यार ।'

'तर एउटा समस्या छ, बुवा,' सोचविचार गरी भनेँ, 'ऊ विवाहित छे ।'

'नाथे कुमार ! संसारमा कुनै आइमाई फेला पारिनस् र अर्काको स्वास्नीसँग पिरती लाउन पुगिस्' भन्नुहोला सोचेको थिएँ तर बुवा मौन रहनुभयो ।

गाली खान तयार थिएँ । तर गाली नै गर्नुहुन्न बा ! कान समाई उठबस् गर्न तयार थिएँ । तर चाइँचुइँ केही छैन बा ! बडो यातना भयो । उहाँको अनुहार हेर्छु । त्यहाँ 'सेन्स-अफ-ह्युमर'को कुनै लक्षण छैन । बुवाका थुप्रै आशा, आकांक्षा थिए होलान् । मैले ध्वस्त पारिदिएँ सायद, पिताका सारा सपना ।

केही समयपछि बुवाले शान्त मुद्रामा भन्नुभयो, 'नाथे कुमार ! यो समस्या होइन, ठूलो समस्या हो । अरे स्वाँठेलाल ! कुनै विवाहित महिलासित प्रेम गर्नुअघि तैले मलाई सोध्नु पर्दैनथ्यो ! म त मर्दैछु । म मरेपछि सबै जिम्मा

तेरै हो । तेरो भाइ सानै छ, बुइनी सानै छे । पिरती लाउने पनि तरिका हुन्छ नि, नाथे !'

मुन्टो मेरो भुक्यो । बुवालाई हेर्न सकिनँ । तरै पनि बुवालाई सोधैँ, 'म सजाय भोग्न तयार छु, बुवा !'

बुवा चुपचाप । मीरा भट्टराईको अनुहार मेरा आँखामा छाइरह्यो ।

बुवाले भन्नुभयो, 'हेर, केटा ! म तेरो बाउ हुँ । तँलाई मैले आमाको पाठेघरमा हुँदैदेखि चिनेको छु । टाउको झुकाउनुपर्ने कुनै लज्जित काम तैँले गरेको छैनस् । संसारमा यस्ता मानिस धेरै छन्, तँ मात्रै एक्लै होइनस् ।

'प्रेम यस्तै हुन्छ, प्रेम अन्धो हुन्छ, मानिसहरू भन्छन् । म अर्थात् तेरो बाउ रत्नबहादुर नगरकोटी भन्छु, अन्धो/सन्धो हुँदैन प्रेम । यति मात्रै हो कि प्रेम गर्ने मानिस कहिलेकाहीँ अन्धो भइदिने गर्छन् । तेरो प्रसंग पनि त्यस्तै हो । तर, जीवनमा अनुभूति, अनुभव गर्दै जा । समयले तँलाई जम्मै सिकाउँछ । नाथे कुमार ! समय ठूलो गुरू हो ।'

बुवाले आफ्नो जीवनकालको अन्त्यतिर आफ्नो प्राइभेट डेथ-बेडबाट भनेको कुरा ठीकै त होला भन्ने लाग्यो नाथे कुमारलाई ।

समय आफ्नै गतिमा अगतिलो किसिमले हिँड्न थाल्यो । अस्तित्वसित, जगतसित मेरा थुप्रै प्रश्नहरू थिए । एउटा कथा लेख्न बसैँ, 'निकास' ।

२०५४ वैशाख १७ मा बुवा अस्तित्वदेखि अन्ततः अन्त्य हुनुभयो ।

तेह्र दिनको बर्खी सकिएपछि एक साँझ डायरीमा लेखैँ :

प्रिय मीरा,

जीवन एक मिराज हो । मिराज अर्थात्, एक मृगतृष्णा ।

चाकुपाटको पुरानो डेरामा स्मृतिका धुलो, धुवाँ पत्रैपत्र जमेका थिए ।

तैपनि आफ्नो कोठा आफ्नो जस्तो लागेन । मेरो अनुपस्थितिमा धेरै कुरा परिवर्तन भइसकेको थियो ।

ऋतुको चिया पराल सदाको निम्ति बन्द भैसकेको थिगो । उसको परिवारै डेरा सरी कुन्नि कता गएछन् ।

मीरा भट्टराईको 'पल्लो घरको झ्याल'मा अर्कै महिला देखा पर्न थाली । साँझपख, सिग्रेट तन्काउँदै ती झ्यालहरूमा आँखा पुऱ्याउँदा आँखै उवारा, तजाड हुन्थे । डेरा नजिकैबाट बग्ने खुल्ला ढलको पानी कलकल गर्न

छाड्यो । बरू, यति साह्रो किन गन्हाउँछ यो ढल भनी आफैँसित गनगन, फतफत गर्न थालेँ । बुवा रहेनन् । ऋतुको चिया पसल रहेन । मीरा रहिन । मेरो सडेगलेको आत्मा मेरो कोठामा निदाउन थाल्यो ।

मीरा भट्टराईले इस्त्री गरेका प्यान्ट कमिजहरू लगाउन मन भएन । पुरानो ट्याङ्कामा थन्काइदिएँ, थान्को लगाइदिएँ । बरू, दुई-चार जोर लिभाइजका ब्लु, ब्ल्याक जिन्स प्लस टाइट टि-सर्ट लाउन थालेँ । थोत्रो फिलिप्स टेप रेकर्डरमा बिबिसी सुन्न थालेँ । पाटनको 'अशोक' सिनेमा हलमा यश चोपडाको दिलवाले दुल्हनिया ले जाएंगे किन पो लाग्थ्यो र ! बरू त्यहाँ गई नाना पाटेकरका अग्निसाक्षी, युगपुरूष, प्रहार टाइपका फिल्ममा रमाउन थालेँ ।

आफ्नो मनलाई जसोतसो सम्हालेँ ।

एक दिन चाकुपाटबाट आफ्नो सामान कसेँ । 'बसाइ' जानुपर्‍यो, सोचेँ । मरूभूमिमा अरु के बसाइ भयो र ! आफ्नो हृदयलाई सम्फाइबुफाइ गरेँ । यसो कहिलेकाहीँ, पुराना यादहरूले सताए भने नोस्टाल्जियाको उँट चढी घुम्न जानुपर्ला त्यो मरूभूमिमा ।

पाटनकै लःखुशी नामक गल्लीमा नयाँ डेरा लिएँ रू ९५० मा । पढाउनका निम्ति चापागाउँमा एउटा विद्यालय फेला पारेँ । अंग्रेजीका व्याकरण नवागन्तुक बच्चाहरूलाई सिकाउन थालेँ । तलब थापेँ । बिहानदेखि साँफसम्मै पढाएँ । ट्युसन-कक्षा लिएँ ।

बिदाका दिनहरूमा पाटनका गल्लीहरू घुम्थेँ । कुनै क्याफेमा बसी ब्ल्याक-कफी पिउँदै कहिलकाहीँ सोच्थेँ :

प्रिय मीरा !

भिजिटिङ प्रोफेसरको चिनियाँ मोटरसाइकलको पछिल्लो सिटमा बसी तिमी अहिले कुन उपत्यका,वन, उपवन डुलिरहेकी छौ ?

मीरा, कुन्नि कुन प्रदेशमा थिई । ऋतु एक दिन अपर्‍हट मेरो हृदयको दैलो ढकढकाउन आइपुगी ।

समयको धेरै 'मध्यान्तर'पश्चात ऋतुसित मेरो पाटनको गाःबाहालको भित्री चोकमा एक साँफ भेट भयो । हाई हेल्लो गर्‍यौं, एक वृक्षमुनि । चिया-पसल छोडेपछि उसको परिवार बगलामुखी मन्दिर छेवैको गल्लीको

प्राचीन घरको एउटा फ्ल्याटमा बस्दा रैछन् ।

उसले भनी, 'तपाईं गाउँ जानुभयो । मीरा भट्टराई पोखरा गई आफ्नो लोग्नेसितै । तपाईंविनाको हाम्रो चिया पसल खल्लो भयो, पसल बन्द गर्‍यौं ।'

भागवत् गीताको शैलीमा मौन तपस्वीलाई भनैँ :

'ऋतु !

जे थियो ठीक थियो ।

जे हुन्छ ठीक हुन्छ ।

(व्यर्थ क्यों चिन्ता करे ।)'

ऋतुले भनी, 'तपाईंलाई धेरै खोजेँ चाकुपाटको डेरा छाडी कुन्नि कता गायब हुनुभो ।'

कमसेकम, म गायब भएको कुरा उसलाई थाहा रहेछ । कसैले, यसरी मलाई खोजी गर्नु ठीकै कुरा हो । नत्र मानिसहरू संसारको भीडमा यसरी हराउँछन् कि के भनूँ ।

पाँच वर्षभरिको आफ्नो हृदयमा गुम्सिएर रहेको 'गुप्ती-कुरा' मौन तपस्वीले यसरी खोली, 'कुमारजी, वास्तवमा म तपाईंलाई प्रेम गर्छु । तपाईंसित बिताएका क्षण याद आइरहन्छन् । तपाईं अनौठो मान्छे हुनुहुन्थ्यो । मलाई थाहा थियो, तपाईं मीरालाई प्रेम गर्नुहुन्थ्यो । अर्काकी स्वास्नीको पछाडि किन लागेको होला भनी तपाईंसित रिस उठ्थ्यो ! तर प्रेम भन्ने चीज पनि त अनौठो हुँदो रैछ ।'

मौन तपस्वीको कुरामा 'वजन' थियो । वजनदार कुरा हुँदा म प्रायः चुप रहन मन पराउँछु । उसको कुरा सुनेर बसिरहेँ ।

त्यसको केही दिनपछि एक साँझ ऋतुलाई शंखमूल घाट लिएर गएँ । एउटा लास जलिरहेको थियो । लासका आफन्तहरू पेटीमा बसी रोइरहेका थिए । मौन तपस्वीलाई भनैँ, 'ऋतु ! प्रेमसेम के गरिरहने ? त्यो विवाहपछि गरौंला । विवाह गर्ने हो ?'

वि.सं २०५८ ।

जेठ ५ गते ऋतुसित विवाह गयो ।

पुण्य अवसरको 'तिथि'मा आफ्ना सम्पूर्ण आफन्तजनलाई बोलाएँ अनि

पाशुपात क्षेत्रको गुह्येश्वरी मन्दिरमा जीवनमा पहिलो पटक 'दुलाहा' भएँ । दुबोको माला घाँटीमा लगाएँ । मौन तपस्वी अर्थात् ऋतु गौतमको सिउँदोमा सिन्दुर भरिदिएँ । मान्यजनहरूले आशीर्वाद दिए । भोजभत्तेर (नेवारी ढाँचाको) भै पो गयो । आमालाई गाउँमा अन्ततः हवाई-खबरमार्फत विवाहको सुसमाचार पठाएँ ।

आफ्नो जोगी-छोराले अन्ततः विवाह गरेकामा उहाँ खुसी हुनुभएको कुरा थाहा पाएँ । खुसी जस्तै केही भएँ । तर गुरूङसेनी आमाको 'खुसी' लामो समय टिकेन । वैवाहिक जीवनका ती संक्षिप्त लफडाहरूबारे यहाँ चर्चा नगरूँ !

लगत्तै जेठ १९ आइपुग्यो । त्यो रात, उता तत्कालीन राजा वीरेन्द्रको वंशनाश भयो । तथाकथित कालो पदार्थ खाएर दीपेन्द्रले नारानहिटीमा 'शुटआउट' गर्दा ऋतु र म (सम्भोग-पश्चात) काजु, बदाम, किसमिस खाइरहेका रहेछौं ।

बिहानै उठ्दा ढोकैमा 'कान्तिपुर' आयो । पढेँ, अशुभ समाचार रैछ । टिभी खोलेँ, सबै राष्ट्रिय च्यानलमा शोक-धून बजिरहेथ्यो । ऋतुले आफ्ना सामानहरू प्याक गरी । माइती जान्छु भनी । हुन्छ, जाऊ भनेँ । गल्लीको मोडसम्म पुन्याएँ । आफै जान्छु भनी । हुन्छ जाऊ भनेँ ।

२०५८ जेठ २० गते बिहान माइती हिँडेकी ऋतु मेरो घर फर्केर कहिल्यै आइन ।

काठमाडौंलगायत पूरै देश शोकमग्न थियो । राज्यले आफ्नो कर्तव्य पालना गर्दै राष्ट्रिय 'बिदा' घोषणा गन्यो । मेरो आफ्नै हृदयको 'राज्य' पनि क्रमशः टुक्रिरहेको थियो ।

मंगलबजारको पुरातात्त्विक चिया-पसलमा हलुवापुरी खाएँ । पसलमा, बाटोघाटोमा मुड्ला टाउका बोकी हिँडेका भद्रजनहरू देखेँ । एउटा सैलुनमा छिरेँ । प्रिय हजामले निःशुल्क केश मुण्डन गरिदियो ।

एक थान मुड्लो टाउको बोकी म सडकमा हिँडेँ, सिग्रेट पिउँदै ।

खत

कमल नेपाली

'भन त लौ आई लब यु !'

'आई एल यु !'

युवाहरूको मुखैमा झुण्डिएको थियो 'साथी' फिल्मको यो गीत । मलाई पनि यसले जतिखेरै 'आइ एल यु' गुनगुनाउँदै इलुइलु पारिसक्थ्यो मनमनै । कोसँग भन्ने चाहिँ आफैँलाई थाहा थिएन । क्याम्पसका उपद्रयाहा साथीहरू 'इलु' लेखेर कागजको हवाइजहाजले डुङ्थे च्वाँक छानीछानी । साथीहरूको हुतीमा म त्यसै मख्ख पर्थें, मानौं आफैँले त्यसो गरिरहेको छु ।

यस्तैमा मेरो मन एउटी सुन्दरीको कलकलाउँदो जवानीमा टाँस्सियो । ती थिइन्, हिरोनी करिष्मा । मानन्धर होइन, कपुर । जिरो फिगर ज्यान भएकी करिनाकी दिदी । टुपुक्क नाक, मृगका जस्ता आँखा, रसिलो ओठ । कति राम्री ! यदि तिनले काँचको पर्दाबाट सुन्थिन् भने म सुटुक्क भनिदिने थिएँ, 'आइ एल यु ।'

म करिष्मा कपुरको फिल्म भनेपछि त्यसै क्रेजी हुन थालेको थिएँ । उनको नयाँ फिल्म रिलिज हुनेबित्तिकै विश्वज्योति हलमा म मुन्टोले टेकेर पुग्थें । उनको सुन्दरताले कतिसम्म मोहनी लगाएको थियो भने जब कुनै युवतीमा उनको झलक पाउर्थें, टक्क अडिएर हेर्थें, आँखा झिमिक्क नगरी ।

त्यतिखेर म स्वयम्भुमा बस्थें, सरस्वती क्याम्पसमा पढ्थें । डेराबाट शोभाभगवती पुल हुँदै इन्द्रायणी मन्दिरलाई बायाँ पारेर खुशिबुँ अनि कालधारा हुँदै सोह्रखुट्टे टेकेर लेखनाथ मार्ग हुँदै क्याम्पस जान्थें । त्यही बाटो आबतजावत गर्दा एक पटक मैले किराना पसलमा एउटी युवती देखें । मलाई ऊ करिबकरिब करिष्मा कपुरजस्तै लाग्यो । उसको मुहारमा

करिष्मा देखेर म हरदिनको यात्रामा त्यता आँखा पसाउने भएको थिएँ । उसको रूप चाटेर मेरा आँखा अलिकता तृप्त हुने गरेका थिए । एक दिन मलाई ऊसँग बोली मिसाउने रहर लाग्यो ।

पसलअगाडि गएर उनलाई हेरेर बसिरहेँ ।

'के दिउँ, दाइ ?' उसले सोधी ।

यदि दिन्थी भने त म उसलाई नै माग्ने थिएँ नि । लगेर ऐनाजस्तै भित्तामा टाँगिदिने थिएँ ताकि हरेक दिन उसको छातीमा आफ्नो प्रतिबिम्ब हेर्न सकूँ ।

'एउटा चाउचाउ दिनू न,' मैले भनेँ ।

व्यापारिक मुस्कान छर्दै दुई हातले दिई एक पाकेट चाउचाउ । मलाई भने यही मौकामा उसका कलिला औँला खेलाऊँभैँ भइरहेको थियो । उसले पैसा फिर्ता दिँदा पनि दुई हात नै प्रयोग गरी । तर दुई पटक नै मैले उसको हात छुन पाइनँ ।

छुन पाइनँ त के भो ? मेरा आँखा उसको बारूले कम्मरमा गएर बसेका थिए । उसले त्यो चाल पाइन । मेरो मनले उसलाई खुसुक्क म्वाइँ खायो । त्यो त झन् उसले चाल पाउने कुरै भएन ।

क्याम्पस आवतजावत गर्दा मेरो मुन्टो आफसेआफ उसको पसलतिर फनक्क घुम्न थालेको थियो ।

जब कुनै दिन ऊ पसलमा देखिन्नथी तब म बेचैन हुन्थेँ । एकदिने पिरतीको ब्याड जिलाउन नपाउँदै ऊ पसलमा देखिन छोडी । मनमा उमारेको बीउ कहाँ रोपूँ रोपूँ भयो मलाई ?

पसलमा पहिला कहिलेकाहीँ मात्रै देखिने मोटी महिला देखिन थाली । सधैँ बस्ने बहिनी कता गइन् भनेर उसलाई सोधूँजस्तो लाग्यो तर ओँट आएन । मनभरि होस्टे र हैँसेको हल्लीखल्ली गराएर केही किन्ने बहानामा पसलमा गएँ । ती महिलालाई भनेँ, 'हिजोअस्ति त अर्कै बैनी हुनुहुन्थ्यो नि ।'

तिनले भनिन्, 'घर गई ।'

'दिदीको बैनी हो ?' अलि ओठ कमाउँदै मैले सोधेँ । केके नै बदमासी गरेझैँ किन थरथराउनुपर्ने होला यी ओठ !

मेरो सोधाइबाटै एउटा पुन्टे शब्द निकालेर भनिन्, 'हो ।'

बैनीको घर कहाँ हो भनेर सोध्नु भएन, त्यसैले भनेँ, 'दिदीको माइत कता पर्‍यो नि ?'

'हेटौंडा, भाइ जानु भाछ ?'

'बैनी दिए त गइरन्थैं नि' भन्न मन लागेको थियो, तर भन्नु भएन । भनैं, 'जान त गाको तर हेटौंडा बजारसम्म । साह्रै मन पऱ्यो ठाउँ ।'

महिलाहरूलाई माइतीको कुकुर पनि प्यारो लाग्छ रे । माइती गाउँको बखान गरिदिंदा उनी पनि मख्ख परिन् । विराटनगर जाँदा बसबाट देखेको हेटौंडा आखिर कुवाभित्रबाट भ्यागुताले देखेको आकाशजति त थियो, तर पनि सक्दो बढाइचढाइ गरैं । उनलाई के थाहा, मैले हेटौंडा होइन बैनी मन पऱ्यो भनेको । कुरा गर्दै जाँदा 'अब बैनी कैले आउने त ?' सोधौं सोधौं लागेको थियो, सकिनँ ।

उसको सम्झनामा नियास्त्रिएरै लामो समय बिताएँ । जब मेरो कोठा नजिकै एउटी केटीमा करिष्मा देख्न थालैं, तब भने त्यो नियास्रो मेटिंदै गयो ।

केटी ग्याँची नै भए पनि चिटिक्क थिई फुर्सद लिएर बनाएकी जस्ती । 'कस्ता होलान् बाउआमा पनि, यति राम्री छोरीलाई जन्माउनी' गीत सम्झाउने । म त्यसैत्यसै उनको सान्निध्यताको आसमा तानिन थालैं ।

एकदिन मैले उनलाई देखैं, हाम्रो अघिअघि हिंड्दै गरेको । उनी सानो प्युसो बच्चा डोऱ्याउँदै हिंड्दैथिन् ।

केटीसँग बोल्न नसक्ने छेरूवा भनेर मलाई गिज्याउने साथीसँग थिएँ म त्यतिखेर । ऊ यस्तो दकस मान्ने मान्छेले बिहेपछि के गर्ला, कसरी गर्ला भनेर मलाई स्याटर हान्याहान्यै गर्थ्यो । आज उसलाई देखाइदिनुपऱ्यो भन्ने लाग्यो । हिम्मत बढेर आयो । जब हामी उनलाई उछिन्ने स्थितिमा पुग्यौं, तब मैले उनलाई नामै लिएर बोलाएँ ।

अपरिचित केटाले एक्कासि आफ्नो नाम लिएर बोल्दा उनी पनि खुसीले धपक्कै बलिन् । म त झन् जुन भएँ । मन परेको मान्छेको ढोका पनि उघारियो, यता छेरूना भन्ने साथीको मुखमा बुजो पनि लाइयो । मैले साथीको सेखी झार्नकै लागि पनि केटीलाई एउटा कुरा भन्नु छ साँझ भेटूँ न भनैं । उनले हुन्न भनिनन् । साथीले भन्यो, 'एकछिनमै पट्चायो यार ।'

मैले गमक्क परेर मनमनै भनैं, 'तेरो मत्रै छ छातीमा रौं ?'

त्यतिबेल मेरो छातीगा फुरो रौंको रेखी बसिसकेको शिगो । मेरो ह्याउलाई नपत्याएको भए सायद खोलेरै देखाउँथे कि !

साँझ उनी बाहिर निस्किलिन् भनेर म आफू बस्ने घरको छततिर उक्लें र आँखा खसाल्न थालें उनी हिँड्ने बाटोभरि । मन भने गनगन गरिरहेको थियो, 'आउँछिन् नै भन्ने के ठेगान ?' तर उनी टुप्लुक्किइन्, उही प्युसो भाइसँगै । किन ल्याउनुपर्ने होला भाइ ! सोचें, भाइलाई घुमाउने बहानामा बाहिर निस्केकी हुन् सायद ।

म फुरूङ भएँ । खुसीको पिङ खेल्दै, उनले ओछ्याएको रातो कार्पेट टेक्तै पुगें उनको ढोकासम्म । म बाघ या भालुको नजिक गएको थिइनँ सिर्फ पोखिन लागेको जवानी कुर्तासुरूवालभरि बोकेर हिँडेकी ठोसेतरूनीको सामु पुगेको थिएँ । तर डर लागेर जात्रै । मायामा डर किन लाग्छ कुन्नि !

फेरि पनि मुटुमा होस्टेहैंसे नउराली भएन । घ्याम्पो डरायो तै म डराइनँ भनेझैँ बनावटी फुर्ती झिकेर भनें, 'पर्सि घुमाउन लान्थ्यौ कि भनेर के !'

'पर्सि के हो र ?' उनले सोधिन् ।

'भ्यालेन्टाइन्स् डे ।'

खितिती हाँसेर भनिन्, 'चक्कर लाग्ला नि घुम्दा ।'

'कस्तो अक्करमा त हिँडौंला भन्ने छ चक्कर त के हो र !' मैले भकभकाएसरि भनें ।

'केटीले केटा घुमाउन लान्चन् त ?'

'नभए केटाले लाला नि ।'

'को केटाले ?'

'म केटा हैन र ?'

उनी फेरि खितिती हाँस्न लागिन् । मैले के बुझ्ने ? हाँसितम् स्वीकृतम् ? उनको हाँसो थामिएपछि मैले भनें, 'ल भन न है !'

उनी हाँसिरहिन् । न ल भनिन् न भो भनिन् ।

मैले जोड दिएर भनें, 'म ठीक १२ बजे भगवानपाउमा कुरिरन्चु, ल ?'

मैले बालकझैँ पिरिरहेपछि एकछिन सोचिन् र भनिन्, 'आस त गर्नू भर चाइँ नपर्नू !'

'भरै पर्चु के !'

***

म भर परेरै उभिएको थिएँ भगवानपाउ अगाडिको चौतारोनेर । मेरो मनमा बाह्र बज्ने छैन सोच्तै आँखा डुलाइरहेको थिएँ चारैतिर ।

पिरतीको पर्खाइ कति लामो हुने रहेछ । मलाई बाह्र बजाउन यति गाह्रो

त परेन । हुने भए घडीको सुई सुइँसुइँ बटारेर बिहानको पहिलो झुल्कोमै बजाइलिन्थेँ बाह्र ।

बल्लबल्ल बाह्र बज्यो तर मेरो मनको बगैँचामा फुल्न कोही आउँछ भनेर म विश्वस्त हुन सकिराखेको थिइनँ ।

के उनलाई घरबाट निक्लिन गाह्रो पर्‍यो ? यदि बाआमालाई पनि यो 'भन्ट्याङभुन्टुङ डे'बारे थाहा छ भने त झन् उकालो पर्‍यो होला उनलाई । कि मेरो आसलाई 'भर नपर्नू'ले खाँद्यो ? कि उनको अरू नै छप्का छ ? उनको हृदयको गाडीमा सिट पाउने रूप मैले कहाँ पाएँ र ! यदि उनी रूपकै अघि हिँड्न चाहन्छिन् भने त मैले लिफ्ट पाउने चानसै भएन । मेरो मन यस्तै सोचाइहरूको टुँडिखेल भइरह्यो ।

कसैले मेरो कोखामा औंलाले घोचेपछि म खडरङ्ग भएँ । घोच्ने औंला उनकै रहेछ । उनले हामीबीचको हावाको दुरी हुन्याइदिएको क्षण ऐतिहासिक बन्यो मेरा लागि । मेरो यो एकोहोरो ज्यानमा बैँस भरिएकी झुनै तरुनीले स्पर्श गरेको पहिलोपल्ट थियो ।

'नेपाली टाइम ?' मैले हाँस्दै सोधेँ ।

'अँ, अर्कालाई ख्याँ कति गाह्रो भयो ।'

'कसले, बाआमाले ?'

'अनि ! हिजो तपैँसँग कुरा गरेको भाइले भन्द्यो के ।'

कस्तो बैगुनी भाइ रहेछ ! मलाई त हिजै शंका लागेको हो कतै सुलसुले त होइन । झन् भविष्यको सालो भनेर मिठाई किनीकिनी ख्वाएँ उता गएर पोल लाइदिँदो रहेछ । मेरो मिठाईको सोझो गर्न पर्दैनथ्यो ?

तैपनि मान्नुपर्छ उनलाई, भाइले तेस्र्याएको तगारो खोलेर आइपुगिन् । 'साथीलाई नजिकैको पसलमा फोन गर्न लाएर, फोन आमालाई उठाउन लाएर बल्ल साथीकोमा जाने भनेर उम्किएकी' उनी भन्दै थिइन् ।

मैले उनलाई त्रिभुवनपार्क जाने प्रस्ताव राखेँ । गएकी रहिनछिन्, हुन्छ भनिन् । उनी र म ट्याक्सीको भुँडीमा पसेर घुइँकियौँ थानकोटतिर । उनलाई गाडी लाग्दो रहेछ । उक्क उक्क गर्दै थिइन् । म भने उनी गर्भवती भएको र म छिट्टै बाउ भएको कल्पँदै थिएँ । यदि सम्बन्ध झाँगिइसकेको गए ग उनलाई 'आमा बन्न ला हो ?' भनेर जिस्क्याउँथेँ होला ।

चालकले पोलिथिन दिए । उनी मतिर ढल्किइन् । मायाको झोली बोकेर

निस्केको धन्न छाद थाप्न परेन ।

त्रिभुवन पार्क पुगियो ।

'आहा, कति रमाइलो पार्क !' उनी मख्ख भइन् । नेपालकै सुन्दरमध्ये एक पार्कमा मन परेको फूल लिएर हिँड्दै थिएँ । म आफूलाई समेत बास्नादार सम्झिरहेको थिएँ ।

आम्मामा, कति हो जोडी पनि ! कोही अँगालो हालेर कुप्री परेका, कतै केटीको काखमा केटा त कतै केटाको काखमा केटी । पार्क सुन्दर र सुन्दरीहरूको बगैंचा बनेको थियो । हामी एउटा बेन्चमा बस्यौं अलि एकान्त छानेर । टाँसिएर बस्ने हिकमत अझै आएको होइन ।

आउन त आइयो अब के भनेर कुरा गर्ने ! माया थाल्ने कहाँबाट हो ! अनि मायाको बिट हुन्छ कि हुन्न ?

थाङ्ने कुरा गर्दागर्दै दिउँसो बराँठ भयो । एकैछिनमा आकाश कालो नीलो भयो अनि धरधरी रुन पो थाल्यो । भाले र पोथी फूलहरूको ठोसाठोसमा पानी भाँजो बनिदियो । अरूहरूजस्तै हामी दुईजना पनि ओत लाग्न पार्कभित्रै निर्मित छाते टहरो ओढ्न पुग्यौं । त्यहाँ पुग्दानपुग्दै हामी आधाउधी भिजिसकेका थियौं । शरीर पातलो कुर्ताभित्र हालेर आएकी उनी झनै बेसी भिजिन् । पोटिला अंगहरू कपडामा टाँसिदा उनी कति सेक्सी देखिएकी ।

खाँदाखाँद थियो त्यो छाते टहरो । त्यसैले उनी मतिर टाँसिइन् । हाम्रो छुवाइ अब शरीरसम्म पुग्न पायो । जोगाउँदा जोगाउँदै पनि मेरो हात उनको ट्विन टेम्पलमा छोइन पुग्यो गजुरको घोचाइसमेत महसुस हुने गरी ।

ख्यालख्यालमै आफ्नो जीवनको पानामा नयाँ अध्याय लेखिसकेछु । त्यो गजुरमा पहिले चाहे जोसुकैले स्पर्श गरेको होस्, म भने भर्जिन थिएँ किनभने त्यो नै मैले छुन पाएको पहिलो रहस्यमयी फल थियो । म खुसी नहुने कुरै भएन । त्यो टेम्पल पनि खुसी भयो होला ।

तर ठूलै गल्ती गर्न पुगेझैँ मैले भनेँ, 'सरी' । उनले पुलुक्क हेरिन् । म आँखाको भाषा पढ्न जान्दिनँ । उनले नराम्रो पो सोचिन् कि भनेर सस्तै भए पनि 'सरी' प्रयोग गरेको थिएँ ।

साँझ पर्न लागिसक्यो, पानी रोकिन्न । फर्किन त पर्‍यो, हामी रूइदैरूइदै गेटसम्म आइपुग्यौं । त्यसपछि थानकोटलाई हात हल्लाउँदै

बसको क्याबिनमा सरर । झ्यालपट्टि उनलाई राखेँ र म चालकतिर बसेँ । झमक्क साँझ परिसकेको थियो । गाडीहरूले आँखा बाल्न थालिसकेका थिए । भिजेको ज्यान लिएर उनी मसँग बसेकी थिइन्, मेरो काँधमा टाउको अड्याएर । उनलाई अँगालो हाल्न मन लागेको थियो तर आँटै आएन । कि ढाँटले खान्छ रे कि त आँटले । के म नखाने बाटोमा छु ? अँगालो नै मारूँलाजस्तै गरेर हात उचालेँ । तर उनको जिउतिर बढाउनै सकिनँ । सिटको शिरमा राखेरै चित्त बुझाएँ ।

हामी खास त कलंकीमा ओर्लेर स्वयम्भुतिर जानुपर्ने हो तर ओर्लिएनौं । गाडी कालीमाटीतिर सोझियो पुरानो बसपार्क भेट्न, नयाँ परेवापरेवी बोकेर । ओर्लिन मन नलाग्नुको कारण थियो, जग्गेमा जस्तै बस्न पाएको क्षणलाई लम्ब्याउने रहर । म कल्पनाको संसारमा उनलाई माहुर चटाइरहेको थिएँ । बसका यात्रुहरू मलाई आफ्नै जन्तीजस्ता लागेका थिए । उनलाई सायद हामी सीधै स्वयम्भु नै जाँदैछौं भन्ने लागिरहेको थियो वा बाटो नै यही हो भन्ने ।

जमल झर्दा सडकमा ल्याम्प-पोस्टहरू हाँसिसकेका थिए । शरीर हल्का भिजेकाले केही सिउसिउ भइरहेकै थियो । म गोजीमा हात हालेर हिँडिरहेको थिएँ, उनलाई दायाँतिर पारेर ।

म दरबारमार्गतिर सोझिएँ उनी पनि मेरै पछिपछि आइन् ।

'धत् !' मैले भनेँ, 'म जता गयो उतै गइदिनी ?'

उनी मुस्कुराइन् मात्र । मलाई केटीहरूको मौन भाषा गाँठो परेको कविताजस्तो लाग्छ फुकाउनै गाह्रो । के मैले होटेलतिरै बसौं भनेको भए तिनले नाइँ भन्ने थिइन् होला ?

जब उनले गोजीमा हालेको मेरो दाहिने हातको कुहुनुभित्र आफ्नो बायाँ हातले अँठ्याएर हिँड्न थालिन् मलाई अग्घोरै असजिलो लाग्न थाल्यो । पिच्छभ्ने त्यसरी हिँड्दा मेरो कुहुनुमा उनको देब्रे सिमलकाँडेले धोचिरहेको थियो, मरम घोचाइ । सबै पर्खडा यतै रिगलको भुवाजस्तै हुने भए यात्राहरू कति सुन्दर हुने थिए ! सकेसम्म हात सोझो पार्दै, उनको काँडाबाट जोगाउँदै म क्षेत्रपाटी आइपुगेँ ।

जाडो भएकाले कतै चिया खाने मेरो प्रस्ताव स्वर गएन । चियापसलमा गस्दा त्यहाँ उदितनारायण झा गाइरहेका थिए— 'दिल तो पागल है, दिल

दिवाना है ।' पसलमा बत्ती बालिएको थिएन । त्यहाँ मधुरो उज्यालो थियो अर्को कोठाबाट पसेको प्रकाशले । ठीकै त भयो कसैले नदेखेकै राम्रो । तर मैले उनको शरीरमा छापा नै मार्लझैँ गरी भनिहालिन्, 'बत्ती छैन ?'

ट्युबलाइट हाँस्दा हामी पनि सेता देखियौं ।

साँझ छिप्पिइसकेको थियो त्यसैले उनी आतुरिइरहेकी थिइन् । 'अब नि गइनँ भने त निकाल्छन् घरबाट,' उनले भनिन् ।

'झन् राम्रो', मैले हाँस्दै भनेँ, 'निकाले सुरूक्क मेरोमा आउनू नि ।'

'राख्नुहुन्च ?'

'राख्दिनँ, पूजा गर्छु ।'

'देउता छैन घरमा ?'

'छन् तर देवी छैनन् ।'

उनलाई घरसम्म पुन्याइदिने कुरै थिएन । त्यसैले हामी सल्लाहैले परैबाट अगाडिपछाडि भएर अपरिचितजस्तै हिँड्यौं । उनको घरनजिकै उनका मान्छे भेटिए । 'काँ गर हो यसबेला ?' उनीहरूले सोधे । 'सबितेकोमा गएर आ,' उनले भनिन् ।

म भने आफूलाई कुर्तासुरूवाल वा गाउन लाएर हिँडिरहेको महसुस गर्दै थिएँ, किनभने उनले मलाई नै बनाइदिइन् सबिते । नहडबडाइकन कति सजिलै ढाँट्न जानेकी !

***

उनको घरमा फोन थिएन । त्यसैले भेट्नु छ भने हाम्रोमै फोन लाउनुपर्थ्यो उनले । त्यो बेला हाम्रो नम्बर थियो २७१०३४ । केटी मान्छेको फोन आउन थालेपछि साथीहरूले मलाई 'ल गरिखाऊ' भन्न थालिसकेका थिए । म भने इत्रिँदै भन्थेँ, 'हैन खाएर गर्छु ।'

'भोकै त काँ गर्न सकिन्च त नि,' उनीहरू झन् अघि बढेर मलाई नङ्ङ्याउँथे ।

म आनन्द मान्थेँ । कुरैकुरामा पनि कति आनन्द मान्न सक्छ यो मन !

मौका मिल्नासाथ हामी भेट भइहाल्थ्यौं । कहिले नजिकै छोटोमीठो । उनले पूरै दिन निकाल्न सकेको बेला लामोमीठो । कतिऔं भेट हो म भन्न सक्तिनँ तर त्यो दिन हामी स्वयम्भु गएका थियौं । विश्वशान्ति पोखरीछेउको

मङ्की पुललाई दायाँ पार्दै तल झरेपछि पुगिन्छ आनन्दकुटी विहार । सडकको अलिकता माथि, जङ्गलभित्रको त्यो संरचना बुद्धजस्तै शान्त लाग्छ । हामी विहारछेउ जङ्गलको एउटा रूखको फेदमा बसेका थियौं । म रूखको ढाडमा ढाड अड्याएर बसेको थिएँ र उनीचाहिँ अडेस लागेकी थिइन् हावामा । आनन्दकुटी विहार उनको ढाडपट्टि परेको थियो भने मेरो सीधा अगाडि । बाँदरहरू एउटा रूखबाट अर्को रूखमा उडेको हेर्दै पिरतीको उडान भर्न लाग्यौं सुन्तला खाँदै । उनको शरीर यही सुन्तलाको केस्राजस्तै त होला । नङ्ड्याउन पाए भन्ने कल्पना पनि सँगसँगै हातेमालो गर्थ्यो । म कल्पनालाई थर्काउँदै भन्थेँ, 'प्रेममा यौन गौण कुरो हो ।'

तर ऊ भन्थ्यो, 'तँ त्यसैका लागि त यो सब गर्दैछस् ।'

'हैन, यौनजस्तो घृणाको कुरा प्रेममा अटाउनै सक्तैन ।'

'त्यसो भा तँ बिहेपछि श्रीमतीलाई सोकेसमा सजाएर राख्छस् मात्र ?'

यसको जवाफमा म के भन्नूँ ? म किन प्रेम र यौनलाई एकसाथ स्विकार्न सक्तिनँ । यदि प्रेम र यौन एकअर्काका परिपूरक हुन् भने यो किन यस्तोविधि गोप्य राख्नुपर्ने ? प्रायः गालीहरू यौनाङ्ग र तिनको क्रियाकलाप बक्साएर सुरू गर्नुपर्ने किन ? किन मुजी शब्द घृणित ? मेरो मन यसरी बिथोलियो । मलाई ब्रह्मपुत्रको छेउछाउ उपन्यासकी एक पात्र मालती सम्झाउन आइपुगी, 'प्रेमको अर्थ आत्माको मिलन मात्र होइन, त्यसले शरीरको संगम पनि चाहन्छ जहाँ परितृप्ति छ ।'

आखिर सत्य उसले भनेको त हो । म किन अव्यावहारिक हुनुपर्ने ?

'के सोच्नुभा ? खाने बेला र सुत्ले बेला सोच्नु हुन्न रे के ।'

म झस्केँ । आफूलाई स्वाभाविक पार्दै भनेँ, 'तिम्ले पकाएको खाने दिन कल्पेको नि !'

'म नआए ।'

'म नै जोगी बनेर आउँला ।'

'किन ?'

'तिम्लाई मागेर भए नि लान्छु के ।'

'मान्छे नि माग्दैमा पाइन्च त ?'

मैले उनलाई जवाफ दिन नपाउँदै एउटा मुल्के बाँदर आएर हाम्रो सुन्तलाको थैलो नै बोकेर कुद्यो । नङ्ड्याउनका लागि सुन्तला रहेन ।

आफू आफैँ नङ्ङिए मात्रै ।

मैले फोटो एल्बम लगेको थिएँ उनलाई देखाउन । उनी एल्बमभित्रै पसिरहिन् । बेलाबेला 'यो कसको फोटो ?' सोध्थिन् । म फलानो भन्दै परपर आँखा डुलाउँथेँ । यस्तैमा विहारको आँगनमा एउटा जोडी देखा पन्यो । त्यो जोडी आँगनकुनाको पेटीमा बस्यो । र, केही छिनपछि केटोले केटीलाई ग्वामलाङ्ङ अँगालो हाल्यो । उसको जिउ कटर्केको काँक्रोजस्तै कुतुङ्ङियो । उनीहरू एउटै पोको हुने गरी डल्लिए ।

केटी मुख छोपेर घोप्टिएकी थिई । केटोको हात हेर्दाहेर्दै केटीको दायाँ तिघ्राको फेदको काछहुँदो घुस्रिइसकेको थियो । उनीहरू बेपर्वाह राँकिइरहेका थिए, उनीहरू कुकुरगाँठो पर्न मात्रै बाँकी थिए । यदि रात थियो भने त्यहाँ ब्रह्मानन्द प्राप्त हुने गरी आगो दन्किने थियो । यता म घिउजस्तै पग्लिएर खस्ने थिएँ थोपाथोपा ।

गाढा रातो थियो त्यो केटीको कुर्तासुरूवाल । कुर्ता बुट्टे थियो भने सुरूवाल सादा । रातो रङ्गले शुभकार्य वा क्रान्तिको सङ्केत गर्छ । केटोको हात घुस्रिएको त्यो बँसीमा के हुँदैछ ? शुभकार्य कि क्रान्ति ? त्यस्तो तातो कुनामा क्रान्तिबाहेक के हुन सक्छ ?

यता उनी एल्बममा घोत्लिइरहेकी थिइन् । जब कुनै युवतीसँग मलाई देख्थिन् तब तर्सिंदै सोधिहाल्थिन्, 'यो को हो ?' मानौं त्यो केटी उनको सौता बन्दैछे ।

'दिदी हो,' म भन्थेँ । तर उनको शङ्कालें लङ्का खान छोडे पो नि । भन्थिन्, 'के विश्वास केटा मान्छेको !'

उनी मलाई केर्दै एल्बममा चहारिरहिन् । मेरा आँखा भने कर्किएर त्यही पोकोमा पसिरहेका थिए । मेरो मात्र होइन एउटा अधबैंसेको आँखा पनि पसिरहेका थिए, मेरो सीधा अगाडि पर्खालको चरबाट ।

यी सब दृश्य मैले उनलाई देखाएँ । उनी लाजले भुतुक्कै भइन् । लाज नारीको गहना भन्छन् । कति राम्री देखिएकी लजाउँदा । उनले अप्ठ्यारो मानेपछि हामी फेरि स्वयम्भु उक्लेर एक चरण विचरण गरी फर्कियौं भेट्ने अर्को भाका राखेर ।

***

वरपर देखादेख भइरहने हुनाले हामीले चिठीचपेटाको झम्मार उठाइरहन परेन । भेटघाटको तिथि त उस्तै परे पसलमा किनमेलकै क्रममा पनि जुर्न सक्थ्यो । हाम्रो अर्को घुमघामले बालाजु पार्क चाख्यो । शनिबारको दिन थियो त्यो । पिकनिक स्पटहरूमा हल्लाखल्ला थियो । त्यसैले हामी अलि माथि लाग्यौं, रूखहरू भएका ठाउँमा । मलाई उट्टुङ्गिएर रमाउन मन लाग्यो । कैले के त कैले के भनेर हँसाइरहनुपर्ने, उनलाई के भनेर हँसाऊँ ? एकाएक फुन्यो फित्कौली । मैले उनलाई बाह्रखरी भन्न लाएँ । क र ख को भनिसकेपछि उपियाँजस्तै फड्किएर मैले भनेँ– 'अब बको ।'

उनले पनि भन्न थालिन्– 'ब बा बि बी बु बू बे बै बो बौ बं बः ।

मैले फर्माइस गरेँ । उनले दोहोऱ्याइन् । 'ब बा बि बी बु बू यहीँ रोक्तै मैले सोधेँ, 'बि बी अनि केरे ?'

'बु बू

म हाँस्न लागेँ । बल्ल पो झल्याँस्स ब्युभिएभैँ कुरोको चुरो बुभिन् । रिसाएभैँ मुक्का हान्न थालिन् । मलाई भने फूलले हानेभैँ आनन्द भयो ।

टुस्किएजसरी भनिन्, 'जे पायो त्यै !'

'अब जे नपायो त्यै भन्चु नि त ।' म फेरि इत्रिएँ ।

'त्यो चाइँ के नि ?'

म हिरोले जस्तै उनलाई उठाएर देखाउन चाहन्थेँ । भनेँ, 'ह्याँ आऊ त ।'

उनले मेरो भाषा बुभिनन् । उनी आउँदासम्म मैले हात बच्चा बोक्न लागेभैँ थापिसकेको थिएँ । ओठ लेप्र्याउँदै भनिन्, 'गारै पर्ला !'

'सुकेको नाडीमा लुकेको बल हुन्च के !'

उनी मैले थापेको हातमा सर्लक्क तेर्सिइन् । सरक्क उचालेर हिरोले जस्तै 'हे हे हे …' गर्दै छमछमाउँछु भनेको कहाँ सक्नु ! बुड्ची देखेर ओँटेको, मान्छे त ढुङ्गाजस्तै खँदुवा पो रहिछिन् । म हिस्सिएँ । त्यसपन्नि उनले मलाई गिज्याउन परे लुरे भन्न थालिन् । म उनलाई टल्ली भन्न लागेँ ।

***

मायाको बगैँचामा ढकमक्क फूल फुलेको बेला साँच्चै जिन्दगी सलल बग्दो रहेछ कहीँ कतै नरोकिई । म अब उनका लाजका गहना कानमा

सिउरिन बाँकीको दुरी मात्रमा उनीसँग लट्टिठन थालेँ । यदि मेरो हिकमत हुन्थ्यो भने वा मेरो ठाउँमा अरू कोही हुन्थ्यो भने ती गहनाले मेरो मन सजिइसकेको हुन्थ्यो तृप्तिको । तर मैले आफ्नै बारीको साग पनि टिपेर खान सकिनँ ।

एक दिन म उनीसँग गएँ पाशुपत क्षेत्रतिर । बात मार्दैमार्दै माथि श्लेष्मान्तक वनतिर लाग्यौं अनि हामी गुह्येश्वरी हुँदै वनतिर चढ्यौं । त्यहाँ एउटा जोडी माया साटिरहेको थियो । हामी पनि के कम ? याँमानको रूखको फेदमा बसेर हामीले पनि त्यो जोडीलाई टक्कर दियौं । उनीहरूजत्तिकै खुल्ल चाहिँ म सकिनँ है ।

'ए भाइ !'

कसैले मलाई सम्बोधन गरेपछि म झसङ्ग हुँदै आवाजतिर फर्केँ । बाफ रे ! एउटा लक्का जवान मलाई बोलाइरहेको थियो । हामीमाथि वक्रदृष्टि परेपछि त्यो जोडीले कुलेलम ठोकिहाल्यो । उपियाँ फड्किइहाल्यो, जुम्राको काल ।

जङ्गलबीच अर्कोले माया खाइरहेको ठाउँमा प्रवेश गर्ने को हो त्यो पुरुष ? हामीले कक्षा-कोठामा त 'मे आइ कम इन सर' नभनी पस्न पाउँदैनथ्यौं भने ऊ कुन हिकमतले पसेको हामीले चर्चेको क्षेत्रमा ।

ऊसँगै अर्को पनि उभिएको थियो । के गर्ने हुन् अब, डर लाग्यो । दक्षिणकाली घुम्न गएको एउटा जोडीमाथि आइलागेको राहु सम्झिएँ । त्यहाँ केटालाई रूखमा बाँधेर केटीलाई उसकै अघिल्तिर सामूहिक बलात्कार गरेका थिए रे । के उनी मेरै अगाडि बलात्कृत हुँदै थिइन् ? मैले थरथराएको आवाजमा प्रतिप्रश्न गरेँ– 'के हो ?'

'के से हैन, खुरूक्क व्याँ आउने ।'

एउटाले मलाई अर्कोले उनलाई समातेको थियो । उनको रक्षा म कसरी गरूँ ! के म फिल्मको हिरोजस्तै एकै मुड्कीमा हावामा उडाइदिऊँ ? यथार्थ कहाँ फिल्मजस्तो हावादारी हुन्छ र ! मेरो गुलाबी ओठ हेर्दाहेर्दै नीलो भइसकेको हुनुपर्थ्यो ।

मलाई एकजनाले केर्न थाल्यो । उता उनलाई केर्दै थियो कि अरू कृत्य नै गर्न लाग्यो ! म उनीतिर फर्किएँ । तब मात्र मेरो मुटु ठेगानमा आयो, जब उनीहरू सिभिल पोसाकका प्रहरी हुन् र जगंलमा हुने अपराध नियन्त्रणार्थ

खटिएका छन् भन्ने थाहा पाएँ । उनीहरूले हाम्रो विवरण साटासाट गरे । मैले त साँचो कुरा बताएको थिएँ, तर उनले ढाँटिछन् । अभिभावक बोलाएर मात्र छाड्ने भन्दै हिँडाल्न लागिहाले । मैले उनको र मेरो बीचको सम्बन्ध बताइदिएँ । मेरो कार्ड देखाएँ र उनको पनि । उनको झोलामा किताब थिए । 'पढ्न हिँड्या, हैन त' भनेर उनलाई झपारे । तीमध्ये एकजनाले त सल्लाह दिँदै भने, 'जानै मन लागे गेस्ट हाउसमा जानू नि, जगंलजगंल हिन्ने हो त ?'

तल मन्दिर परिसर हुँदै फर्किने क्रममा तिनै प्रहरी भेटिए । एउटाले मलाई हाँस्दै जिस्क्याए, 'के छ, नेपाली भाइ ?'

'अर्काको सातो खाइदिनी अनि' भन्दै म उनलाई लिएर निस्कैँ । हामी पर पुग्दासम्म पनि उनीहरू हामीलाई हेर्दै हाँसिरहेका थिए । तत्कालका लागि अप्ठ्यारो महसुस भए पनि उनीहरूले सजगताका लागि जे काम गरे ठीक गरे भन्ने लाग्छ । बाटोमा उनले सरम मान्दै भनिन्, 'मलाई त झोलामा ढाल छ पो भन्छ भन्या ।'

***

म उनलाई कहिलेकसो त चिठी लेख न भन्थेँ तर उनी चिठी लेख्न आए पो भन्थिन् । आउँदैन भने यसरी लेख न भनेर मैले उनको नाममा चिठी लेखेर दिएँ एक पटक । अनि भनेँ, 'लेख्नपर्च नि फेरि ।' उनी हुन्छको म्न्टो हल्लाएर गएकी थिइन् । केही दिनपछि भेट्टा मलाई दिन भनेर चिठी निकालिन् तर खै के सोचेर हो उनले त दुई पानाको त्यो चिठी च्यात्न पो लागिन् । मैले खोस्न बल गरैँ तर उनले च्यातचुत पारेरै छाडिन् । 'भएन के चिठी त, बरू मुक्तकहरू डायरीमा छ हेर्नुहुन्च भने दिन्चु नि' उनले भनेकी थिइन् । मैले ती टुक्राटात्रणी सब टिपटाप पारैँ र सप्रेम गोजीमा हालेँ । 'व्या फाल्दिनू के,' उनी भन्दै थिइन् तर मैले त्यसै गर्न मानिनँ । खोस्न गोजीमा हात छिराउन उनले खोजेकी पनि हुन् तर मैले रोकैँ र घरमा आएर सब टुक्रा जोडजाड पारेँ । कति घन्टा पो लाग्यो कुन्नि । पचासौं टुक्रामा विभक्त भएका थिए । तौल र चामल छुट्ट्याउनुजस्तो गाह्रो । तर पनि जोड्न सफल भएँ । चर्किएको ऐनाजस्तो देखिए पनि कल्पनाको संसार थियो चिठीमा । त्यतिबेला निकै चलेको एउटा फिल्मी गीत सम्झेँ । गीत बोल्छ, 'हाम्रो रानो घर ढोला ...!'

म उनीसँग नयाँ जीवन सुरू गरेको कल्पने भइसकेको थिएँ ।

कतै बाटोमा उनलाई जिस्क्याउन परे पनि 'मेरी बूढी' भन्दिऊँभैँ लाग्न थालिसकेको थियो ।

उनका हरफहरू मेरो मनको बगैँचामा पुतलीजस्तै फुरफुर नाच्न थाले । अक्षर पनि कति राम्रा ! तिनमा म बारूले कम्मर देख्थेँ । ती त्यतिविधि सुन्दर थिए कि थिएनन् थाहा पाउन त अरूलाई नै जाँचकी बनाउनुपर्ला तर ममा प्रशंसाको बाढी आउनुको कारणचाहिँ उनीप्रतिको मेरो सम्मोहन थियो ।

यति सुन्दर चिठी लेख्ने मान्छेको डायरी झन् कस्तो होला ? उत्कट इच्छासहित मैले डायरी माग्गेँ । पसलमा सामान किन्न आएको निहुँ पारी उनले त्यो डायरी मलाई खुसुक्क दिइन् । इगल कापीमा भरिएका उनका हरफहरू स्वादले चपाउने अभिलाषासहित म कोठामा आएँ र पल्टाउन थालिहालेँ । बीचबाट एउटा पाना खस्यो । के रहेछ भनी नियालेर हेरेँ : 'ग' बाट आउने नामलाई सम्बोधन गरेर लेखिएको थियो– 'प्राणभन्दा प्यारो फलानो ।' चिठीको पाउमा लेखिएको थियो– 'उही तपाईंकी फलानी ।' चिठी लेखिएको मिति केही हप्ताअगाडिको थियो, पढेपछि म बसेको धर्ती रिङ्न थाल्यो । मैले काम्दै फेरि चिठी पढेँ । मेरा आँखा टक्क अडिए यो वाक्यमा : 'छिटै म तिम्री हुँदैछु । एउटा गतिलो कोठाको बन्दोबस्त गर्नू ।' एक्कासि मेरो शरीर चिसो भएर आयो । मलाई रिस उठ्यो ।

'जलाइदिऊँ ?' एउटा मनले भन्यो ।

अर्को मनले सम्झायो, 'हैनहैन, लगेर देखाइदे ।' उचित मौका मिलाएर मैले उनलाई कापीसहित त्यो चिठी पनि दिएँ । चिठी देखेर उनी कालीनीली भइन् ।

त्यसपछि उनी मदेखि तर्किन थालिन् । ममा पनि उनीसँग नजिकिइरहनुपर्ने कुनै कारण शेष रहेन । उनी मेरो जीवनबाट टाढा गइन्, गहिरो खत छोडेर ।

नाममा के छ ?
लेनिन बज्जाडे

माघको कट्याङ्ग्रिने चिसो । चिसोमा भन्नै चिसियो मन, जब समीरले कानैमा आएर फुस्फुसायो : 'राधिकालाई त शिवेले लाने भो, तँ हेर्दाहेर्दै गइस् खोलैखोला ।'

'हँ ? के भन्छस् बे ? फुस्किस् ?'

'हो बे हो, शिवे र राधिका आज सँगै कलेज आए बिहान ।'

'हात समाथे ?'

'हात त समाथेनन् तर खुप मस्क्याथे बाटामा । बरू सक्चस् भने आजै दे चिठी, नत्र शिवेले जिप्टायो, स्योर !'

गोजीभित्र बडो जतनले पट्याएर राखेको चिठीले भत्भती पोल्न थाल्यो । चिठीका अक्षरले पालैपालो घोच्न थाले । रातभरि बसेर कनीकुथी लेखेको दुई पेजको चिठी समीरको समाचारले फतक्कै गल्यो, शीत परेपछि ओइलाएको कागजभैँ ।

समीरले मलाई त्यस्तो दर्दनाक र भयंकर खबर सुनाएको थियो, जसले छिनभरमै मेरो सास लैजान सक्थ्यो वा निमेषमै भावशून्य भएर मैले तुरूक्क आँसु खसाल्न सक्थें । रूम् कि नरूम्, रूम् कि नरूम् भयो ।

तर, समीरकै कुराले आँसु खसालिहाल्नु अघि बीस पटक सोच्नुपर्थ्यो । बेफ्वाँकका खबर सुनाएर मान्छे रूवाउँदै हिँड्ने र पछि रामधुलाइ भेटेर आफैं रूँदै हिँड्ने मान्छे थियो ऊ । 'तेरी स्वास्नी पोइल गई' भनेर उसले थुप्रैका हातबाट थुतुनो सुन्नाएको थियो । टोलका प्रायः लोग्नेमान्छेले उसलाई धेरैपटक धोइसकेका थिए । कतिपटक त नाँगै पारेर ।

पेच हल्का ढिला भए पनि ऊ हाम्रो ग्याङको भरपर्दो र जंगी थियो । हामी तीन-चार जनाबाहेक अरू सबै ऊसँग कुनै न कुनै कारणले बिच्किएका थिए । किनकि उसले सुनाएका ९८ प्रतिशत खबर कि त हावा हुन्थे, कि त हावाका भोँक्का ।

अब राधिकालाई शिवेले लान्छ भन्ने समीरको खबर म कसरी पत्याऊँ ?

आत्मविश्वाससाथ भनेँ, 'अनि शिवेले त व्याप्दिसकैँ भन्थ्यो त अस्ति ?'

'नापेर व्याथ्यो ! मैले मेरै आँखाले देखेको ।' उसले थप्यो, 'स्याला, शिवेका पो गरदशा चम्क्या रैछन् यसपालि !'

कालो अनुहार झन् कालो भयो, 'धड्कनजस्तै त हुन्न बड्डा ?'

समीर बडो घत लाग्नेगरी हाँस्यो, 'हेर्दाहेर्दै तँ सुनील सेट्ठी भइस् बे ।'

'दाइ, त्यस्तो कुरा नगर् यार, मुटुमा गाँठो पन्यो ।'

ऊ झनै हाँस्यो ।

'के गरूँ यार ? मर्छु कि के हो ?' मेरो कलेजो भित्रभित्रै कताकता बटारियो ।

'हाहाहा, नमर् नमर् । त्यो शिवेलाई तह लाउनपर्छ पैला ।'

'कसरी लाउनी तह ?'

'सब कुरा मलाई छाड्दे, बरू हिंड् चाउमिन ख्वा ।'

समीरको चाउमिन खाने दाउ हो कि जस्तो पनि लाग्यो । भर परिहाल्ने मान्छे थिएन । खाजा खान जस्तोसुकै नाटक पनि गर्न सक्थ्यो । उसले मात्रै खायो चाउमिन, मेरो मनले खान सकेन । छाती गह्रुंगो भएपछि त सास फेर्न पनि मन नहुँदो रहेछ !

खाइवरी निस्किने बेला उसले भन्यो, 'नडरा नडरा ! राधिका तेरै हो, तेरै हुन्छे । त्यो शिवे त्यसै फन्किएर हुन्छ ?'

मन त गुलाफको बगैँचामाथि फिँजाएजस्तो पो भयो एकैछिनमा । खस्न लागेका आँसु पनि पिलित्त भित्र गए ।

'विद्यानाश ?'

'माँकसम, नडरा ।'

मैले चिठी च्यातेँ र संकल्प गरेँ, 'जे भए पनि मुखैअगाडि गएर भन्छु अब, यस्ता चिठीसिठीको भर हुन्न !'

***

हिन्दी फिलिम 'धड्कन' को ट्रेलर आएदेखि नै कलेजमा साथीहरूले हाम्रो कित्ता काटे :

कालो भएकाले म सुनील सेट्ठी; राधिका हिरोइन नै भई शिल्पा सेट्ठी; र, हलक्क बढेको खाइलाग्दो शिवे, अक्षयकुमार ।

मलाई लाग्थ्यो– हिरोनी त आखिर सुनीलकै हो ।

प्रायः हरेक दिन कलेजमा मेरो र राधिकाको कुरा चल्थ्यो । राधिका शिल्पा हुन्थी, म सुनील । 'तुम दिल की धड्कन में' गीतमा धेरैपटक राधिका र म नाच्यौं हर्नोकको डाँडोमा पुगेर । ऊ कम्मर मर्काउँथी, म भुतुक्क हुन्थें । मनमा हुन्डरी चल्थ्यो, मुटु बेस्सरी धड्किन्थ्यो । हाम्रा वरिपरि २५-३० जना केटा-केटी भुम्म परेर नाच्थे, चारैतिर गीत बज्थ्यो । चराहरू हाँगामा बसेर गीतको भाकामा रमाउँथे, कति-कतिखेर भुर्र उड्थे । अलि पल्तिर खोला बग्थ्यो आफ्नै गतिमा ।

अनि कता-कताबाट दौडिँदै आउँथ्यो शिवे र एकाएक बन्द गर्थ्यो गीत । म झल्यास्स हुन्थें ।

हरेक दिन हर्नोकको डाँडोमा कम्मर मर्काउँदा-मर्काउँदा राधिका पूर्णरूपमा मेरी भइसकेकी थिई । कक्षाबाहेक हरेक क्षण ऊ मसँग हुन्थी, मसँग हिँड्थी, मसँगै खान्थी । कलेज जाँदा, फर्किंदा मेरै दायाँ कुममा हात राख्थी । ऊ मेरो घर आउँथी, म उसको घर जान्थें । मेरी आमासँग बसेर लुगा धुन्थी, भाँडा माझ्थी, तरकारी काटिदिन्थी । कहिलेकाहीँ मेरो हरियो एटलस साइकलमा बसेर गाउँ डुल्थी ।

मलाई थाहा थियो– मसँग गर्ने व्यवहार राधिकाले शिवेसँग पनि गर्छे । राधिकाले उसको घर गएर पनि लुगा धोइसकेकी थिई, तरकारी काटिसकेकी थिई । शिवेको हिरोहोन्डा स्प्लेन्डरमा बसेर उसले गाउँमात्रै होइन, सिंगो देश घुमेकी थिई । उसको बाइकअघि मेरो हरियो एटलस कताकता दुब्लो र मरन्च्याँसे देखिन्थ्यो, सुकेको सिमल रूख्खभैँ ।

त्यसैले मनमा एउटा डर थियो, 'धड्कन'मा शिल्पा सेट्ठीलाई अक्षयकुमारले जसरी उछिट्ट्यायो, शिवेले राधिकालाई त्यसैगरी लैजान्छ । म बर्बाद हुन्छु ।

***

शिवे र म राधिकाका 'दिवाना' थियौं, त्यो उसलाई पत्तो थिएन । पालैपालो शिवेको बाइक र मेरो साइकलमा घुम्दा पनि उसले कहिल्यै खबर पाइन ।

त्यसैले लाग्यो, शिवेले भन्दा अगाडि मैले जसरी पनि राधिकालाई भन्नुपर्छ । तर ओँट थिएन ।

एकपटक फोन गरेर 'आई लभ यु' भन्ने १० कक्षाको प्रकाश गुप्तालाई राधिकाले धोइसकेकी थिई । 'एक त मभन्दा नि फुच्चे, त्यैमाथि घरमा फोन गरेर आई लभ यु भन्छस् ?' भन्दै राधिकाले तेलले लरक्क बायाँतिर फर्काएको प्रकाशको कपाल गोडेर चौरमै पछारेको मैले देखेको थिएँ । त्यस दिनदेखि राधिकाले मेरो हंश लगी ।

कलेज छुट्टी भएपछि एक दिन समीरले उक्सायो, 'ओँटी छोरालाई बाघले खान्न, जा गएर भनिहाल् । यही मौका हो ।'

हो त ! डराएर पनि के लभ गर्नु !

जुरूक्क उठेँ ।

राधिका अरू साथीभन्दा पछि थिई । घुँडाघुँडासम्म आउने फ्रक लगाएर हिँडेको असाध्यै सुहाउँथ्यो उसलाई । भर्खर पुसमा १८ टेकेकी, त्यसमाथि ज्यान पनि भगवानले टाइम लिएरै बनाएजस्तो । अझ गफिएर हाँस्दा म झनै खुत्रुक्कै हुन्थेँ ।

'ओए राधिका, सुन् न ।'

ऊ फरक्क पछाडि फर्की र भनी, 'अँ, भन् ।'

मुटु ढक्क फुल्यो । चिटचिट पसिना आए ।

भित्रै कताकताबाट एकाएक सुलुलु बग्दै आए शब्दहरू, 'तँलाई मन पराउँछु यार ।'

तर घाँटीमै आएर ठ्याप्प अड्किए ।

'श्याम सरको नोट दे न,' मैले भनेँ ।

उसले मुसुक्क हाँस्दै ब्यागबाट कापी निकालेर दिई ।

थरथर थरथर काँपेका हातले च्याप्प कापी समाएर झोलामा हालेँ ।

एकमन सोचेँ, 'अहँ ! ज्यान गए सक्दिनँ अब, शिवेले नै लगोस् बरू ।'

शिवे र मबीच अलिखित सम्झौता भएको थियो, 'जसले सक्छ, उसैले राधिकालाई लग्छ ।'

मैले राधिकासँग घरजमकै योजना नबनाए पनि हर्नोकको डाँडोमा घाम तापेर सँगै सुन्तला खाएको सपना भने देखेको थिएँ ।

अलि पर समीर उफ्रीउफ्री हाँस्दै थियो ।

'दाइ, सकिनँ यार ! मर्चु कि के हो ! बरू तैले भन्दे न !' म निकै सकस परेझैँ बोलिरहेको थिएँ ।

'व्याSS नडरा के ! कुमारेले मिलाउँछ सब कुरा, पख् ।'

लभसभको कुरामा कुमार अनुभवी थियो । भर्खरै उसले हाम्रै कक्षाकी यमुनालाई घुमाउन थालेको थियो ।

दौडिँदै कुमारलाई लिएर आएर समीरले उसलाई सबै वृत्तान्त सुनायो ।

मैले थपेँ, 'मुखेन्जी भन्न सकिएन, चिठी लेखम् त ?'

ऊ कड्किएर बोल्यो, 'व्याSS, यो चिठीसिठीको चक्कर छोड्, बरू हात चिर् । चिरेको देखेसि केटीहरू खुत्रुक्कै हुन्छन्,' कुमारले आफ्नो बायाँ हात देखाउँदै भन्यो, 'यी, मैले नि चिरेर यमुनालाई पट्याएँ, थाहा छ नि ?'

एकाएक हात चिर्ने कुराले मुटु ढक्क फुल्यो । सुईँ लगाउँदा त सास अड्किन्छ, हात कसरी चिर्नु ?

कुमारले कलेजका आधाउधी केटाहरूको देब्रे हात चिराएको थियो । तीमध्ये धेरैको फलिफाप भएको नि थाहा थियो ।

'सुरूमा हल्का चसक्क हुन्छ, मनमनै राधिकालाई सम्झेस् क्यै हुन्न ।'

कुमारको कुराले ओँट आयो । त्यही रात टोपाज ब्लेडले बायाँ हातमा 'आर' लेखेँ । घरमा देख्छन् भनेर व्यान्डीप्लास्ट लगाएँ । घाउ चहराए पनि मन पुलुक्क थियो । अब राधिका मेरी भई, शिवे शिवे भाँडमे जाऊन् ।

हात त चिरियो, राधिकालाई देखाउने कसरी ? सर्टको बाहुला माथि सारूँ भने अरू सबैले देख्लान् र गिज्याउलान् भन्ने डर, बाहुला नसारूँ त त्यत्रो कष्टले लेखेको नाम खेर जाने डर । सीधै गएर हात देखाउन पनि भएन !

कक्षामा एकातिर केटीहरू बस्थे, अर्कातिर केटा । राधिका तेस्रो लहरको सबैभन्दा छेउमा बस्थी । प्रायः सबैका आआफ्ना सिट हुन्थे, म छैटौँ लहरमा बस्थेँ । तेस्रो लहरसम्म पुग्नु सबैभन्दा महाभारत थियो किनकि त्यही लहरमा शिवे बस्थ्यो । मैले हात चिरिसकेको कुरा शिवेलाई पत्तो थिएन ।

शिवेलाई भनेँ, 'दाइ, पछाडि बस्दा खासै सुनिएन यार, श्याम सरको पल्लासमा ग तेरो सिटमा बस्छु है ?'

उसले मानेन ।

'दाइ, प्लिज । अर्को क्लासमा फेरि पछाडि बस्छु के । दे न !'

अझै मानेन ।

छेगैमा गएर फुरफुराएँ, 'राधिकालाई लगेस् के बरू तैँले, दे न ।'

पुलुक्क मतिर हेरेर ढिच्च हाँस्यो, 'साले ।'

ऊ उठेर मेरो सिटमा गयो, म उसकोमा । मैले घोसेमुन्टो लगाएर किताब हेरेको बहानामा मेरो दायाँपट्टिको अर्को लहरमा बसेकी राधिकातिर छड्के हानेँ, ऊ आफ्नै कापीको संसारमा थिई ।

बिस्तारै बायाँ हातको बाहुला माथि सार्दै गएँ । अलिअलि गर्दा 'आर'को टुप्पो देखियो । अभै माथि सारेँ– आधा 'आर' देखियो । तर, अहँ ! राधिकाले आँखै लगाइन ।

श्याम सरको क्लास सकिनै लाग्दा पुलुक्क हेरी, मेरो हातको 'आर' । मुसुक्क हाँसी, म पनि हाँसेँ । हाँस्दै चिर्कटोमा केही लेखेर मतिर फुत्त फाली ।

म कालोनीलो भएँ । यति छिटै जवाफ आउला भनेर कहिल्यै चिताएको थिइनँ । यति सजिलै पनि कसैको लभ पर्दो रहेछ, मान्छेहरू किन मरिहत्ते गरेका ?

अनि एकै रिलमा फ्ल्यासब्याकभैँ सुरूदेखिका सबै सिन घुम्न थाले– स्वार्र ... ढ्याक्क ।

राधिकाको चिर्कटो समाएपछि हात थर्थरी काँपे, मुटुको गति एक्कासि बढ्यो । श्याम सर कताकता नेपथ्यमा कराइरहेजस्तो लाग्यो । एन्टन चेखबभको 'अबाउट लभ'बारे उनले के भनिराखेका थिए, केही सुनिनँ ।

किताबको बीचमा चिर्कटो राखेर हेरेँ । मुटु भनै धड्कियो । छेउछाउ अँध्यारो भयो । शरीरभरि काँडैकाँडा उम्रिए । कञ्चटमा पसिना रसाए ।

त्यहाँ त्यस्तो चिज लेखिएको थियो, जुन मेरो अड्कल, अन्दाज र आशाभन्दा कोसौँ टाढा थियो ।

'रञ्जितालाई मन पराउँछस् तैँले ? काले, छुपारूस्तम ।'

म सपनाको वायुपंखी घोडाबाट सीधै भुइँमा खसेँ, जसरी कुनै कथामा इकारस खसेको थियो ।

'हैन, आर भनेको राधिका हो, तँ होस्' भन्न मन लागेको थियो । फेरि घाँटीमै आएर अड्कियो सास ।

***

मेरो लभस्टोरीको पहिलो असफल अध्याय समीरले सबैलाई भनेर

मरेछ । त्यो कलेजभरि गसिप बन्यो । अझ हात चिरेको कुरा सबैभन्दा बढी चर्चित भयो । जसले भेट्थे, हात देखाउन भन्थे । म मरेजस्तो हुन्थेँ । कतिपयलाई बंगारा झार्ने धम्की दिएर तह लगाउँथेँ, कसैसँग आफै तर्किन्थेँ । तर जब श्याम सर अघि पर्नुभो, मुटु हल्र्याकहुलुक गर्दै घुँडासम्म आउँथ्यो ।

श्याम सरको व्यक्तित्व रहरलाग्दो थियो । अंग्रेजीमा राम्रो दख्खल राख्नुहुन्थ्यो र प्लस टुको प्रिन्सिपल पनि । उहाँले आक्कलझुक्कल पत्रिकामा मेरो नाम देखेर धेरैपटक काँध थपथपाउनुभएको थियो । साहित्य पढाउने भएकाले मप्रति उहाँको अलि बढी 'निगाह' थियो । कहिल्यै नराम्रो वचन लगाउनुहुन्थेन तर उहाँलाई देख्दै हामी कायल हुन्थ्यौं । आज उहाँका अगाडि म नुन खाएको भालेझैँ थिएँ ।

'मिस्टर बञ्जाडे, यु आर बिइङ मिस्चिभियस,' श्याम सरले अंग्रेजीमा थर्काउनुभो, 'आई विल नट टोलरेट दिस् फ्रम नाउ अन । डिड यु गेट मी ?'

'एस, सर,' मैले भनेँ, 'आई एम सरी, सर ।'

'सरी भन्छ मुला,' उहाँ जंगिनुभो, 'तँबाट मैले यस्तो अपेक्षा गरेको थिइनँ केटा । खै हात देखा !'

मैले सुलुक्क हात तेस्र्याएँ । 'आर' देखेर एकपटक भित्रभित्रै काउकुती लागेझैँ मुस्काउनुभो ।

'को हो यो आर भन्ने ?'

के बोल्नु, कसरी बोल्नु ! अनुहार भुइँतिर थियो । केही बोलिनँ ।

'को हो भनेको सुनिनस् ?'

'र... र... राधिका हो, सर,' हड्बडाउँदै भनेँ, 'सरी सर, दिस वन्ट ह्याप्पेन अगेन ।'

'मुला, चिठी लेख्न सकेनस् ? हात चिर्नपर्ने तँलाई ? त्यत्रो मुटु छ तेरो ?'

छ भन्नू कि छैन भन्नू ? हात चिरेकै थिएँ ब्लेडले, तुरूक्क रगत झरेकै थियो ।

'तँ राम्रो विद्यार्थी होस्, हरिजीले मसँग तेरो बारेमा जेजस्ता कुरा गरे पनि तँभित्र मैले केही देखेको छु । कविता लेख्छस्, कहिलेकाहीँ

लघुकथा नि लेख्छस्, मलाई राम्रो लाग्छ । 'युगबोध'मा तेरो नाम देख्दा मैले स्टाफहरूलाई देखाएको छु धेरैपटक । तैंले यस्तो गर्ने ? मेरो अनुहार सम्झिइनस् एकपटक पनि ?'

श्याम सरको डर र मायाले मेरा आँखा रसाए । गाली त सहन्थेँ तर श्याम सरले इमोसनली ब्ल्याकमेल गर्नुभो । म लल्याकलुलुक भएँ । लाज र लघुताभासले घोप्टो परेका आँखाबाट आँसु तुरूक्क झरे, जसरी ब्लेडले चिर्दा हातबाट रगत झरेको थियो ।

यसको दुई दिनपछि नै श्याम सरका अर्ती धानको भुसमा पोलेँ र सबैलाई बाँडेर खाएँ ।

राधिका झन्पछि झन् मनमा टाँसिदै गई । ऊ हरेक दिन मेरो घरमा आमासँग तरकारी काटिरहन्थी । उसले भाँडा मस्काइदिन्थी । कहिलेकाहीँ हरियो एटलस साइकलको पछाडि बसेर बाह्रकुने र चौघेरातिर घुमिरहन्थी । कलेज जाँदा आउँदा मेरो कुममा हात राखिरहन्थी ।

सोचेँ, अब यसरी भएन । हाम्रो लभगुरू कुमारले कुनै जुक्ति निकाल्थ्यो कि ?

सोधेँ, 'कुमारे, के गरूँ यार, म त भोकभोकै बसेर मर्चु कि के हो । अरू कुनै उपाय छैन ? हात चिरेको खेरै गो । कलेजभरि बेजत भो, श्याम सरले हकार्नु भो ।'

कुमार धेरै बेरसम्म बोलेन । दुई हप्ता नहुँदै यमुनासँग ब्रेकअप भएकाले ऊ पनि मभन्दा कम वेदनामा थिएन । उसको हातको 'वाई' पनि खेर गएको थियो । तर पनि उसको अनुहारमा तुष थिएन, सधैँभैँ लाली भरिएको कान्तिमय अनुहार ।

'पख, भ्यालेन्टाइन्स डे आउन लाच, त्यो दिनाँ कार्ड दिनी हो भने फेल खान्न रे !' उसले आशा देखायो, 'मैले पनि शर्मिलालाई दिनी हुँ कार्ड । अनि साँच्चै, राधिकाले त अस्ति तेरोबारे यमुनासँग कुरा गर्दै थिई रे नि ! त्यो लेनिन काले भए पनि दिलवाले छ भन्थी रे !'

'हँ ?'

कुमारको कुराले मेरो होश उडायो । देब्रे हातको घाउ आलो भएर जुम्रायो । मुटु, फोक्सो, कलेजो एकैपटक उफ्रिएर कुद्न थाले । वरिपरि

'तुम दिल की धड्कन में' गाना बज्न थाल्यो, ३०-३५ जना मेसैसँग नाच्न थाले । राधिकाले कम्मर मर्काउन थाली, म पनि रूमाल हल्लाउँदै नाच्न थालेँ । चराहरू हाँगामा बसेर गीतको भाकामा रमाउँदै कतिकतिखेर भुर्र उड्न थाले । अलि पल्तिर खोला आफ्नै गतिमा बग्न थाल्यो । बारम्बार राधिकाको भिजेको कपालले मेरो अनुहार छोपिन्थ्यो, पुच्छरे हाडदेखि फोक्सोसम्मका आन्द्रासम्म तिनिक्क हुन्थे ।

कुमारलाई थाहा थिएन, उसले मेरो १८ वर्ष जिन्दगीको सबैभन्दा उल्लासमय र सुखद खबर सुनाएको थियो ।

'लेनिन काले भए पनि दिलवाले छ … ।'

राधिका र मेरो जुठो चल्थ्यो । जुठो चल्नु घनिष्ठताको प्रतीक थियो, हामी त्यही बुझ्थ्यौ । उसले मलाई र मैले उसलाई 'तँ' भन्थ्यौ । यही घनिष्ठताले मलाई उसको नजिक-नजिक पुर्‍याएको थियो । ऊ के सोच्थी– मलाई कहिल्यै थाहा भएन ।

सहर हुँदै कलेजसम्म भ्यालेन्टाइन्स डेको चर्काचर्की आयो । हरेक ठिटा त्यसको तयारीमा थिए । संसारमा भ्यालेन्टाइन्स डेले कसैलाई भित्रैसम्म छोएको थियो भने त्यो म थिएँ । त्यही दिन मैले राधिकालाई 'आई लभ यु राधिका' भन्नेवाला थिएँ, कार्ड पठाएर ।

भ्यालेन्टाइन्स डे आयो । ४५ रूप्पेको कार्ड किनेँ र लेखेँ, 'राधिका, गाली नगरेस् तर म तँलाई असाध्यै मन पराउँछु । आई लभ यु ।'

मध्यान्तरमा सबै बाहिर निस्किएका बेला मैले राधिकाको 'रिडिङ बिटविन द लाइन्स' किताबमा कार्ड घुसारेँ । यसको कक्षा मध्यान्तरअधि भएकाले कक्षामै खोलिहाल्ने सम्भावना थिएन, ऊ घर गएर खोलेपछि देखाजाला ! भोलिको दिन कसले देखेको छ र !

कलेज सकिएपछि अर्को दिन कलेज नलागुन्जेल म धेरैपटक मरेर बाँचेँ । धेरै पटक मेरो सास अड्कियो । धेरै पटक मेरो मुटुले काम गरेन । कतिकतिखेर दिमागले एउटा सोच्थ्यो, काम अर्कै हुन्थ्यो । भात खाने बेला चिया खान्थेँ, अचानक पेट दुख्थ्यो । दौडिएर ट्वाइलेट जान्थेँ, आधा घन्टाजति टोलाउँथेँ । एक दिन सिंगो एक जुनीबराबर भइदियो ।

डराउँदै कलेज गएँ । राधिकाराँग आँखा जुध्छ भन्ने डरले कक्षा सुरू भएपछि छिरेँ र छैटौँ लहरमा गएर बसेँ । शिवे तेस्रो लहरमै बसेर श्याम

सरले भनेको खुरूखुरू सार्दै थियो । उसले हिजो राधिकालाई प्रपोज त गरेन ? मन फेरि एकपटक ढक्क फुल्यो । छेवैमा राधिका पनि आफ्नै गतिमा नोट सार्दै थिई । श्याम सर के भन्दै हुनुहुन्थ्यो, एउटा अक्षर पनि कानबाट छिरेन । बेलाबेला राधिकालाई छड्के हान्थेँ, कापीसम्म कपाल झार्दै र बेलाबेला फट्कार्दै सारिरहन्थी ।

त्यसपछि दुइटा अरू कक्षा आए, गए, मध्यान्तर भयो । म सबैभन्दा पहिले कक्षाबाट निस्किएर क्यान्टिन गएँ । कुनामा गएर एक्लै बसेँ ।

राधिका, यमुना र अरूअरू बिस्तारै क्यान्टिन छिरे । म घोसेमुन्टो लगाएर चाउमिन तान्दै थिएँ ।

'ओए, राधिकाले बोला'छे, जाऊ रे !' कानैमा आएर यमुनाले फुस्फुसाएर भनी, 'मन दह्रो बनाएर जाऊ ।' अनि ऊ हाँसी ।

म क्यान्टिनको कुनामा गएँ, जहाँ राधिका मलाई कुरेर बसेकी थिई ।

कानकै नजिक आएर राधिकाले सोधी, 'ओए, त्यो कार्ड तैँले हाल्याहोस् किताबमा ?'

उसलाई 'तँ' भन्ने कलेजकै एक मात्र केटो म थिएँ, चिन्न गाह्रै परेन । त्यसमाथि अक्षर मेरै । भनेँ, 'अँ, हो ।'

त्यसपछि ऊ फन्की, 'तँलाई बाँदर, मरेस् ।'

उसले बाँदर भनेपछि एकाएक मेरो पुच्छर पलाएभैँ भो, रूख चढेर बेस्सरी हाँगा हल्लाएभैँ भो । पुच्छर हल्लाउँदै नाकमा काउकुती लगाएभैँ भो । उत्तिखेरै 'तिमी मेरी सुन्दरी' भनूँभनूँभैँ लाग्यो । डरले भनिनँ, भनेको भए जगल्ट्याउँथी । मभन्दा अघि प्रकाशलाई उसले धोइसकेकी थिई, विनापानी ।

***

घरको ठ्याक्कै अघिल्तिर धारा । बिहान र बेलुकी टोलभरिका मान्छे झुम्मिने चियापसलजस्तो- जहाँ बिन लादेनदेखि इन्द्रेका बाउले सर्प मारेकासम्म गफ हुन्थे । इन्द्रेले खुसुक्क भन्थ्यो, 'बाले यत्रो मार्थे सर्प, माछा मार्ने गड्यौला हुन् सप्पै ।' इन्द्रे यानेकि मेरो जिग्री, जसले भर्खरको कल्कलाउँदो मेरो बैँसमा अनेक फूलबुट्टा भरिदिएको थियो ।

धारामा पानी थाप्न आउने करिब २० जनामध्ये कम्तीमा १० जनाको अनुहारका भावभंगी हेर्नलायक हुन्थे । कसैले फोल्डिङ दाँत हालेका, कसैले

कपालमा कालो मोसो दलेका, कोही नानी पाउन ठिक्क परेर ठस्ठस् कन्दै उभिएका । तीमध्ये कपालमा मोसो दल्नेवाला इन्द्रेका बाउ थिए, जो चौथी ल्याउने तरखरमा थिए । यसअघिका तिन्टी ल्याउने बेला प्रत्येक पटक उनले कपालमा त्यसैगरी मोसो दलेका थिए ।

इन्द्रे सुनाउँथ्यो, 'बाले न्याक गर्छन् यार गट्ठी, छोरोलाई खोज्ने बेला आफैं टप्काउँछन् जैल्यै । बूढाले मेरो जवानीलाई लात हान्छन् ।'

इन्द्रे अलि रंगिलो थियो । बाउले आमाहरू कसरी पट्याउँथ्यो, उसले सबै तिकडम बुझेको थियो । सेतै फुलेको टाउकोमा मोसो दलेको एक हप्ताभित्र उसकी अर्की आमा आइपुग्थी । आमा भित्र्याइसकेपछिका केही दिन ऊ फरक मान्छे हुन्थ्यो । कहिले उपद्रै खुसी भएर केटाकेटी कुट्दै हिँड्थ्यो, कहिले आफैं कुटिन्थ्यो । अलि च्याँट्ठिने आमा परेकी बेला ऊ भन्थ्यो, 'यसपालि माल गतिलो परेन यार ।'

इन्द्रेका बाउ इन्डियन आर्मीमा थिए । बाउ आर्मीमै हुँदा आमाले उसलाई छाडेर अर्को घरजम बसाएकी थिई । रिटायर्ड भएर फर्किएपछि बाउले अर्की स्वास्नी ल्याएको थियो । तर रक्सी खाने बानीले गर्दा उसलाई सबैले छाडेर गए । रक्सीले टुन्न भएर ऊ धेरैपटक कटुवा खोलाको बगरमा डङ्ग्रङ्ग उत्तानो परेको भेटिन्थ्यो । कपाल फुले पनि मन फुलेको थिएन, एउटी गए अर्की ल्याउँथ्यो ।

'प्लेबोई' बाउले सुनाएका रंगिला गफ इन्द्रले मलाई क्रमैसँग बताउँथ्यो । एउटी आमा भागेपछिको दुःखभन्दा अर्की कस्ती आउने हो भन्नेमा ऊ चिन्तित हुन्थ्यो ।

'यसपालि गतिली आमा आइनन् भने त नेपालगञ्जतिर जान्छु गट्ठी म,' ऊ भन्थ्यो, 'राम्री परिन् भने तँलाई दुई पिलेट सुकुटी ख्वाम्ला, बुटोल रेस्टुरेन्टमा ।'

गाउँ, टोल, सहर सबैतिर चहार्ने हुँदा उसलाई हरेक घरका खबर थाहा हुन्थ्यो । सबैभन्दा बढी कसले कसलाई भगायो भन्नेमै उसको चियोचर्चा केन्द्रित हुन्थ्यो ।

उसको संगत मेरा लागि टाइमपास थियो । एक्रानबाहेक अन्य फिलग नहेर्ने मलाई उसले हलमा गएर लभस्टोरी हेर्ने बानी बसालेको थियो ।

अनि गीत गाएर हिरोइनलाई वशमा पार्ने हिरोजस्तै ठान्दै गएँ आफूलाई । हरेक भावभंगीका हिरोको सधैं एउटी मात्रै हिरोनी हुन्थी, राधिका ।

***

बेलुकी धारामा पानी थाप्न आउँदा इन्द्रेले चिच्याउँदै गाउँथ्यो–

'लाइदेऊ, लाइदेऊ माया लाइदेऊ, हे संगीता ! हे संगीता !'

यो गीत सुनेर संगीताले धारे हात लगाउँथी, 'साले कुत्ता, मर्लास् … !'

इन्द्रे खितिती ती गर्दै कुलेलम ठोक्थ्यो ।

डल्लो अनुहार, कालो कपाल, त्यसमाथि हाइलाइट गरिएका आठ-दस वटा धर्का । गुलाबी सुरुवाल-कुर्ता लगाएर बेलुकी ५ बजे संगीता धारामा आउँदा धेरैको ध्यान भंग हुन्थ्यो । इन्द्रेका बाउ, पसले प्रेम दाइ, ठेक्दार ध्रुव सबै चनाखो हुन्थे । अघिसम्म छट्टाएर गफ हाँकिरहेकाहरू संगीताको आगमनसँगै गम्भीर हुन्थे । उनीहरूको हाउभाउ देख्दा लाग्थ्यो– सबै संगीता भित्र्याउने दाउमा छन् ।

दाहिने कम्मरतिर खाली गाग्री लिएर संगीता धारामा आउँदा म दौडिएर घरको छतमा जान्थेँ, पढ्ने बहानामा ।

इन्द्रे बाउसँगै धारैमा हुन्थ्यो धेरैजसो । संगीता मस्किएर गफ गर्थी सबैसँग, त्यै बहानामा इन्द्रेसँग पनि मस्याकमुसुक गर्थी । इन्द्रे घरीघरी संगीताको नजिक पर्न खोज्थ्यो, बाउले आँखा सन्काएर आफूतिर बोलाउँथे । मलाई थाहा थियो, इन्द्रेले जिस्काए पनि संगीताप्रति उसको भावना थिएन ।

सबैले पानी भरिसकेपछि संगीताले गाग्री थाथ्थी र भरेर थपक्क कम्मरमा राख्थी । भरिएको गाग्री कम्मरमा ढल्किँदा तपतप पानी चुहिन्थ्यो र सुरुवाल छपक्कै हुन्थ्यो ।

उसले त्यसरी पानी थापेको, गाग्री अड्याएको र सुरुवाल भिजेको मलाई खुब मन पर्थ्यो । कहिलेकाहीँ छततिर हेरेर मुसुक्क हाँस्थी । उसको मुस्कान बतासले मछेउ ल्याउँथ्यो, समाएर छातीको देब्रे कुनामा राख्थेँ थपक्क । मन त्यसै खुसीले पुत्ताउँथ्यो ।

एक दिन इन्द्रेले सुनायो, 'संगीता त नछुनी जातकी हो रे, बाले छेउ नपरेस् भन्याछन् ।'

मलाई विश्वास लागेन, त्यस्ती रूपवती संगीता कसरी नछुनी हुन सक्छे ?

'तेरा बाउले जाँड धोक्छन्, जसलाई पनि जेप्पायो त्यै भन्छन् । सधैं हावा कुरा गर्छन् ।'

'हैन के, एकराजकी आमाले नि त्यै भन्थिन्, छुन हुन्न रे हाम्ले !'

मलाई रिस उठ्यो । 'क्रान्तिवीर' फिल्ममा नाना पाटेकरले भनेको डाइलग याद थियो, भनिदिएँ, 'जसका बाउले, जसकी आमाले जे भने पनि मान्छेको रगत रातो हुन्छ । रगतै रातो भएपछि को सानो को ठूलो ?'

इन्द्रे ट्वाँ पन्यो ।

त्यसपछि पनि हरेक दिन संगीता गुलाबी सुरूवाल-कुर्तामा धारामा आइरही, मैले छतमा गएर हेरिरहेँ ।

कुमारको भाउँतोमा लागेर देब्रे हातमा लेखेको 'आर' आलै थियो । इन्द्रेलाई कलेजका सबै घटना बेलुकी सुनाउँथेँ, ऊ रमाउँथ्यो ।

राधिका मसँग बोली ।

राधिकाले नोट मागी ।

राधिकाले माया गरेर 'काले' भनी ।

यस्ता गफ सुन्दा इन्द्रे रल्ल पर्थ्यो । कतिपटक त उसले पनि भन्थ्यो, 'राधिकालाई चिठी लेख्, म पुन्याइदिन्छु । उसले फर्काइदिई भने नाम फेरेर संगीतालाई दिम्ला । कसका बाउको के जान्छ र ए गाँठे !'

म मरीमरी हाँस्थेँ । मलाई हँसाउन सकेकामा ऊ पनि दंग पर्थ्यो ।

राधिकासँगको घनिष्ठता र संगीतासँगको दुरीबीचको भेद म खुट्याउन सक्दिनथेँ । दिउँसो कलेज जाँदा राधिकाविना बाँच्न नसक्ने हुन्थेँ, बेलुकी धारामा संगीतालाई देख्दा मन कटक्क काट्थ्यो । घुँडासम्म फ्रक लगाएर बारूली कम्मर भाँच्ने राधिका सपनामा आउँथी ।

सपनामै सही, संगीता धेरैपटक मेरो घर आई, मलाई घुमाई, आमालाई सघाई । ऊ पनि मेरो साइकलको पछाडि बसेर बाह्रकुने दह घुमी । साइकलमा बस्दा पछाडिबाट चपक्क समाउँथी, मलाई काउकुती लाग्थ्यो । र, ढुक्क हुन्थेँ– यतातिर शिवे थिएन, उसको बाइक थिएन ।

त्यरतो रागम पनि आमो, जतिबेला राधिका र संगीतामध्ये को मेरी हो खुट्याउन सकिनँ ।

म दोबाटोमा थिएँ— एकातिर राधिकाको मायाले बोलाउँथ्यो, अर्कातिर संगीताको बैंसले ।

र, भ्यालेन्टाइन्स डे, फेब्रुअरी १४, आयो । कुमारको ओँटले फुरूंग थिएँ ।

बजार गएँ, ४५ रूप्पेका दुइटा कार्ड किनेँ पानको पात आकारमा काटिएका ।

एउटामा लेखेँ, 'राधिका, गाली नगरेस् तर म तँलाई असाध्यै मन पराउँछु । आई लभ यु ।'

अर्कोमा लेखेँ, 'संगीता, नरिसाए है, म तिमीलाई असाध्यै मन पराउँछु । आई लभ यु । मलाई जातभात मन पर्दैन ।'

***

दिउँसो कलेजको क्यान्टिनमा राधिकाले 'बाँदर' भनेपछि म केही बोलिनँ । साला आँसु पनि झरेन । लाग्यो— अब राधिका कहिल्यै मेरी हुन्ने । मलाई माया गर्थी त किन रिसाएर बाँदर भनी ? बरू अलि समय कुरेको भए आफैं पो चिठी लेख्थी कि !

हर्नोकको डाँडोमा नाचेका सबै रिल फ्ल्यासब्याक भएर मनभरि नाच्न थाले ।

तर, आशा मरेको थिएन, इभिनिङ सिफ्ट त बाँकी नै थियो । संगीताले 'आई लभ यु टु' भन्ने सम्भावना पनि त थियो नि !

संगीतालाई कार्ड दिने जिम्मा इन्द्रेको थियो । कुरामा जति फट्याइँ भए पनि इन्द्रे मभन्दा बढी लद्दु थियो । त्यसमाथि कहिल्यै केटीको फेला नपरेको मान्छे !

'सक्छस् यार तैंले, नडरा,' मैले भरोसा दिँदै भनेँ, 'रिसाइछ भने लेनिनले दिएको हो भनेर टाप कसेस् ।'

संगीताको परिवार क्रिस्चियन भएकाले सबै चर्च गएका थिए । त्यही मौकामा इन्द्रेले संगीताको हातमा कार्ड थमाएर भागेछ, केही नबोली ।

दोस्रो दिनसम्म कुनै उत्तर आएन । राधिकाको गाली सुनेपछि यसै पनि मेरो मन ठेगानमा थिएन । अरू जे भए पनि 'बाँदर' भनेर गाली नगर्नुपर्ने । खुरुक्क 'आई एम सरी, बट मैले तँलाई मन पराउन्नँ' भनेको भए पनि त हुन्थ्यो !

'बाँदर'ले धेरै बेरसम्म चस्काइरह्यो ।

***

तेस्रो दिन बिहानै इन्द्रे चिटचिट पसिना निकाल्दै आयो । र, झ्याल बाहिरबाट सुस्तरी भन्यो, 'ओए, व्याँ आ त, बर्बाद भो बे !'

'बर्बाद' भन्ने शब्दसँगै मेरो हंशले ठाउँ छोड्यो । लाग्यो– संगीताले पनि धोई क्यार !

'के भो ?'

'ला हेर् त स्याला, क्या केटी हो यार !'

हत्त न पत्त उसको हातबाट चिठी तानेर हेरेँ ।

चिठी देखेर दुइटै कान एक्कासि बम्म भए– पानीभित्र डुब्दा हुने सन्नाटाजस्तो । भित्रभित्रै नशामा असारे भल बगेजस्तो गह्रुंगो भयो । आँखा धमिला भए । रूद्रघन्टीनेरै आएर सास अड्कियो ।

संगीताले लेखेकी थिई, 'आई लभ यु टु, इन्द्र । जातभातको कुरा मन पर्दैन भन्यौ, खुसी लाग्यो ।'

त्यसको धेरै बेरसम्म इन्द्रेको मुखमा हेर्न सकिनँ । भखरै उदाउन लागेको सूर्यले पनि भत्भती पोलेजस्तो लाग्यो ।

विलियम सेक्सपियरले कतै लेखेका थिए, 'नाममा के छ र ?'

तर, नाममा धेरैथोक हुँदोरहेछ ।

मैले आफ्नो नाम लेख्न नछुटाएको भए उसले इन्द्रेलाई होइन, मलाई 'आई लभ यु टु' भनेर पठाउँथी ।

फस्ट क्रस

अजित बराल

प्रिय अजिता,

सरी, तिमीलाई प्रिय भनी सम्बोधन गरेँ । नसोचेको होइन, तिमीलाई यसरी सम्बोधन गर्न उचित हुन्छ/हुँदैन । हामीबीच के नै भएको थियो र, मैले आत्मिक सम्बोधन गर्नुपर्ने ? फेरि तिमीले मलाई कहिल्यै प्रिय पनि त ठानिनौ ।

तर अर्को मनले सोचेँ, सम्बोधन तिमीले मलाई होइन, मैले पो त तिमीलाई गर्दैछु । तिमी जो मेरो प्रिय रह्यौ । सधैँ । त्यसैले यसरी सम्बोधन गर्दा अन्यथा नहोला भन्ने लाग्यो, गरेँ । भए, सरी अगेन ।

अजिता, मलाई अहिले पनि सम्झना छ, १६ जुलाई २००७ को त्यो दिन, तिमीलाई मैले पहिलो पटक देखेको दिन । थाहा छ, कहाँ देखेको थिएँ ?

तिमी आफ्नी आमासँग एउटा कार्यक्रममा आएकी थियौ । र, कार्यक्रम अवधिभर लजालु केटीभैँ मूर्तिवत बसेकी थियौ, आमासँगै टाँस्सेर ।

गोरो वर्ण । टम्म मिलेका दाँत । अलिकति बांगिएको हो कि जस्तो लाग्ने तर अनुहारमा सुहाएको नाक । सानो कद । सिलिक्क परेको शरीर । कुमभन्दा अलि तलसम्म सिलित्त झरेको कपाल । तिमीलाई देख्नेबित्तिकै खै के-के भयो, मन त्यसै त्यसै पग्लियो ।

तिमीले ब्लु जिन्स र सेतो स्यान्डो लगाएकी थियौ । काँधमा लेदरको ब्याग थियो, दाहिने हातमा कलरफुल ब्याङ्गल्स । देख्नेबित्तिकै लाग्यो,

तिमी फेसनेबल छौ । फेसनेबल केटी मन पराउने मलाई तिमी झनै मन पर्‍यो ।

लभ एट फस्ट साइट सायद यस्तैलाई भन्छन् क्यारे । कि त्यो इन्फ्याचुएसन थियो ? थियो भने, ममा अहिलेसम्म रहेको तिमीप्रतिको फिलिङ्सलाई के भन्ने ?

कार्यक्रम सकिएपछि तिमी आमासँगै बाटो लाग्यौ । म पनि आफ्नो घरतर्फ लागेँ, मनमा तिम्रो आकृति कुँदेर । त्यो आकृति रातभर सल्बलाइरह्यो दिमागमा । बिहान निद्रा खुल्नासाथ तिमीलाई सम्झेँ र तिमीलाई कसरी भेट्न सकिएला भनेर मनमा तानाबाना बुन्न थालेँ ।

मलाई तिम्रो नाम त थाहा थिएन, फोन-इमेल त झन् थाहा हुने कुरै भएन । तिम्रो घर नजिक कुरेर बस्ने आइडिया नफुरेको होइन, तर तिम्रो घर थाहा भए पो ! के गर्ने ? मन छट्पटियो । सम्झेँ– तिम्री आमाको इमेल मेरो एकजना साथीसँग थियो । मागेँ ।

तिम्री आमासँग तिम्रो इमेल वा फोन नम्बर मागे नि हुन्थ्यो तर त्यसो गर्ने सोच आएन । इमेलमार्फत सोझै विवाहको प्रस्ताव राखिदिएँ तिम्री आमासमक्ष । मलाई याद छ, त्यो इमेलमा मैले आफूलाई द मोस्ट इलिजिबल ब्याचलर देखाउन आफ्नो काम, आफ्ना उपलब्धिबारे बढाइचढाइ गरेर लेखेको थिएँ । अहिले त्यो घटना सम्झेर हाँसो उठ्छ, अलिअलि लाज पनि लाग्छ ।

विवाहको प्रस्ताव तिमीसँग प्रत्यक्ष राख्नुपर्ने, आमामार्फत राखेँ । सोच, म कति डेस्परेट भएको थिएँ होला । जे होस्, त्यो डेस्परेसनले सुझाएको जुक्तिले काम गर्‍यो । तिम्री आमाले मलाई ग्रेसफुली इमेल पठाइन् :

उमेर पुगेकी छोरीकी आमाका नाताले मलाई यस्ता प्रस्ताव धेरै आइराख्छन् । तर छोरीले कोसँग विवाह गर्न चाहन्छे त्यो उसैको निर्णयमा भर पर्छ । म तिम्रो इमेल उसलाई फर्वार्ड गरिदिन्छु । तिमीहरू आफैँ कुरा गर ।

तिम्री आमाले कुरा गर्ने जिम्मा 'हामी'लाई नै दिइन् । तर कुरा अगाडि बढाउन तिमी इच्छुक हुन्छ्यौ, हुँदिनौ थाहा थिएन ।

भोलिपल्ट तिम्रो इमेल आयो :

हेलो अजित,

आई एम फ्ल्याटर्ड बाइ योर इमेल । बट आई डन्ट इन्टेन्ड टु गेट म्यारिड नाउ । हाउएभर, लेट अस किप इन टच ।

अजिता

अजिता ! तिम्रो नाम थाहा पाएपछि त म झन् तिमीप्रति हुरुक्कै भएँ । कत्ति पटक मनमनै 'अजित–अजिता' भनिरहेँ ।

तिमीसँग किप इन टच हुनु थियो मलाई । तिमीले इमेलमा लेखेको कुराको तान्द्रा समाउँदै भर्चुअल वर्ल्डमै भए पनि तिमीसँग नजिक पुग्नु थियो । त्यसैले तिम्रो इमेल फेरि पढेँ । 'आइ डन्ट इन्टेन्ड टु गेट म्यारिड नाउ' लखेकी थियौ । म अलि निरास भएँ । तिमीले 'हाउएभर, लेट अस किप इन टच' पनि भनेकी थियौ । त्यसले भने मलाई केही उत्साहित बनायो । अनि मैले तुरुन्तै तिमीलाई इमेल पठाएँ :

लेट अस बी फ्रेन्ड्स । इफ वी क्यान हिट अफ, फाइन । अदरवाइज, वी विल बोथ बी रिचर बाई अ फ्रेन्ड ।

त्यसपछि हामीले एकअर्कालाई इमेल पठाउन थाल्यौं । ती इमेलमा हाइ, हेल्लोबाहेक प्रायः केही हुँदैनथे । एक दिन भने सँगै लन्च खान जाने कुरा भयो । खुसी हुँदै कहाँ र कतिखेर लन्च खाने भनेर अर्को दिन तिमीलाई इमेल पठाएँ । त्यस दिन तिम्रो मोबाइल हराएको रहेछ । 'मेरो मुड ठीक छैन, आज लन्चका लागि नभेटौं,' तिमीले इमेलमार्फत भन्यौ । केटीलाई भाउ दिनुपर्छ, इन्सिस्ट गरेको गन्यै गर्नुपर्छ भन्छन् । तर म परेँ, जिद्दी गर्दै नगर्ने । लेखेँ, 'आई एम भेरी अनरोमान्टिक एन्ड कान्ट चिएर यु अप । लेट अस मिट सम अदर डे' र स्माइलीका साथ इमेल पठाएँ ।

दोस्रो पटक तिमीलाई देख्न पाउने मौका मिल्लाजस्तो भएको थियो, त्यो पनि गुम्यो ।

तिमीलाई भेट्ने अवसर जुराउने ताकमा सधैँ हुन्थेँ म । एक दिन गुरुकुलमा प्रिमियर हुँदै गरेको नाटकबारे जानकारी दिँदै नाटक हेर्न मन पर्छ भनेर मैले तिमीलाई सोधेँ । त्यो नाटकबारे तिमीलाई थाहा रहेछ र संयोगले त्यही दिन तिमीले साथीसँग नाटक हेर्न जाने योजना बनाएकी रहिछौ । तर त्यो दिनको प्रदर्शन निमन्त्रणामा मात्र भएकाले हेर्न नपाइने भइयो भनेर तिमीले मलाई भन्यौ ।

प्रदर्शनको निमन्त्रणा कार्ड मसँग थियो । तर म नाटक हेर्न जान सक्ने स्थितिमा थिइनँ । त्यो निमन्त्रणा तिमीलाई दिन सक्थेँ, दिन्छु भनेँ । 'एक्लै त म कहाँ जान्छु र,' तिमीले भन्यौ । मैले तिम्रो साथीका निम्ति अर्को निमन्त्रणा उपलब्ध गराइदिने वाचा गरेँ । तिमी खुसी भयौ । 'कहाँ र कहिले निमन्त्रणा लिन आऊँ ?' तिमीले सोध्यौ । र, 'यु क्यान कल मी इन दिस नम्बर' भनेर आफ्नो मोबाइल नम्बर पनि दियौ ।

त्यसको लगत्तै तिम्रो अर्को इमेल आयो । तिम्रो साथी त्यस दिन नाटक हेर्न जान नपाउने भएकाले कुनै दिन हेरौँला, अहिले निमन्त्रणा चाहिएन भनेर तिमीले लेख्यौ । अनि तिमीलाई अनुगृहीत बनाउने अवसर गुमाएँ मैले ।

तर मैले अर्को अवसर पाएको थिएँ, तिमीसँग कुरा गर्ने । मोबाइल नम्बर जो तिमीले मलाई दिएकी थियौ । तर, म परेँ लजालु । तिमीलाई फोन गर्न मन लाग्थ्यो । डायल गर्ने ओँट गर्न सक्दिनथेँ । त्यसैले एसएमएस पठाउँथेँ । एकपटक मेसेज पठाउँदा तिमीले मलाई 'कल मी' भनेकी थियौ । र, थपेकी थियौ, 'आई वान्ट टु हिअर योर भ्वाइस ।' किन हो किन मलाई फोन गर्न सहज लाग्दैन । झन् केटीलाई फोन गर्नुपर्‍यो भने त म मरेसरह हुन्छु । त्यसैले मैले तिमीलाई फोन होइन, मेसेज गरेँ– 'आई एम टु साई अ पर्सन फर अल दिज ।'

त्यसको घुमाउरो जवाफ तिमीले अर्को दिन इमेलमार्फत दियौ, 'आई हेट टेक्स्टिङ' भनेर ।

तर पछि तिमीले एक्कासि मेरा एसएमएसहरूको जवाफ पठाउन थाल्यौ । र, हामीबीच यति धेरै एसएमएसहरू आदानप्रदान हुन थाले कि मेरो मोबाइलमा सधैँ गेम खेली बस्ने भान्जाले एकपल्ट मलाई सोधेको थियो, 'को हो अजिता ?'

त्यो कात्तिकताकाको कुरा थियो । म तिहारका लागि घर गएको थिएँ । मलाई गाद छ, एसएमएसमार्फत मैले आफ्नो घर, असिनाले चुटेर बर्बाद बनाएको धान, माछापुच्छ्रे, फेवातालको कुरा गरेको थिएँ । तिमीले पनि थुप्रै कुरा गरेकी थियौ मसँग । ती सबै कुराको सम्झना अहिले हुने कुरा त भएन तैपनि तिमीले भनेको एउटा कुरा राम्ररी– 'आई उड लभ टु स्पेन्ड माई लाइफ इन पोखरा ।'

'म्यारी मी एन्ड यु क्यान स्पेन्ड योर होल लाइफ इन पोखरा' भन्दिम् कि भन्ने लागेको थियो । तर साहस जुटाउन सकिनँ मैले ।

टेक्स्ट गर्न झ्याउ लाग्छ भन्थ्यौ, मेरो टेक्स्टको जवाफ पठाउँदैनथ्यौ पहिला, तर पछि पठाउन थाल्यौ । त्यसलाई मैले पोजेटिभ फिलर्सको रूपमा लिएँ र उत्साहित हुँदै 'वी सुड मिट सम टाइम' भनेर मैले तिमीलाई मेसेज पठाएँ । तिमीले 'स्योर' भन्यौ । र, तिमीसँगको भेटको सुखद् अनुभूति मैले आफ्नो मनमा बुन्न थालेँ ।

काठमाडौँ फर्केको अर्को दिनमै मलाई अफिसको कामले भैरहवा जानुपर्ने थियो । कसैलाई पठाएर नहुने । गएँ । भैरहवाको काम सकेर तीन दिनपछि काठमाडौँ फर्कने बेला मैले 'उड यु केअर टु मिट इन द आफ्टरनुन' भनेर तिमीलाई टेक्स्ट गरेँ । तिमीले स्वीकृति जनायौ । काठमाडौँ पुग्नेबित्तिकै नुहाइधुवाइ गरी म तिमीलाई भेट्न दरबारमार्गको नाङ्ग्लोतर्फ मच्चिएर गएँ ।

तिमी मुस्कुराउँदै आइपुग्दा म कफी खादै थिएँ । कफी खाँदै गरेको देखेर होला, तिमीले सोध्यौ, 'धेरै भयो आएको ?'

'छैन,' मैले भनेँ ।

तिमीसँगको पहिलो डेट थियो, अलिअलि नर्भस थिएँ । त्यो नर्भसनेस तिमीले महसुस गर्‍यौ/गरिनौ, थाहा भएन ।

मैले तिमीलाई के खाने भनेर सोधेँ । तिमीले कोल्ड कफी र सानो पिज्जा मगाउँदै भन्यौ, 'पिज्जा सेअर गर्नुपर्छ है !'

मैले स्वीकृतिमा मुन्टो हल्लाएँ ।

आआफ्ना काम र रुचिका कुराबाहेक हामीले धेरै कुरा गरेनौँ त्यस दिन । सायद हामी दुवैले असहज महसुस गरिराखेका थियौँ ।

साँझ घर पुगेपछि तिम्रो मेसेज आयो, 'होप यु रिच्ड होम सेफ्ली ।'

जवाफमा मैले भनेँ, 'एस, आई गट होम । थ्याङ्क्स ।'

त्यसपछि दुई-चारओटा मेसेज आदानप्रदान भए, हामीले पढ्दै गरेका किताबबारे । संयोगले तिमीले र मैले पढ्दै गरेको उपन्यास एउटै परेछ— खालिद हुसेनीको दोस्रो उपन्यास अ थाउजेन्ड स्प्लेन्डिड सन्स । मैले भर्खर पढ्न सुरू गरेको थिएँ, तिमी भने आधाउधी पुगिसकेकी थियौ ।

राति सुत्दा, हाम्रा टेक्स्टहरू उस्तैउस्तै रहेछन् भनेर कल्पिरहेँ ।

अर्को दिन बिहान मैले तिमीलाई टेक्स्ट गरेँ । त्यसको जवाफ तिमीले दिइनौ । दिउँसो अर्को टेक्स्ट पठाएँ, त्यसको पनि जवाफ आएन । मेबी यु ह्याड स्टार्टेड टु हेट टेक्स्टड अगेन ।

त्यसपछि मैले पनि तिमीलाई टेक्स्ट गर्न छोडेँ । मेरो मेसेजको जवाफ किन नदिएको भनेर तिमीलाई इमेल पनि पठाइनँ । तैपनि कहिलेकाहीँ के-कसो छ भनेर तिमीलाई सोध्न मन लाग्थ्यो, इमेल गर्थेँ । तिमीले उत्तर पठाउँथ्यौं, तर औपचारिकता पूरा गरे जसरी ।

त्यसैले तिमीलाई इमेल पनि नपठाऊँ भन्ने लाग्थ्यो । तर नपठाइरहन सक्दिनथेँ । एक दिन बिहान के भनेर हो मैले तिमीलाई इमेल गरेँ । तिमी अनलाइन रहिछौ, रिप्लाई गरिहाल्यौ । दुई-चार पटक इमेल आदानप्रदान भइसकेपछि म अलि बोल्ड भएछु क्यार, लेखिहालेँ, 'आई एम इन्साइड यु .. हेर– (अजित)ा ।'

तिमीले के सोच्यौ कुन्नि, लेखिहाल्यौ, 'डन्ट ट्राई टु फ्लर्ट विथ मी ।' एकछिन मेरो शरीर सिरिङ्ग भो । सरी भनेर इमेल पठाएँ । जिमेल बन्द गरेँ । र, मनमनै भनेँ, तिमीसँग अब कहिल्यै कुरा गर्दिनँ ।

त्यसपछि मैले तिमीसँग कुरा गर्ने प्रयत्न त के सोच्दा पनि सोचिनँ ।

तर केही समयपछि – मलाई थाहा भएन कति महिनापछि – तिमीले मलाई इमेल पठायौ, विवाहको निम्तो दिन । भन्यौ, 'ह्वेर क्यान आई ड्रप योर कार्ड ?'

म अचम्म परेँ । साँच्चै भन्ने हो भने म तिम्रो साथी पनि थिइनँ । एकचोटि भेट, केही एसएमएस र इमेल त आदानप्रदान भएका थिए हामीबीच । त्यसमाथि, तिम्री दिदी, जसको विवाहको निम्तो तिमी मलाई दिँदै थियौ, उनलाई मैले चिनेको पनि थिइनँ । तिमीले तिम्रो दिदीको विवाहमा मलाई बोलाउनुपर्ने आवश्यकता थिएन, किन बोलायौ त्यो अझ मैले बुझ्न सकेको छैन ।

मन त हो, मप्रति तिम्रो दृष्टिकोण फेरिएछ कि भन्ने लाग्यो । अनि केही गइहाल्छ कि त भन्ने आश पलाएर आगो । लेखेँ, 'गर्जो टार्न म नर्कमा जान त तयार छु, तिम्री दिदीको विवाह भोज खान किन आउँदिनँ । म अवश्य आउँछु, जमलको एडुकेसनल बुक हाउसमा कार्ड छोड्नू ।'

विवाह भोजमा आउँछु त भनेँ तर भोजमा कोही चिन्ने भेटिँदैन, बोर हुँला भन्ने पिर पो लाग्यो । लेखेँ तिमीलाई, 'क्यान आई ब्रिङ अ फ्रेन्ड अलङ विथ मी ?'

'हुन्छ,' भन्यौ तिमीले । म फुरूङ ।

विवाहको दिन आयो । सबैभन्दा मिल्ने केटी साथीलाई कुन उपहार लग्दा ठीक होला भनेर सोधेँ । उनले पुस्तक दिँदा राम्रो होला भनिन् ।

एडुकेसनल बुक हाउसमा गएर दुइटा पुस्तक किनेँ— अमिताभ घोसको द हंग्री टाइड र रोहिन्तन मिस्त्रीको अ फाइन ब्यालेन्स । तिनलाई न्याप गर्न लगाएर कमलादी गएँ र एउटा बुके किनेँ ।

उपहार रेडी थियो । विवाहमा जान एउटा कम्पनी चाहिएको थियो । अर्को साथीलाई भोजमा जाम भनेर मनाएँ । र, बुके र किताब लिएर १९०५ रेस्टुरेन्टमा गएँ, साथीसँग ।

हामी ढिलै गरेर गएका थियौँ । तैपनि निम्तालुहरू आउँदै थिए । मैले यताउता तिमीलाई हेरेँ । तिमी दिदी र भिनाजुसँग अगाडि थियौ । हामी तिमी भएतर्फ गयौँ । र, बधाई छ भन्दै तिम्री दिदीलाई मैले बुके र उपहार दिएँ । तिम्री दिदीले थ्याङ्क यु भनिन् ।

हामी अलि पर गएर उभियौँ । वेटर ट्रेमा ड्रिंक्सका ग्लास लिएर यताउता गर्दै थियो । ट्रेबाट एक, एक ग्लास समायौँ र वाइनको सिप लिँदै कुरा गर्न थाल्यौँ । मेरो मन कुरामा भन्दा तिमीतर्फ तानिएको थियो । तिमी एकजना केटासँगै यताउता गर्दै अतिथि सत्कार गर्दै थियौ ।

भोजमा मुस्किलले ५० जना थिए होलान् । ती सबैलाई मैले चिनेको थिइनँ । त्यसैले मलाई भ्याउ लाग्न थालेको थियो । तिमी आएर हामीलाई कम्पनी दिन्छौ कि भन्ने आश थियो तर बोर त भएका छैनौ समेत भनिनौ तिमीले ।

खाना खाएर लागौँ भनेर हामी खाना खान थाल्यौँ । अगाडि डिजेले म्युजिक बजाउन सुरू गर्न थालेको थियो । एकछिन सुनौँ भनेर हामीले वाइनका गिलास समात्यौँ ।

केही समयपछि मलाई वाइनको मात लाग्यो । मातेपछि मात्र नाच्ने मलाई नाचमनाचम भइरहेको थियो । तर अरू कोही नाचेका थिएनन् । मलाई एक्लै गएर नाच्न ऑट आइरहेको थिएन । अझ पिउन थालेँ ऑट ल्याउन, अनि वेटरले जुन रक्सी ल्याए पनि खान थालेँ ।

मातिसकेको थिएँ । तिमी कताबाट हामी भएको ठाउँमा आइपुग्यौ । मैले भनेँ, 'म्युजिक बजिरहेको छ, कोही नाचिरहेका छैनन्, डिजेको बेइज्जत भयो ।'

'सबैलाई नाच्न भनिराखेको छु, कोही नाच्न मान्दैनन्,' तिमीले भन्यौ ।

'एक्लै नाच्दिम ?' मैले फुर्ति लगाएँ

'हुन्छ ।'

एक्लै नाच्न अझै ओँट आएन ।

तिमी गयौ, अरूसँग हाई-हेलो गर्न ।

मैले साथीलाई 'नाच्दिम' भनेर सोधेँ । उसले 'हुन्छ' भन्यो ।

मैले उसको वाइनको ग्लास सिनित्त पारेँ र नाच्न थालेँ । एक्लै । ठूलो डान्स फ्लोर, एयरपोर्टको रनवे जस्तो । काइदा भयो, रेस कोर्समा घोडा दौडे जसरी ठूलो घेरामा फनफन घुमेर नाच्नुपर्ने मलाई । तर बेफाइदा के भयो भने, म एकैछिन नाचेपछि थाक्थेँ, साथी भएको ठाउँमा जान्थेँ र सुस्ताउथेँ । अनि फेरि गाईको बाच्छाभैँ बुर्कुसी खेल्दै नाच्न जान्थेँ । अरू कोही नाच्न आएका होइनन् । म मात्र एक्लै नाचिरहेँ मस्तसँग । नाच्दा नाच्दै मेरो कालो जुत्ताको सोल नै उक्केला जस्तो भयो । फुकालेर नाँगो खुट्टा नाचेँ । बेपर्वाह ।

तिम्रा गेस्टहरू कसैले पनि चिन्दैनथे मलाई । यो कुन पागल आएर यसरी नाचिरहेको छ भने होलान् उनीहरूले । तिम्री दिदीले कमसेकम चिन्न भ्याएकी थिइन् होला । बधाई छ भनेर उनका हातैमा गिफ्ट जो टक्र्याएको थिएँ । कस्तो पागलले मेरो बहिनीलाई प्रपोज गरेछ भनेर अचम्म पनि मानिन् होला । तर जसले जे सोचे पनि मलाई बाल थिएन । रौसीको करामत !

म बिन्दास नाचिरहेको थिएँ । आधा घन्टा जति नाचिसकेपछि तिमी आफूसँगै यताउता गरिरहेको केटालाई लिएर आएर नाच्न थाल्यौ । तिमीहरू दुईजना उता नाचिरहेका थियौ, म यता । त्यसपछि अरू केही जोडी पनि नाच्न आए । तर तिमीहरू सबै एकैछिन मात्र नाच्यौ । म फेरि एक्लै भएँ तर पनि नाचिरहेँ । थाकेर चुर भएपछि मात्र मैले जुत्ता लगाएँ र साथीलाई लिएर हिँडेँ तिमीलाई जान्छु नि नभनीकन ।

बाहिरिँदै गर्दा मैले साथीलाई भनेँ, 'बेक्कारमा आएछौं ।'

उसले भन्यो, 'एक हजारको बदलामा माल्ने गरी रक्सी र पेट फुट्ने गरी डिनर खान अनि दुई-चार केजी बोसो घट्ने गरी नाच्न पाइस्, केको बेक्कार हुन्थ्यो !'

तर प्रश्न खाने र रमाइलो गर्नेको थिएन, मनको थियो । मेरो मन खिन्न भयो । र, मैले मनमनै भनेँ, तिमीसँग त कुनै हालतमा पनि बोल्दिनँ । यो म दोस्रो पटक भन्दै थिएँ ।

समय बित्यो । मेरो मेमोरीको हार्ड डिस्कबाट अजिता भन्ने कोही केटीलाई मन पराउँथेँ भन्ने कुरा डिलिट भैसकेको थियो । अचानक तिम्रो फ्रेन्ड रिक्वेस्ट आयो फेसबुकमा । बोल्दिनँ भनेको थिएँ तैपनि रिक्वेस्ट आएपछि किन हो किन स्वीकार गर्न मन लागिहाल्यो, गरिदिएँ ।

तिमीलाई प्रायः अनलाइन देख्थेँ । तर हामीबीच खासै च्याट हुँदैनथ्यो । कहिले तिमीले हाई भन्थ्यौ, कहिले म के छ भनेर सोधिदिन्थेँ । त्यति मात्रै कुरा हुन्थ्यो । एक दिन तिमीले क्युबमा डान्स पार्टी अर्गनाइज गर्दैछु आउनुपर्छ भन्यौ । तिम्रो दिदीको विवाहको भोजमा महसुस गरेको तित्तता बिर्सेँ ।

'पास देऊ न त,' मैले भनेँ ।

'किन न, प्लिज ।'

तिमीले भनेपछि नमान्ने कुरै भएन । 'ओके,' भनेँ । 'आफ्ना साथीहरूलाई पनि ल्याऊ,' तिमीले भन्यौ ।

'म भएपछि अरूको के काम ?' भनेर सोध्न मन लाथ्यो, सकिनँ । खालि 'ओके'मात्र भन्न सकेँ ।

हामी गयौं एक हुल बाँधेर तिम्रो डान्स पार्टीमा । भन्याङ उक्लेर दोस्रो तलामा पुग्दा, तिमी देखियौ । तिमीलाई हेर्दै मैले मुस्कान फालेँ । दौड्दै आएर 'ल थ्याक्स फर कमिङ' भन्छ्यौ होला भनेको त तिमीले देखेको नदेख्यै गर्‍यौ ।

तुरून्तै फर्कन मन लागेको थियो । तर छ सयका दरले २४०० तिरेर छिरेको केही नभए पनि एउटा कम्प्लिमेन्ट्री ड्रिंक पिएर, अलिकति नाचेर फर्कनुपर्ला भन्ने लाग्यो । म नाचिरहँदा तिमीलाई लाइन मार्ने मेरो साथी नजिक आयौ तिमी । उसलाई केही भन्यौ अनि गयौ । हामी पनि एक छिनपछि निक्ल्यौं । फेरि पनि तिमीलाई 'जान्छौ' भनिनँ ।

भन्छन् नि, वान्स बिटन ट्वाइस साई । ट्वाइस बिटन भएको थिएँ

थाउजन टाइम्स साई हुने नै भएँ । तिमीलाई मैले बोलाउने साहस किन गर्न सक्थेँ र ! तर तिम्रो वालमा गएर तिम्रा स्टाटस र फोटाहरू म नियमित हेर्थेँ । कहिलेकाहीँ तिमी आफैँले हेल्लो भन्थ्यौ, जवाफ भने दिन्थेँ । यसरी तिमीले हाई भनेर मलाई बोलाउँदा मैले डान्स पार्टीको प्रसंग उक्काएको थिएँ एक दिन । तिमी टेन्स (खै के भएर हो, मैले बिर्सें अहिले) भएकाले त्यस दिन हामीलाई सोधखोज गर्नतर्फ ध्यान नगएको होला तिमीले भनेकी थियौ ।

तिमीलाई लाइन मार्ने मेरो साथीलाई पनि क्युबको तिम्रो व्यवहार चित्त बुझेको थिएन । तैपनि तिमीसँग कुरा गरिराख्यो, च्याटमा । अफिसमा छेउको कम्प्युटरमा बस्ने मैले उसलाई तिमीसँग च्याट गरिरहेको हेरिरहेको छु भन्ने थाहा पायो भने ऊ अलिकति लजाउँदै भन्थ्यो, 'भिड्ने त हो नि, हाम्रो के जान्छ ! भिडम्, गुरू ।'

म भन्थेँ, 'उसको ब्वायफ्रेन्ड छ होला ।'

'बालै भएन नि । फ्री मार्केटको जमानामा जसको शक्ति उसको भक्ति । भिडम् हो गुरू, भिडम् ।'

मरिहत्ते गरेर भिड्ने मान्छे थिइनँ म । तिमीलाई पाउन मरिहत्ते गरिनँ पनि । फेरि जीवनसंगीका रूपमा तिमी उपयुक्त छौ भन्नेमा विश्वस्त हुन पनि त म सकेको थिइनँ । तैपनि एकचोटि मन पराएपछि उसका जत्ति कमजोरी थाहा भए पनि मन पराइँदो रहेछ । उसका कमजोरीलाई नजरअन्दाज गर्न मन लाग्दो रहेछ । तिमीलाई मैले चुपचाप मन पराइरहेँ ।

दुदुई पटक तिमीसँग कुनै सरोकार राख्दिनँ भनिसकेको थिएँ, तर तिमीले मलाई नजिकिन सक्छु भन्ने आश देखाइदियौ । पहिलोपटक, विवाह भोजमा बोलाएर; दोस्रो पटक, फेसबुकमा फ्रेन्ड रिक्वेस्ट पठाएर । तेस्रो पटक त झन् आशको आकाश नै देखाइदियौ : मैले फेसबुकमा कुन सुरमा हो पैसा सापटी चाहियो भनेर लेखेको थिएँ । तिमीले उदारपूर्वक म दिन्छु भनी लेख्दी पठायौ । दियौ पनि, थोरैतिनी होइन दुदुई लाख । त्यात्रो ठूलो रकम मलाई सापटी किन दियौ ? तेत्रो रकम मलाई निर्धक्कसँग दिन सक्ने आत्मविश्वास तिमीमा कसरी आयो ? मलाई थाहा छैन । तर तिमीले दियौ । फेरि म एकपल्ट पग्लिएँ ।

साथीहरू भन्थे, मन नगराइकन त्यात्रो पैसा किन दिन्थी । हो जस्तो लाग्थ्यो । तर त्यस्तो छनक पटक्कै दिँदैनथ्यौ तिमी ।

यसैबीच मेरो जीवनमा केही केटीहरू आए, गए । तर कसैसँग पनि मेरो गम्भीर सम्बन्ध हुन सकेन । त्यसको कारण तिमी नै थियौ कि ? मन कसैलाई दिइसकेपछि अर्कोलाई दिन नसकिँदो रैछ ।

अजिता, ग्याब्रियल गार्सिया मार्खेजको उपन्यास लभ इन द टाइम अफ कोलेरा पढेकी छौ ? त्यसमा एउटा पात्र छ, फ्लोरिन्टिनो अरिजा । उसले फर्मिना दाजालाई खुब माया गर्छ । दाजाले पनि उसलाई मन पराउँछे । तर उसले पैसा र सुरक्षा रोज्छे । र, विवाह गर्छे, धनाढ्य डाक्टरसँग । अरिजा फर्मिनाको यादमा सधैँ तड्पिरहन्छ । उसको याद भुल्ने कोसिसमा केटीहरूसँग शृखंलाबद्ध रूपमा सम्बन्ध राख्छ । तैपनि उसले दाजालाई भुल्न सक्दैन, दाजालाई आफ्नो बनाउने अनेक प्रयास गरिरहन्छ । बूढो भैसकेपछि अन्ततः उसले दाजालाई आफ्नो बनाउन सफल हुन्छ ।

तर अरिजाले दाजालाई आफ्नो बनाउन जुन अथक प्रयत्न गर्छ, त्यस्तो प्रयत्न गर्ने खालको प्रवृत्ति छैन मेरो । तिमीलाई आफ्नो बनाउन यावत प्रयास गरिनँ पनि मैले । केवल तिमीलाई मनमनै मन पराउँदै बसिरहेँ ।

तिमीले याद गर्‍यौ होला, म सधैँ फेसबुकमा अनलाइन देखिन्थेँ । सधैँ अनलाइन देखर मलाई साथीहरू ७/२४ फेसबुक कार्यकर्ता भनेर खिसिटिउरी गर्थे । खासमा तिमी फेसबुकमै भए पनि झुल्किन्छ्यौ कि भनेर फेसबुकको च्याट इनेबल गरेर बस्थेँ । जब तिमी अनलाइन देखिन्थ्यौ र हराउँथ्यौ, म निराश हुन्थेँ । आक्कलभुक्कल तिमीले हाइ भन्दिँदा म दंग पर्थेँ । के छ भनेर सधैँ सोधिरहन मलाई अप्ट्यारो लाग्थ्यो । त्यसैले बोल्ने कुनै बहाना पाएँ भने मात्र बोल्थेँ तिमीसँग ।

संयोगले कहिलेकाहीँ तिमीसँग भेट हुन्थ्यो । भेट हुँदा एक्कासि म दमको रोगीसरह हुन पुग्थेँ, बोल्नै नसक्ने । मुटु फुलेर आउँथ्यो । मुटुको धड्कन बढ्थ्यो । मेरा कान पनि राता हुन्थे ।

तिमीलाई भेट्दा मलाई जस्तो हुन्थ्यो त्यस्तो मलाई भेट्दा मलाई मन पराउने केटीहरूको पनि हुन्थ्यो । मैले तिमीलाई मन पराए जति उनीहरूले पनि मलाई मन पराउँथे । तर मैले मेरो मन उनीहरूलाई दिन सकिनँ । तिमीभन्दा असल जीवनसंगी तिनीहरू हुन सक्लान् भन्ने मनमा हुँदा पनि दिन सकिनँ । किन हो कुन्नि पुतली बत्तीमा होमिएझैँ अझै पनि मलाई तिम्रो जीवनमा होम्मिन मन लाग्छ ।

भन अजिता, यो प्रेम हो या इन्फ्याचुएसन ?

चरी

ऋचा भट्टराई

मेरा दुइटा साना रेडियो थिए– एउटा ब्याट्रीले चल्ने, अर्को बिजुलीबाट । म ती दुइटैलाई कुनै मान्छेलाई जत्तिकै स्नेह गर्थें । तीमध्ये एउटा सधैं सिरानीमुनि हुन्थ्यो, अर्को सिरानीछेउ ।

मसँगै अर्को चीज पनि थियो– हेडफोन । मध्यरात होस् कि झर्कोलाग्दो साँझ, मेरो कानमा त्यो प्रायः हुन्थ्यो । र, म सधैं एउटै एफएम सुनेर बस्थें, उसको आवाज गुञ्जिएला भन्ने आशमा ।

कति रात उसैलाई कुर्दाकुर्दै निदाउँथें र बिउँझन्थें रेडियोले कानमा उराठलाग्दो स्याँ… फुक्न थालेपछि । उसलाई नछुटाउने ध्याउन्नमा कहिले कलेज जान अबेर हुन्थ्यो, कहिले जाँचको तयारी गर्न छोड्दिन्थें ।

यस्तो लतमा फँसेकी म, उम्कन कहाँ सक्थें र !

एकदिन दिदीले भनिन्, 'म कलेजबाट आएपछि हामी किनमेल गर्न जाने, है ?'

मैले यत्तिकै हुन्छ भनी टाउको हल्लाएँ । तर भरे दिदीले बजार जान बोलाउँदा त ठीक्क उसको कार्यक्रमको बेला भएको रैछ । भनिदिएँ, 'मेरो पेट कस्तोसँग दुख्यो, म त जानै सक्दिनँ ।'

अर्को दिन साथीहरूले भेट्न बोलाउँदा पनि मेरो जरूरी काम छ भन्दै उही रेडियोमा टाँस्सिन गएकी थिएँ । न त उसको स्वर उतिसारो राम्रो थियो न त उसको शैलीमा कुनै जादु थियो । तर पनि मलाई तान्थे उसका कार्यक्रमले । कहाँसम्म भने उसको कार्यक्रम पुन: प्रसारण होला भगेर ग राति अबेरसम्म कान थापेर बस्थें ।

मलाई मुख्यतः आकर्षित गर्ने उसका कार्यक्रममा बज्ने गीत थिए । मलाई हरेक गीत विशेष लाग्थे, मेरै लागि बजाए जस्ता, मैतिर लक्षित भएजस्ता । यस्तो भन्दा अलि उड्न्ते लाग्ला, तर कतिपय अवस्थामा ती गीत साँच्चै नै मेरै लागि हुन्थे, विशेषतः दोहोरिएर बज्ने गीत जसबारे उसले र मैले पहिल्यै चर्चा गरेका हुन्थ्यौं । यस्तै गानाले मेरो मन पगाल्थे, आँखा रसाउँथे र उसलाई फेरि पर्खन बाध्य तुल्याउँथे ।

उसको फोन नम्बर मसँग भए पनि म उसलाई कहिल्यै फोन गर्दिनथेँ । उसको आइडी भए पनि उसलाई मेल गर्दिनथेँ । र, उसको कार्यालय थाहा पाएर पनि उसलाई कुनै बहानामा भेट्दिनथेँ । सायद त्यसो गर्न मेरो अहम्ले दिँदैनथ्यो । अझ मेरो जातैले पाएको भाउ खोज्ने प्रवृत्तिले रोक्थ्यो । म पिल्सिराख्थेँ आफूभित्रै, उसको आवाज सुनेरै चित्त बुझाउँदै ।

***

ऊ मेरो क्लासमेट थियो । ऊ अन्तिम बेन्चमा बस्थ्यो, म उसको अगाडि । मैले पछाडि फर्केर उसको सफा नोटकापीमा केरिदिन्थेँ, जिब्रो निकाल्दै मुख बङ्ग्याएर हँसाउन खोज्थेँ, डेस्कमा अडिएको उसको कुहिनोलाई धकेलिदिन्थेँ । तर उसले केही गर्दैनथ्यो । मैले अभिवादन नगरेसम्म उसले अभिवादन समेत गर्दैनथ्यो ।

उसलाई बोल्न म बाध्य पार्थेँ । भन्थेँ, 'हिजो तिमी किन नआएको ?'

ऊ छोटो उत्तर दिन्थ्यो, 'त्यस्तै पन्यो ।'

म कुरा लम्ब्याउन खोज्दै भन्थेँ, 'के पन्यो । हामीलाई भन्नु हुँदैन ?'

उसको बक फुटे पो !

जे होस्, हामी साथी बन्दै गयौं, तर त्यो पनि अलि औपचारिक । सामान्य बोलचाल, नोट साटासाट, एक-दुई कप चिया, त्यत्ति ! सधैं एउटा दुरी राख्थ्यो उसले, अरू केटाजस्तो जिस्किने, उराल्ने, द्विअर्थी वचन लाउने गरेको थाहा छैन ।

यो दुरी घटाउन उसले एउटा मात्र काम गन्यो । उसले मलाई फोन गन्यो । त्यो पनि कुनै कारणले, सायद गृहकार्यबारे सोध्न ।

कुन बेला यो कहिलेकाहीँको फोन कल मेरो दैनिकीमा समावेश भयो, थाहा छैन । मलाई बानी पन्यो उसको फोन कुर्ने । कलेजमा खासै बोलचाल हुन्नथ्यो, तर त्यसले खासै फरक पार्दैनथ्यो– फोन थियो नि त !

बस बिसौनीबाट दस मिनेट जतिको बाटो बल्ल बल्ल पार गरेर म घर पुग्थेँ । मन नलागी नलागी खाना तताउँथे । सबै गम्प्याङ गुम्रूङ एउटै तपेसमा हाल्थेँ– भात, दाल (नाम मात्रको), तरकारी, (अझ पितिक्क) अचार । यो सबै मुछिसक्न पनि पाएकी हुन्नथेँ, फोनको घन्टी बज्थ्यो । अनि फुर्तिलो हुन्थेँ म । कुदेर फोन उठाउँथेँ । बेलाबेलामा एक गाँस मुखमा कोच्थेँ, फेरि बिर्सन्थेँ । कहिले दुई घन्टा, कहिले चार, कहिले छ घन्टा, हामी फोनमा गफिन्थौं । अहिले सम्झना छैन, के चाहिँ कुरा गरेर उसले मलाई यसरी बाँधेर राख्थ्यो, म हलचल गर्न भ्याउन्नथेँ ।

आमा अफिसबाट फर्किनुहुँदा म फोनमै झुण्डिरहेकी हुन्थेँ । खाना खाएको हात पनि धोएकी हुन्नथेँ । सुकेर कटकट भएको हुन्थ्यो । अझ कहिले त खाना खाइसकेको पनि हुन्नथेँ ।

यसै गरी बित्यो वर्षदिन, फोन-फोन खेलेर । मैले भने कहिल्यै उसको नम्बर थिचिनँ । उसले यसबारे गुनासो पनि गरेन ।

हिन्दी फिल्मको डाइटमा हुर्केकी मैले उसले मलाई मन पराउँछ भन्ने नबुझेकी पनि होइन । तर अचम्मको कुरा, वर्षदिनको कुराकानीमा उसले मायाको 'म' पनि निकालेन । म पनि सोच्न बाध्य भएँ, यो अर्कै खालको फिल्म रैछ: केटा-केटीको 'बेस्ट-फ्रेन्डसिप'मा टिकेको । यो सम्बन्ध मलाई सहज लाग्थ्यो, यस्तो मिल्ने केटा साथी हुनु गजबकै कुरा थियो ।

तर एक दिन एकै निमेषमा यो सम्बन्धमा परिवर्तन आयो ।

कक्षाकै नामुद प्लेबोईले मलाई नयाँ वर्षको मौका छोपेर ग्रिटिङ कार्ड दियो, आफ्नै हातले कोरेको चित्र बेरेर डेस्कमै राखिदियो, मेरो इमेल आइडी माग्यो ।

मेरो 'बेस्ट फ्रेन्ड'का आँखा सधैं हाम्रै बेन्चमा हुन्थे, उसले थाहा नपाउने कुरै भएन । त्यो दिन म घर नपुग्दै एक दर्जन कल आइसकेको रैछ । हतार गरेर फोन उठाएँ, तर हामीबीच सधैंझैं सौहार्दपूर्ण कुरा भएन, कारणैविना ऊ झडंग झडंग रिसाइदियो ।

दिउँसोको उपहारको कुरा उप्कियो । 'अब जाऊ उसैसँग'सम्म पनि भन्यो । असाध्यै चित्त दुख्यो । मेरो प्रतिकार उसले सुनेन, मेरो प्रतिवाद त झन बुझेन ।

भोलिपल्ट घर फर्केर झोला खोल्दा उसको चिठी देखेँ, मेरो लिपिमा लेखिएको । मेरो लिपि अर्थात् मेरा बाल्यकालका साथीहरू एनिड ब्लाइटनका पात्रहरूबाट प्रभावित भएर बनाएको कोड भाषा । एनिड ब्लाइटनका पात्रहरूझैँ मैले आफ्नै संकेत प्रतिपादन गरेको थिएँ– 'ए' को सट्टा त्रिकोण, 'आर' बुझाउन पानको पात, 'सी'भन्दा आधा च, यस्तै यस्तै । म आफ्नो डायरी पनि यही लिपिमा लेख्थेँ, कसैले नबुझून् भनेर । यो लिपिको 'की' मेरो झोलामै हुन्थ्यो, उसले भेटेर, सारेर, कण्ठ पार्न पनि भ्याइसकेको रहेछ । र, त्यही लिपिमा चिठी पनि लेखेछ मलाई, खामबाहिर दामी अक्षरमा सम्बोधन गरीवरी ।

त्यो चार पानाको चिठीमा मलाई एउटा वाक्यको मात्र सम्झना छ: 'यु आर अ पर्सन अफ ब्युटी एन्ड आई एम फिल्ड विद अ प्यासन टु ओन यु ।' यो वाक्य पढिसकेपछि म एकछिन 'ब्युटी' शब्दमा घोरिएकी थिएँ । उसले मान गरेजस्तो लाग्यो, तर त्योभन्दा बढी खिज्याए जस्तो लाग्यो ।

उसले प्रयोग गरेको 'सुन्दर' विशेषणलाई धेरैबेर पत्याइरहन सकिनँ । अनि चिठीका बाँकी अंश पनि मलाई अलि बनावटी लाग्न थाले ।

घुमाउरो पाराले प्रेम प्रस्ताव राखेको थियो, त्यसको उत्तर माग्यो उसले ।

कसैले प्रेम प्रस्ताव राख्यो भने कि रिसाउनुपर्छ, कि रुनुपर्छ भन्ने कताबाट हो मेरो मनमा परेको थियो । मलाई रुनु सजिलो थियो, रोइदिएँ ।

उसले नाइँ भन्नुको कारण खोज्यो । मैले धेरै नसोची 'कमिटमेन्ट' मन नपर्ने गफ दिएँ, सकियो ।

त्यो रुवाइ, आँखामा भरिइहाल्ने आँसु, गालाबाट बगिहाल्ने भेल सम्झिएर अहिले एक्लै मुस्काउँछु म ।

***

मेरो तर्फबाट त कुरो प्रस्टै थियो । मलाई कुनै सम्बन्ध गाँस्नु थिएन, कुनै बन्धनमा फँस्नु थिएन ।

तर यो कुरा मैले उसलाई भन्न जानिनँ, वा चाहिनँ । किनभने उसलाई मसँगै राख्नु पनि त थियो, त्यत्तिसम्मकी मतलबी थिएँ म ।

जे होस्, अब प्रेमका प्रसंग नभिक्ने सर्तमा हाम्रो मित्रता अघि बढ्यो ।

तर आफ्नो प्रेम व्यक्त नगरी ऊ कसरी बस्न सक्थ्यो ! मेरो भन्दा बेग्लै लिपिको सिर्जना गरेर उसले मलाई लभ लेटर लेख्न थाल्यो । उसले यति धेरै चिठी लेखेर मेरो झोलामा राखिदिन्थ्यो कि ती पढ्दा पढ्दै त मलाई उसकै लिपि यति सजिलो लाग्न थाल्यो, मैले सबै कुरा बिर्सेर उसकै शैलीमा पो लेख्न थालेँ ।

तर ऊसँगको प्रेम म स्विकार्नेवाला थिइनँ ।

बेला न कुबेला उसका साथीका फोन आउँथे (सायद उसको उक्साहटमा) र संवाद भट्च्याए जसरी भन्थे उनीहरू, 'होइन, तिम्रो त मुटु नै छैन कि क्या हो ? यहाँ मान्छे मरिराखेको छ । तिमीले यस्तो बेवास्ता गर्नुभएन नि !'

तर मैले त्यस्ता याचनाहरूलाई वास्ता गरिनँ । फेरि हिन्दी चलचित्रले मलाई प्रेम भनेको जीवनमा एकचोटि हुन्छ भन्ने सिकाएको थियो र एक चोटिको प्रेम गर्न ऊ उपयुक्त व्यक्ति होइन भन्ने लागेको थियो ।

केही समयपछि उसको मनमा के विचार आयो कुन्नि, ऊ मेरो घरमाथिको बाटोमा आई कुर्न थाल्यो ।

पर्दा खोलेर चिहाउँथेँ, कुखुरा फार्मको छेउमा ढुंगामाथि बसेर के-के लेखिराखेको देख्थेँ अनि तर्सिएर भान्साको ढोकाबाट खुसुक्क भागी छिमेकीको घर पुग्थेँ ।

उसले मलाई कुर्न थालेपछि मैले उसको फोन उठाउन छोडेकी थिएँ, बार्दलीमा उक्लेर झट्ट उसलाई हेर्नुपर्दा डराउन थालेकी थिएँ । परिवार र समाजले के सोच्लान् भनेर नै भयभीत थिएँ म ।

तर रमाइलो कुरा उसको व्यवहारले म अलिअलि रोमाञ्चित पनि हुन पुगेकी थिएँ । र, ऊ नभएको बेला सोच्दै मख्खै पर्थेँ— कोही मेरो लागे यतिसारो मरिहत्ते गर्छ । तर ऊ टप्लुक्क झुल्केपछि म फेरि त्रस्त हुन्थेँ ।

एक दिन उसलाई वरपर नदेखेर हामी साथीहरू डुल्न निस्केका थियौँ, फर्कदा भेट भइहाल्यो ।

उसले मेरो हात तानेर चिच्यायो, 'जति गरे पनि यो केटीले मन पराइन, अब के गरूँ मैले !' एकैछिनमा मान्छेको भीडले हामीलाई घेरिहाल्यो ।

आफ्नो हात फुत्काएर म घरतिर दगुरँ । त्यही दिनदेखि उसले मेरो घर धाउन पनि छोडिदियो । तर, उसले आफ्नो प्रेम भने व्यक्त गर्न छोडेन । पछिपछिसम्म पनि म देख्थेँ, घरछेउमा ससाना मन्दिरका भित्ताभरि रातो इँटाले कोरिएको मेरो नाम, बस बिसौनीको पिपलको रूखमा कुँदिएको मेरो नाम ।

उसको व्यवहार देखेर म चकित हुन्थेँ । किन होला ऊ यस्तो भएको, के विशेष देख्यो होला उसले ममा ? यसको सोझो उत्तर मैले कहिल्यै पाइनँ । 'मनपरेपछि पऱ्यो' भन्ने मात्र निस्कन्थ्यो उसको मुखबाट ।

हाम्रो भेटघाट र वार्तालाप पातलिँदै र छोटिँदै थियो ।

कलेज सकियो, हामी अन्तै पढ्न गयौँ । उसले मुश्किलले हप्ताको एकपटक सम्झिन्थ्यो । त्यो पनि झुक्किएर, नशाको सुरमा ।

सुरूसुरूमा त म असाध्यै ढुक्क हुन थालेकी थिएँ, उसले मलाई पछ्याउन छोडेपछि । तर पछि केही न्यास्रो लाग्न थाल्यो मलाई । अझ पछि त मैले उसलाई धेरै नै सम्झिन थालेँ ।

पछि उसले एफएफमा कार्यक्रम चलाउन थाल्यो । त्यहीँदेखि सुरू भएको हो मेरो रेडियो प्रेम । उसलाई भेट्ने एकमात्र माध्यम त्यही त थियो ।

***

बोलचाल नभएको हप्तौँ भएको थियो । मैले ऊ बिरामी भएको खबर पाएँ ।

निहुँ पाएजस्तो भयो, जीवनमा पहिलोपल्ट उसलाई फोन गरेँ ।

मैले अस्पतालमा भेट्न आउने कुरा गर्दा उसले मसिनो स्वरमा भन्यो, 'घरमै आऊ न, खाना खानेगरी ।'

म फुरूङ भएँ । मेरी सबैभन्दा मिल्ने साथीलाई मसँगै जान आग्रह गरेँ, कहिल्यै नलगाउने जरीवाल रातो कुर्ता जिउमा छिराएँ र फलफूल बोकेर बिहानै उसको घर पुगेँ ।

उसलाई पहिल्यैदेखि ढाडको बिमारले सताउँथ्यो, दुईचोटि त अप्रेसन गराइसकेको थियो, तैपनि निको भएको थिएन ।

ठूलो ज्यानको मान्छे, चुपचाप निरीह र निष्क्रिय भई खाटमा लडेको देख्दा अचानक माया उर्लेर आयो । त्यही क्षण होला मैले उसलाई साँच्चिकै, मनदेखि नै माया गरेकी ।

धेरै बोलेनौं हामी, बोल्नुपर्ने आवश्यकता पनि थिएन ।

हाम्रो सम्बन्ध पुनः गाँसियो, तर उही अधमरो चालले ।

ऊ तङ्ग्रिदासम्म दुवैतर्फबाट माफी मागामाग लगायत थुप्रै कुरा भए । अघोषित शत्रुताको अन्त्य भएकामा हाम्रा साथी पनि खुसी भए । मैले पहिलाजस्तो बहुलाई भएर रेडियो सुन्न छोडेँ, उसको प्रत्यक्ष स्वर जतिखेर पनि कानमा जो गुञ्जिहाल्थ्यो ।

त्यसपछिका पल वास्तवमै पाइनसक्नुका थिए । केही पीर पर्नेबित्तिकै म उसलाई सुनाउन पुगिहाल्थेँ । उसले फकाउँदै मात्र पनि मेरो मन शान्त हुन्थ्यो, मेरा एकदम ससाना रूचि पनि उसले सम्झन्थ्यो । म खुसी थिएँ । सायद ऊ पनि खुसी थियो ।

म हाम्रो सम्बन्ध यस्तै रहोस् भन्ने चाहन्थेँ, तर ऊ हाम्रो भविष्यको कुरा निकालिहाल्थ्यो । हाम्रो भविष्य, अर्थात् उसको परिभाषामा बिहे । तर त्यो शब्द मेरो शब्दकोशमा छँदै थिएन । मलाई लाथ्यो, विवाह भनेको एउटा जाल हो, बन्धन हो, भ्रम हो ।

त्यतिखेर पनि मेरो सोचाइ त्यही थियो – मेरो विवाह हुँदैन, र यसबारे सोच्नु र योजना बनाउनु बेकार छ । त्यो कुरा बुझाउन खोज्दा उसले सोच्थ्यो– म ऊसँग सम्बन्ध गाँस्न र बिहे गर्न तयार छैन, मैले ऊसँग भविष्य देखेकी छुइन, त्यसैले नानाथरी बहाना बनाउँदैछु । वास्तवमा भन्ने हो भने हाम्रो सम्बन्ध अघि बढेको भए कहीँबाट कसैलाई आपत्ति हुने नै थिएन । हाम्रो भाग्य त्यतिसम्म मिलेको थियो ।

तर केले हो केले, मलाई कहिले पनि त्यो सम्बन्धलाई दिगो रूप दिने सोचाइ नै उब्जेन । मलाई उसको साथ नचाहिएको होइन, चाहिएको हो, तर अस्थायी । खै, मेरो स्वभावै त्यस्तै ।

एउटा साथीले आरोप लगाएको थियो, 'तिमी सधैँ मध्यमार्गमा बस्छौ, मौका पर्नेबित्तिकै सजिलो बाटो लाग्ने ।'

कुरा सही हो । तर अर्को एउटा कुरा पनि हुन सक्छ, मलाई ऊसँग धेरै नजिक हुनबाट रोक्ने । उसको रिस । हुन सक्छ हैन, हो नै ।

रिस त मेरो पनि कडै हो, दुर्बासा बिर्साउने । तर उसको रिस त…
पहिला कहिल्यै सामना गर्नु नपरेकाले होला, ऊ रिसाउँदा मेरो सातो
जान्थ्यो । अघिपछि असन्तुष्टि जनाउने, बात लाइहाल्ने त छँदै थियो ।

एउटा घटना विशेष सम्झन्छु । ऊ कुनै अरू केटीको कुरा गर्दैथ्यो,
आफ्ना सबै साथी ऊसँग जिस्किएको तर आफू अलग्गै बसेको फुर्ती
लाएर । मलाई पत्यार लागेन, त्यसै भनिदिएँ ।

चलाउँदै गरेको बाइक रोकेर उसले मलाई भर्खर किनिदिएको कुरकुरेका
दुई प्याकेट झाडीतिर हुत्याइदियो । र भन्यो, 'हो, हो, गएँ म त्यैसित,
त्यही मेरी बुढी, भयो ?'

यस्तो जवाफको कल्पना पनि गरेकी थिइनँ मैले । म त हेरेको हेर्‍यै
भएँ ।

ऊ भने रिस पोखेर हुँइकियो, मलाई छोडेर । म काम्दै काम्दै घरतिर
लागेँ ।

त्यो रात निदाउन नसकेर म तर्सिरहेँ, आँसुले मेरो सिरानी छ्याप्पै
भयो ।

यस्ता घटना भइरहे ।

दिउँसो राम्रै गरी छुट्टिएको मान्छे, राति एकचोटि उसको फोन कल
उठाउन चुकेँ भने ऊ त एकैचोटि दरबारमार्ग पुग्यो । र भन्थ्यो, 'तिमीले
वास्ता गरिनौ, अब यही रक्सीले मलाई साथ दिन्छ ।' अनि पूरै रात
उसलाई फकाउँदै, फुल्याउँदै, सम्झाउँदैमा बित्थ्यो । घर जान मनाउन
पनि घन्टौं लाग्थ्यो ।

एक दिन कुनै सानो मनमुटाव भएको थियो, राति फोन गरेर भन्यो,
'म तिम्रो घरअगाडि छु, रातभरि यहीँ बस्छु, तिमीले के ठानेको मलाई ?'

त्यस दिन टाढा-टाढा ट्रकले हर्न बजाउँदा पनि उसैले आफ्नो
मोटरसाइकलको हर्न थिचेजस्तो लागेको, वरपर बिरालाले स्न्याकसुरूक
गर्दा ऊ ढोकैमा आएको भान भएको थियो ।

त्यस दिन ऊ कुन बेला आइपुग्ला र टोलै थर्कने गरी कराउला भन्ने
त्रासले मैले गाँसै निल्न सकिनँ । मेरो निद्रा पनि परेन र रात ओल्टेकोल्टे
गर्दै बित्यो ।

यस्ता रात कति आए कति, मेरा जीवनका धेरै महिना यस्तै निसासिएर कटे ।

आफ्नो निरीहता सम्झिँदा पनि आफैँमाथि रिठ लागेर आउँछ । मैले कसरी बिताएँ हुँला त्यो अत्यासलाग्दो जीवन !

ऊसँग टाढा हुने उपाय पनि त थिएन । एक इन्च भाग्न खोजे उसले दस फिटको लगाम लाइदिन्थ्यो, म औँला पनि फैलाउन सक्दिनथेँ ।

फेरि सबैले उसको यतिसारो प्रशंसा गर्थे कि मलाई लाग्थ्यो, मेरै कुनै गल्तीले गर्दा ऊ भड्किएको हो ।

उसको रिसलाई नजरअन्दाज गर्ने हो भने ऊ साँच्चिकै मन पराउन योग्य थियो । हँसिलो, बुद्धिमान, मिजासिलो, मित्रवत र अत्यन्तै सहयोगी । हाम्रा साझा साथीबाहेक मेरा मात्र पनि थुप्रै साथी थिए, जसले उसलाई मन पराउँथे । ऊ कसैको काम गर्न पनि नाइँ भन्दैनथ्यो, सबैलाई समय दिन्थ्यो, र मेरा साथीहरूको मिल्ने साथीको सूचिमा ऊ अग्रपंक्तिमै आउँथ्यो ।

मलाई पनि त उसले कम्ता पुल्पुल्याएको थिएन । म उठेदेखि ननिदाएसम्मका हरेक पल सुखद र आरामदायी हुन् भन्ने चाहन्थ्यो । खाए/नखाएको विचार गर्थ्यो, रिचार्ड कार्ड किन्न बिर्सिए पैसा पठाइदिन्थ्यो, मलाई लेख्न प्रेरित गरिराख्यो, मेरा रचना छापिएको दिन उसका साथीलाई पार्टी नै दिन्थ्यो ।

प्राय: केटाहरूलाई वास्तै नहुने आफ्नो प्रेमिकाको जन्मदिन, पहिलो भेटको वार्षिकी आदि उसलाई कण्ठस्थै हुन्थे, र सधैँ मेरै लागि भव्य रूपमा मनाउँथ्यो । मलाई साह्रो-गाह्रो परे सघाउन आइहाल्थ्यो । म समयमा घर नपुगेसम्म उसलाई चित्तै बुझ्दैनथ्यो । मेरो इर्ष्या जगाउन जतिसुकै अरू केटीको गफ लाए पनि सबैलाई थाहा थियो, उसका आँखा मलाईबाहेक कसैलाई देख्दैनथे । उसको यो समर्पण देखेर म पनि गमक्कै फुल्थेँ ।

उसले बेलाबेला ताण्डव मच्च्याउँदा पनि म यिनै कुरा सम्झेर शान्त हुन खोज्थेँ । चाँडै सबै कुरा ठीक हुन्छ भनी कल्पन्थेँ । तर अहँ, जति समय ऊ र म नजिक रह्यौं, उसको व्यवहार कहिल्यै फेरिएन ।

एक हप्ता जति ऊ खुब प्रेमिल हुन्थ्यो, कहिल्यै झगडा नगर्ने कसम खान्थ्यो । मैले पनि खाइदिन्थेँ, के कम थिएँ र ! त्यतिखेर असाध्यै

सुमधुर हुन्थ्यो जीवन । अनि फेरि उही— तिलको पहाड, रिसको ज्वाला, मोटरसाइकल ठोक्काएर दुवैजनालाई एकैचोटिमा नर्कै पुन्याइदिने धम्की, मेरा आँसुको वर्षापछि माफी माग्ने कार्य, अनि केही घन्टाको सुलह र अमनचैन । त्यत्तिमै खुसी खोज्न मैले सिक्दै थिएँ ।

मेरो यो फोस्रो खुसीमा आँखा लाउन आइदियो केटाकेटीका अर्धनग्न तस्बिर र चिल्ला विज्ञापनले भरिने तर पनि मैले खुबै रूचाउने पत्रिका कस्मोको एउटा अंक । त्यहाँ एउटा लेख थियो, द्वन्द्वात्मक सम्बन्धबारे । त्यसले त यस्ता द्वन्द्वात्मक सम्बन्धबाट गुज्रिरहेका मान्छेबारे चार्ट नै बनाएर देखाएको थियो :

भएभरको माया खन्याउने – सानो कुराले जंगिने – अर्को व्यक्ति डराएपछि माफी मागेर द्रवित तुल्याउने – फेरि हुप्प परेर बस्ने ।

लेखको पुछारमा ठूल्ठूला अक्षरमा यस्तो लेखिएको थियो : 'गेट अवे फ्रम हिम नाउ !'

यो लेखले मेरो अन्तर्मनकै व्यथालाई ओकलेजस्तो पो भो । बल्ल मैले सत्यलाई स्विकारेँ र ऊबाट उम्किने संकल्प गरेँ । उसको कुनै अनुनयले नपग्लिने कसम खाएँ ।

तर त्यसो गर्न कहाँ सजिलो थियो र ! लामो समय एउटै मान्छेको सान्निध्यमा बसेपछि उसको बानी लाग्दै जान्छ । मान्छे जस्तोसुकै होस्, दैनिकीमा अटुट रूपले ऊ समावेश भएरै छोड्छ । अझ ऊ त मलाई पुतलीजस्तै सजाएर राख्ने सपना देख्ने मानिस, म कसरी उसलाई यत्तिकै लत्याउन सक्थेँ ? धेरै गाह्रो भयो ऊविनाको भविष्यको कल्पना गर्न ।

त्योभन्दा अझ गाह्रो थियो ऊसँग टाढिन । मलाई यति पक्का थियो, उसले यसको छनक मात्र पाए पनि ठूलै उपद्रो गर्छ । त्यसैले उसलाई मेरो मुखले केही भन्न सकिनँ, व्यवहारमा देखाउने कुरै भएन । गह्रौं मनले उसले अह्राए जसोजसो गरिरहेँ, निर्धो बनेर । इच्छाविपरीत बोल्नु, सँगै हिँड्नु, भेट्नु, घुम्नु ।

हरेक जोर जबर्जस्तीसँगै ऊप्रतिको मेरो श्रद्धा झन् झन् खिइँदै थियो । मलाई लाग्थ्यो, ऊचाहिँ दानव, र म उसले पिँजडामा थुनेको चरी । उसको मन बहलाउने साधन । मारी पनि नहाल्ने, तर घाँटी अँठ्याउन बेर नलगाउने ।

यसो भन्दैमा म अत्यन्तै असल, गुणवती, कुनै खोटै नभएकी भन्न खोजेकी हुइनँ । उसका भन्दा धेरै कमजोरी थिए मेरा । मेरो मुख्य भूल सम्बन्ध बढाउने कुनै सोच नभई पनि ऊसँग बोलिराख्नु, उसकै मायामा दंग परिराख्नु थियो । उसले पनि यही मायाको मोल खोजेको न हो । यत्ति हो, उसले मसँग मागेन, खोसेर लियो । र, यसैले नै मेरो ऊप्रतिको वितृष्णा बढ्दै गयो, मेरो व्यक्तित्वलाई खुम्च्याउँदै लग्यो ।

मलाई बचाउन आइपुग्यो, उसको विदेश पुग्ने चाहना । मास्टर्स पढ्ने बेला भएको थियो, उसको बाहिरै अध्ययन गरेर उतै काम गर्ने सपना थियो । बारम्बार भनिरहन्थ्यो, 'म गएपछि तिमी पनि आइहाल्नुपर्छ है, त्यहाँ सँगै बस्नुपर्छ नि ।'

उसको क्रोध अलिकति भए पनि थामिदिने घर, परिवार, समाज नरहने त्यो भयावह अवस्थाबारे कल्पना गरेर म भित्रभित्रै काँपेँ । कहिल्यै मन्दिर नधाउने म त भाकल पो गर्न लागेँ, उसको भिसा लागिदिओस् भनेर । धन्न भिसा पनि लागिहाल्यो, ऊ उड्ने दिन नजिकियो ।

त्यो दोमन, त्यो छट्पटी । पाउनै लागेको मुक्तिको आभास । मैले आफ्नो बेजोड अभिनय कला प्रदर्शन गरेँ, नत्र उसले छनक पाउने डर !

मलाई अनेक वाचा गराइवरी ऊ गयो । बल्ल मैले ढुक्कको सास फेरेँ । तर अमेरिका पुगेपछि पनि फेरि उही ताल । दिन-रातको प्रश्न, गुप्तचरी, केरकार ।

म सहनै नसक्ने बिन्दुमा पुगेकी थिएँ । मुटु दह्रो पारेर उसलाई फोन गरेँ । भनिदिएँ, 'मलाई आजदेखि फोन नगर्नू ।'

त्यसपछि मैले सोचेजस्तै भयो । उसलाई 'धोका' दिएकाले मेरा सारा परिवारलाई सखाप पारिदिने चेतावनी आयो । मेरो चरित्रमाथि आक्षेप लाग्यो, मेरो आशयमाथि प्रश्नचिह्न उठ्यो ।

गो तिष ओकल्ने काम एक हप्ताजति चल्यो होला । म मौन बसेँ । त्यसपछि मेरो इमेल र फेसबुकका पासवर्ड ह्याक हुन थाले । म असुरक्षित, एक्ली, उपायविहीन भएँ । आजित भएर प्रतिकार गर्नुपर्छ भन्ने नसोचेको होइन, तर पहिले एकचोटि आफैँ बोल्न थालेर निम्तिएको विध्वंशलाई बिर्सनै सकिनँ ।

त्यो भयानक साता बितेपछि उसको याचना सुरू भयो । म जे जस्तो भए पनि मलाई स्विकार्ने वाचा गर्‍यो । मविना उसको जीवन अपूरो हुने घोषणा गर्‍यो । आफू पूरै सुध्रिएर मैले भनेअनुसार बन्ने आश्वासन दियो । यति मन छुने मेलहरू पठायो, हाम्रा रमाइला पल सम्झायो, यस्तो मायालु र लयालु भइदियो, म त्यसै त्यसै पग्लिएर एक्लै छटपटाएँ ।

उसलाई … वाक्य लेख्नलाई मेरा हात धेरैचोटि उठे, तर मेरो दिमागले सधैँ मलाई सचेत गराइराख्यो । धन्न । उसको सामीप्यको लतबाट छुट्न मलाई कुनै दुर्व्यसनीभन्दा कम गाह्रो भएन ।

बीच-बीचमा आइलाग्ने साथीका सिफारिसले झनै मन भाँड्थ्यो ।

एउटाले सबै दोष मलाई थोपरे जसरी भन्थ्यो, 'उसलाई यस्तो अधकल्चो नपारिदेऊ, तिमीविना बाँच्न सक्दै सक्दैन ।'

अर्कीले सुनाउँथी, 'सधैँभरि रोएर बस्छ, बोल्नेसम्म मात्र भए पनि गरिदेऊ न । साँच्चै तिमीले जसो अह्राउँछ्यौ त्यस्तै गर्छु भनेको छ ।'

यी याचनालाई पनि सुनेको नसुन्यै गर्नुपर्‍यो, मनमै दबाएर बस्नुपर्‍यो ।

र, बिस्तारै, एकदमै बिस्तारै, सबै कुरा सेलाउँदै गयो । उसले मलाई बोलाइ बस्नुको निरर्थकता बुझेछ क्यारे, कुनै किसिमको सम्बोधन नै गर्न छाड्यो । सुरूमा अप्ठेरो लाग्थ्यो, के के नपुगेजस्तो, अझै केही हुन बाँकी छजस्तो । तर सबै कुरा बानी न हो, मिल्दै गयो ।

मलाई फेरि जिन्दगीमा रस बस्न थाल्यो । फोन नउठाउँदा कारबाहीमा परिन्नथ्यो, घरछेउ कोही बाटो छेकेर बसेको छ भनी चोर बाटो समात्नु पर्दैनथ्यो । म दिनभरि डुलेको घुमेको प्रतिवेदन पेस गर्नु पर्दैनथ्यो । अधिको पिँजडाबाट उम्केजस्तो लाग्यो, तर उडिहाल्नचाहिँ अझै सकेकी थिइनँ । उसले प्वाँख नै काटिदिएको थियो कि ?

यो नयाँ, मनमोहक जीवनमा धेरै पछि ऊ फेरि देखा पर्‍यो, मेरो एमएसएन मेसेन्जरमा । जिमेल र फेसबुकमा हाम्रा सबै सम्बन्ध विच्छेद भइसकेको थियो, त्योचाहिँ कसो बिर्सिइएछ । निकै बेर ऊ हरियो देखिइरह्यो, तर चुपचाप बस्यो ।

अन्तमा मैले नै खैखबर गरेँ । अनि भनेँ, 'तिमीलाई यसबाट पनि हटाइदिन्छु, है ?'

पहिला भएको भए खपिनसक्नुको उत्तर आउँथ्यो । 'जे सुकै गर्नू नि, किन नाटक गर्छेस् ?' वा यस्तै केही ।

तर उसले यति मात्र भन्यो, 'तिम्रो खुसी ।'

केटोको झगडा गर्ने सुर रहेनछ भन्ने बुझेँ । त्यही मौकामा भनिहालेँ, 'तिमीले मलाई कति दुःख दियौ, मेरा कति वर्ष बेकार गए ।'

उसले नाइँनास्ति गरेन । भन्यो, 'हो, त्यसको लागि मलाई माफ गर्नू । तिम्रो अबोधपन सखाप पारिदिएँ, त्यसको लागि नि क्षमा गरिदिनू ।'

मैले के भनेर निहुँ खोज्नु र ? 'तिमीले गर्दा म अब कसैलाई पनि विश्वास गर्न सक्दिनँ' भन्दै अत्तो थापेँ ।

'सरी, प्लिज फरगिभ मी इफ यु क्यान,' उसले भन्यो र मेसेन्जरबाट मलाई ब्लक गरिदियो ।

अनि मलाई कुँज्याएर राख्ने सबै बाधा फुके, म उड्न सक्ने चरी भएँ ।

दुरी

सुबिन भट्टराई

एक दशक बित्न आँटेछ । सोचेजस्तो नभैदिएर बरू जिन्दगीले धोका दियो, स्मरण शक्तिले दिएको छैन । सम्झिरहन्छु एक एक घटना । हावाका भोँक्काहरू, वर्षात्मा निथ्रुक्क भिजाउने पानीका थोपाहरू, भास्करको न्यानो आभा, चाबेल-जोरपाटीका सडक र गल्लीहरू, गोपीकृष्ण मुभिज, स्याटर्डे क्याफे, दक्षिणकाली मन्दिर, मङ्की क्याफे, नसुन्ने गणेश, यी सबै सबै मलाई बेला कुबेला झस्काइरहन्छन् । क्षतविक्षत हुन्छु घरीघरी पूर्वस्मृतिको प्रहारले । म गुलाम छु आफ्नै स्मृतिको । कैद छु । बिल्कुलै नियन्त्रणहीन । निरूपाय ।

त्रिचन्द्रमा भखरै बिएस्सी ज्वइन गरको थिएँ । बच्चैदेखि कथा, कविता, गीत, गजल आदि लेख्थेँ । एउटा वेबसाइट उपलब्ध थियो– मेरो बाप डट कम । अहिलेको जस्तो फेसबुक थिएन । केही लेखेँ भने त्यहीँ पोस्ट गर्थेँ । अरूका रचना पनि पढ्थेँ । कमेन्ट गर्थेँ । मेरा रचना पनि बिस्तारै पढिन थाले । तारिफले भरिपूर्ण कमेन्ट आउन लागे । म गद्गद् ।

सुरूसुरूमा कमेन्ट गर्नेहरूको खासै वास्ता राखिएन । पछिपछि एउटी केटीले मेरा हरेक सिर्जनामा कमेन्ट गर्न थालेको चाल पाएँ । त्यो केटीले यतिसम्म कमेन्ट गर्न थाली कि मेरा केही साथीहरूले त्यो आइडी चलाउने मै हुँ भन्नेसम्म आरोप लगाउन थाले । त्यो केटी फ्यानै भैसकेकी रहिछ– मैले निष्कर्ष निकालेँ ।

त्यसदिन च्याटमा 'हाई' 'हेल्लो' भएपछि पहिला सोधेको थिएँ, 'तपाई के गर्नुहुन्छ ?'

उसले भनेकी थिई, 'मलाई तिमी भन्दा हुन्छ ।'

म मुसुक्क हाँसें । 'ओके, मलाई पनि तिमी भन्नुपर्छ है त !'

'ओके,' अनि फेरि तुरून्तै पठाई, 'मलाई तिम्रो लेखाइ खुब मन पर्छ ।'

फुरूक्क हुँदै 'धन्यवाद' भनें । चिन्दै नचिनेकी केटीले कमसेकम मेरो लेखाइ त मन पराई । भोलि मलाई नै मन पराउन के बेर !

अर्को दिन सोधी, 'के लेख्दैछौ ?'

'एउटा कविता ।'

'ए ! त्यो त मेरो नाउँ हो ।'

मैले उसको कुरा बुभिनँ । सोधिहालें, 'के ?'

'कविता मेरो नाउँ हो ।'

पहिलोपल्ट उसको नाउँ थाहा भयो । अर्के युजर नेमबाट आफ्नो अकाउन्ट चलाउँथी ।

बस्नेत थरकी रहिछ । जोरपाटी नयाँबस्तीमा बस्ने ।

जिस्किँदै भनें, 'त्यसो भए म तिमीलाई लेखिरहेको छु ।'

'साँच्ची ?'

'साँच्ची ।'

अनि फेरि सोधी, 'केसम्बन्धी कविता लेख्दैछौ ?'

'लभ,' मैले भनें ।

'वाउ,' उसले लेखी ।

'कसलाई सम्फेर ?' मैले कुनै प्रतिक्रिया दिइनसक्दै प्रश्न आइहाल्यो ।

'कवितालाई सम्फेर ।' यो टाइप गर्दा मभित्र डर, उत्तेजना, नर्भसनेस सब भाव एकसाथ आएको थियो । सबभन्दा बढी त डरै पो लाग्यो । स्त्री-निकटताको अनुभवबाट वञ्चित थिएँ । उनीहरूको साइकोलजी बुभ्या थिइनँ । कतै गाली खाइने हो कि भनेर त्रस्त रहेँ । उसको जवाफ नआउन्जेल सास पनि नफेरीकन जिउ कक्रक्क पारेर बसेँ ।

तर त्यस्तो भएन ।

उसले यतिमात्रै भनी, 'उफ् ! गप ।'

के लेख्छू के लेख्छू भैरह्यो । दसवटा टेक्स्ट दसपल्ट जति लेख्दै मेटाउँदै गरेँ, प्रत्येक टेक्स्टमा पूरै रोमाञ्चित हुँदै । सेन्ड थे एउटा मामुली शब्द भयो– 'नपत्याकी ?'

त्यसदिन ऊ हाँसेर बिदा भई ।

मभित्रको डर हरायो, उत्तेजना र नर्भसनेसलाई एकातिर छाड्दिएर । भित्र कताकता काउकुतीजस्तो लाग्न थाल्यो । एउटा अलौकिक आनन्दले

म सर्वाङ्ग पुलकित हुन थालेँ । पर्याप्त शब्द नै कहाँ छन् र मभित्रका ती भावहरूको बेलीबिस्तार लगाउनलाई । म फगत एकान्तमा कम्प्युटर अगाडि बसेर मुस्कुराइरहन थालेँ ।

कविता बस्नेतसित च्याटिङको सिलसिला सुरू भएपछि मेरो खण्डित दिनचर्या एकाएक बद्लियो । कहाँ तुषारे शिशिरको ज्यादती खप्न नसकेर शरीरभरि एउटा पातसम्म नभएको रूखो, अर्धमृत तरूजस्तो म, ऊसितको च्याटिङको सिलसिला सुरू हुनासाथ वसन्तको निगाह भएसरी लटरम्म हुन पुग्छु ।

रातको दस, एघार, बाह्र कति हो कति बज्न थाल्यो । निद हराम ।

ऊसित च्याटिङ हुन थालेपछि ममीले भान्सामा पस्किदिएर राखेको खाना सेलाउन थाल्यो । मेरो भागमा पर्न थाल्यो चिसो खाना र तातो गाली । पिसाबले च्याप्दा पनि 'एकछिन है' भन्दै आफैँलाई टारिरहन थालेँ । बत्ती नहुँदा मनको उत्साह निभ्थ्यो । धैर्यले मसित डिभोर्स गर्‍यो ।

अर्को एकदिन 'हाई, हेलो' केही नभनीकन सोधी, 'कति लेखिसक्यौ त मलाई ?'

'आजकाल कविता लेख्न होइन, पढ्न मन लाग्न थालेको छ,' मैले पनि अलिक घुमाउरो पारामा यसो भनेँ ।

'पढ न त,' उसले भनी, 'म त खुल्ला किताब हुँ ।'

'खोइ ! अहिलेसम्म त कति नै खुलेकी छ्यौ र ?' मैले भनेँ ।

'त्यो त खोल्न जान्नेमा निर्भर रहन्छ ।'

'म त्यो खुल्ला किताबलाई आफ्नै हत्केलाको आडमा राखेर पढ्न चाहन्छु,' मैले भनेँ । यो टाइप गर्ने स्थितिमा आइपुग्दा मेरा शरीरका रौँ ठाडा भएका थिए । कस्तो आची आउलाजस्तो, सु आउलाजस्तो भैरहेको थियो ।

'केले अड्काएको छ त तिम्रो त्यो चाहनालाई ?' उसले सोधी ।

'तिम्रो फोन नम्बरले,' आँट गरेरै भनेँ ।

'पहिल्यै किन मागेनौ ?'

'पहिला कथाले मागेन ।'

'पहिला कथाले मागेन, अहिले कविताले मानिन भने ?'

के लेख्ने उसको यस किसिमको प्रतिक्रियाका लागि ? सुझेन केही ।

रनभुल्लमा परेँ ।

हडबडमा टाइप गरेँ, 'केही लेख्नै आएन ।'

'ओहो, यस्तो खत्रा राइटरलाई लेख्न आएन ?'

कम्ती कहाँ थिई र ऊ ! एकदम 'हाजिरजवाफ' थिई । फ्लर्ट गर्न खप्पिस । धेरैपटक भेटिसकेपछि कुनै दिन जिस्क्याउँदै भनेको थिएँ, 'क्विन अफ फ्लर्ट' ।

उसले उज्यालो मुख लगाएर मलाई प्याट्ट हान्दै भनेकी थिई, 'तिमी चैं किङ ?'

***

फोन नम्बर आदानप्रदान भयो । ल्यान्डलाइन नम्बर । मोबाइल थिएन हामीसँग । घरमा 'रिसेप्सनिस्ट'तुल्य बनेर हरेक कल रिसिभ गर्ने प्रतिबद्धता जनायौँ । ऊ सँगसँगै मेरो फोनसित पनि अफेयर चल्यो ।

घरमा जब एकान्त पाउँथेँ, फोनको रिसिभरमै भुन्डिन मन पराउन थालेँ । तर जब मेरो घरले एकान्त पाउँथ्यो त्यो बेला उसको घरले एकान्त नपाएको हुनसक्थ्यो । उसले फोन गरेको बेला पनि यता मेरो घरमा त्यो माहोल नहुन सक्थ्यो । तर पनि जे जति परिवेश उपलब्ध हुन्थ्यो, हामी रमाइरह्यौँ, कमसेकम एक अर्काको आवाज सुनेर ।

कविता बस्नेत को नै थिई र ! एउटा भर्चुअल आइडी (जुन फेक पनि हुन सक्थ्यो) । मेरा शाब्दिक क्रियाहरूको प्रतिक्रिया ? या मेरा शाब्दिक प्रतिक्रियाहरूको क्रिया । एउटा प्रश्न ? या एउटा उत्तर ? एउटा आवाज । एउटा भर्चुअल अस्तित्व । एउटा रहस्य । एउटा प्रतिविम्ब (काल्पनिक) । उसको ठोस परिचय मसँग थिएन । तैपनि धेरै वर आइसकेकी थिई । धेरै नजिक छे मसँग, तर हावाजस्तै अदृश्य । हावाजस्तै बेलाबेला छोइदिरहने । हावाजस्तै, कानमा साउती मारेर फुत्त भाग्ने ।

धेरैपटक फोनमा बोल्दा ऊ हावाजस्तै साउती मारेर बोल्थी । भन्थी, 'मम्मीले सुन्नुहुन्छ ।'

नयाँ जोगीले धेरै खरानी घस्छ अरे । कहिल्यै स्त्री आवाजको सुख लिन नपाएको मान्छे, उसका प्रत्येक शब्द मलाई मेलोडियस संगीतभन्दा कम लाग्दैनथ्यो । त्यो आवाजले ममा कम्पन उत्पन्न गराइदिन्थ्यो । म भित्रैदेखि उद्वेलित हुन्थेँ । त्यो आवाजले मेरा प्रत्येक कोष/कोषिकालाई जिस्काइरहेको

हुन्थ्यो । शरीरभरि स्फुर्ति दिन्थ्यो ।

ऊ नै थिई मेरो जीवनमा नजिक भएकी सबभन्दा पहिलो स्त्री । त्यसअघि हरेक केटीलाई सम्भाव्य प्रेमिकाका रूपमा हेरेको भए पनि तिनीहरूको सान्निध्यबाट चुकेकाले ती प्रसंगलाई स्मृतिबाटै म आफैँले 'एबोर्ट' गर्दिएको थिएँ ।

निक्कै दिनसम्म हामी फोनमा कुरा गरेरै अल्मलियौं ।

'मलाई तिम्रो आवाज मीठो लाग्छ,' एकदिन फोनमा मैले भनेको थिएँ ।

'तिम्रो र मेरो रूचि कस्तो मिलेको !' उसले भनेकी थिई ।

'कसरी ?' मैले सोधेँ ।

'मलाई पनि मेरो आवाज खुब मन पर्छ ।' हाँसी ।

उसको हाँसो पनि कत्ति मीठो ! रेकर्ड गरेर राख्नु, अनि रिवाइन्ड गरीगरी प्ले गरिरहनु जस्तो ।

त्यसपछि हामी असन्तोषी भयौं । मान्छेको जात हामीले पनि देखाउनै पर्‍यो । फोनको वार्तालापले मात्र हामीलाई पुगेन । भेट्ने निर्णय गर्‍यौं । म त लाजको नमुना भैहालेँ, भेट्नुपर्छ भन्ने उही थिई । उसले आफ्नै अनुकूलको ठाउँमा बोलाई, स्याटर्डे क्याफे-बौद्ध स्तुप ।

'अनि कसरी चिन्ने ?' भन्ने मेरो प्रश्नमा उसले भनी, 'चिनिहालिन्छ नि !'

'कसरी त ?'

उसले आफ्नो हुलिया बताई । मैले पनि ।

पहिलो डेटमा जाँदै थिएँ, होसमा नै थिइनँ ।

के गर्ने, कसो गर्ने ? मन बिरानो सहरमा छिरेको यात्रुभैँ अलमलमा थियो । बिल्कुलै अनिर्दिष्ट । दिशाहीन । तर एउटा कुरा थाहा थियो, आकर्षक चैं बन्नुपर्छ । आफूलाई सक्दो विन्यास गरेँ । कपाल फरक शैलीमा कोरेँ । भित्र हाफ टिसर्ट लगाएँ, बाहिर फुल बाहुला भएको सर्ट । माथिको दुइटा टाँक खुल्लै राखेँ । बाको पर्फ्युम चोरेर जीउ पूरै मगमग हुने गरी छर्किएँ । पैसोको व्यवस्था अघिल्लो दिन बासँग 'कलेजबाट प्राक्टिकल फिल्ड छ' भनी ढाँटेर गरेको थिएँ ।

म डेटका लागि तयार भएँ । तर मनमा डर रहिरह्यो, कवितालाई कसरी फेस गर्ने ? कुराको सुरूवात कहाँबाट गर्ने ? के-कस्ता कुरा गरेर

उसलाई प्रभाव पार्ने ? हामी अलग-अलग उद्देश्यले भेट्न लागिरहेका थियौं । ऊ 'खत्रा राइटर'लाई भेट्न आइरहेकी थिई, म सम्भावित प्रेमिकालाई ।

स्याटर्डे क्याफेको रूफटपमा कफी खाँदै थिएँ । एकैछिनमा दुब्ली-पातली अनि दाहिने गालामा कोठी भएकी केटी हाँस्दै आएर चारैतिर हेर्न लागी । कम्मरसम्म खुल्ला छाडिएको कपाल थियो । कालो रङको साइड ब्याग पनि बोकेकी थिई । मलाई त्यो केटी कविता नै हो भन्ने भयो । मूलतः दाहिने गालामा कोठी छ भनी हुलिया दिएकी जो थिई । तर पनि पक्कापक्की हुन सकिनँ । बसिरहेकै ठाउँबाट ऊतिर हेर्दै मुस्कुराइदिएँ । त्यसपछि ऊ पनि मुस्कुराउँदै मेरो टेबलछेउ आई र मेरो परिचय मागी ।

ऊ नै रहिछे कविता । अघिल्तिरको कुर्सीमा बस्न भनेँ । बसी । चुपचाप । कुरा मैले सुरू गर्नुपर्थ्यो सायद । तर के बोल्ने, कहाँबाट सुरू गर्ने ? म त पूरै नर्भस । यतिसम्म नर्भस भएछु कि न आफ्नो अघिल्तिर भएको कफी पिउने मेलो पाएँ, न उसलाई नै अफर गर्न सकेँ । मुटु ढुकढुक भैरहेको थियो । घरीघरी ऊतिर हेरेर हाँस्थेँ । ऊ पनि मतिर हेरेर हाँसिरहन्थी । केटी हैन, हिंस्रक बाघ-भालुको अगाडि उभिएको छुँ झैँ भइरहेको थियो । मभित्र जे बितिरहेको थियो, त्यही ऊभित्र बितिरहेको थियो सायद, ऊ पनि चुपचाप थिई ।

यस्तो असहज स्थितिलाई सहज बनाइदियो वेटरले । मेनु ल्याएर हाम्रो टेबलमा राखिदियो । धन्न ! नभए नबोलेरै घर फर्किनेथियौं, त्यस दिन ।

उसले मेनु नै नहेरी दुइटा स्याटर्डे स्पेसल केक र एउटा स्याटर्डे कफी मगाई । ऊ त्यहाँ आइरहँदी रैछ, मैले लख काटेँ ।

केक र कफी आयो ।

'तिमीलाई कसरी त्यस्तो लेख्न आको ?' कफी सुरूप्प पार्दै उसले सोधी ।

'भर्खर सिक्दैछु,' मैले भनेँ ।

आइस ब्रेक भइसकेको थियो । एकछिन अगाडिसम्म व्याप्त पहाडझैँ असहजता हाम्रै अघिल्तिरबाट मुसोझैँ लुसुक्क भागेर गायब भएको थियो ।

ऊ पनि साहित्यमा रूचि भएको तर लेख्न नआउने कुरा बारम्बार बताउँदै थिई । यता म जगाने पनि लेख्नुपर्छ, पोको चढ्ने मान्छे लड्छ भन्ने जस्ता उदाहरण दिँदै उसलाई सक्दो प्रोत्साहन दिइरहेको थिएँ ।

'कस्तो असल मान्छे छ यो' भन्ने छाप उसमा पार्न म पूरै कोसिस गरिरहेको थिएँ ।

क्याफेबाट निस्केपछि हामी स्तुपाको माने घुमाउँदै, गफ गर्दै घुमिरह्यौं । स्तुपबाट ओर्लेर पनि एक राउन्ड घुम्यौं । अनि गेटबाट निस्केपछि हामी छुट्टियौं ।

***

कविता भरखरै एघारको जाँच दिएर बसेकी थिई । मजस्तै ऊ पनि साइन्सकी विद्यार्थी थिई । पढाइको विषय मिलेको थाहा पाएपछि त ऊ झन् उत्साहित भई । आफूलाई अप्ठ्यारो लागेका कुरा सिकाइदिनुपर्ने आग्रह गर्न लागी । नोट उपलब्ध नगराइदिए मसित रिसाउने कुरा गरी । यता म पनि आफ्नोतर्फबाट गर्न सक्ने सहयोगको आश्वासन दिएर उसलाई फकाइरहन थालेँ ।

एक दिन बिहानैदेखि झरी परिरहेको थियो । घरमा पनि कोही थिएनन् । मलाई नियास्रो लागिरहेको थियो । कवितालाई फोन गर्न मन लाग्यो । गरेँ ।

के छ कसो छ पछि मैले उसलाई सोधेँ, 'तिमीलाई संसारमा सबभन्दा धेरै माया कसको लाग्छ ?'

उसले एकछिन पनि ढिलो नगरी भनी, 'डेडीको ।'

'अनि त्यसपछि ?'

'मम्मीको ।'

'त्यसपछि ?'

'भाइको ।'

'त्यसपछि ?'

म उसले मेरो नाउँ पनि लिन्छे कि भनेर सोधिरहेको थिएँ । तर जतिचोटि सोधे पनि ऊ सारा खानदानका नाउँ मात्र लिइरहेकी थिई– स्वर्गवासी हजुरबुवा, फुपू, ठूल्यामा … । मेरो नाउँ लिने त लक्षणै देखिएन ।

नियास्रो लागिरहेको दिनमा कविताले झन् नियास्रो बनाइदिई । फोन राखेर आफ्नै कोठाको झ्यालबाट बाहिर पानी परेको दृश्य हेरिरहेँ । केहीबेरमा फोन आयो, कविताको । 'मैले सोध्नै बिर्सेछु,' उसले भनी,

'साँच्ची, तिमीलाई संसारमा सबभन्दा बढी कसको माया लाग्छ ?'

'तिम्रो, मूर्ख !' मैले भनेँ अनि फोन डिस्कनेक्ट गरेँ । उसको प्रतिक्रिया जान्ने धैर्यसम्म भएन ।

बेलुकीतिर फेरि उसैले फोन गरी । भनी, 'सरी । मलाई पनि तिम्रो धेरै माया लाग्छ ।'

म फुरुक्क भएँ ।

हामी झन् नजिक भयौं ।

म उसका अघिल्तिर डराउन छाडिसकेको थिएँ । ऊ मेरा अघिल्तिर लजाउन छाडिसकेकी थिई । हामीबीच असहजता भन्ने भाव लेशमात्र पनि शेष रहेन ।

उसको रूचि ज्यादा सिनेमामा थियो । म पनि सिनेमा भनेपछि हुरुक्कै हुन्थेँ ।

हामीले गोपीकृष्ण मुभिजमा कयौं सिनेमा हेर्‍यौं ।

हाम्रा रेगुलर डेटिङ स्पट तीनवटा थिए : स्याटर्डे क्याफे/बौद्ध परिसर, पशुपति/गुह्येश्वरी र दक्षिणकाली ।

स्याटर्डे क्याफे बौद्ध गेटबाट छिरेपछि दायाँ साइडमा पर्थ्यो । त्यहाँ हामी सधैं रूफटपमा बस्थ्यौं ।

दोस्रो डेटमा हुनुपर्छ, साबिकका दिन बमोजिम हामी रूफटपमै बसिरहेका थियौं । भर्खरभर्खर चुरोट खान सिकेको थिएँ । त्यस दिन कफी र केकसँगै मैले चुरोट पनि मगाएँ ।

मैले चुरोट मगाएको चाल पाएर उसले सोधेकी थिई, 'तिमी चुरोट खान्छौ ?'

'खान्छु त,' मैले निक्कै गर्वसाथ भनेँ । चुरोट खानुलाई सायद गर्वकै कुरा मानेको हुँदो हुँ ।

'बट आई हेट स्मोकिङ,' उसले भनी ।

गैले फालेको धुवाँ ऊ नजिकै जान्थ्यो । ऊ आफ्ना दुवै हात त्यसलाई धपाउन प्रयोग गर्थी ।

एक दिन स्याटर्डे क्याफेको रूफटपमा बसेर कफी पिइरहेको अवस्थामै उसले मेरो ओठको चुरोट झिकेर फुत्त फालिदिई । म एकछिनसम्म त हेरेको हेर्‍यै भएँ ।

'स्मोक नगर्दा के हुन्छ ?' अलिक झर्केर सोधी उसले ।

वास्तवमा मलाई रमाइलो लागिरहेको थियो त्यो क्षण । उसले ममाथि अधिकार जमाउन खोजी । आत्मीयताको प्रारम्भिक सूचक थियो त्यो । प्रेमको अनुपम प्रदर्शन थियो । मेरो ओठको चुरोट झिकेर फ्याँकिदिई । अर्थात्, ऊ मेरो स्वास्थ्य सधैँ राम्रो होस् भन्ने चाहन्छे । यस्तै यस्तै लाग्यो ।

त्यस दिनदेखि उसका अगाडि कहिल्यै चुरोट खाइनँ ।

पशुपति क्षेत्रमा एउटा क्याफे छ । मङ्की क्याफे । हामी त्यतातिर जाँदा त्यो क्याफेको रेगुलर कस्टुमर हुने गर्थ्यौँ । त्यहाँ बाँदरको चलखेल अत्यधिक । सायद त्यही भएर क्याफेको नाउँ नै मङ्की क्याफे । जोडीहरू त्यहाँ आएर पकौडा खान रूचाउँथे । तर आधाजति पनि खाइनसक्दै बाँदरले खोसिदिइहाल्ने ।

एकदिन पशुपतिको 'मङ्की क्याफे'मा पकौडा खाएर गणेशको मन्दिरमा गएका थियौँ ।

बहिरो गणेशका अघिल्तिर पर्नासाथ उसले मलाई भनी, 'तिमीलाई थाहा छ, बहिरो गणेशका अघिल्तिर चिच्याएर जे मागे पनि पाइन्छ ।'

मलाई उसका कुरा फिल्मी लागे । ओठ लेपार्दै उसलाई पूरै हेपेर सोधैँ, 'कुन शास्त्रमा लेखेको छ ?'

अनुहार अलिक बिगारेर उसले भनी, 'धर्मशास्त्रमा ।'

मेघाच्छन्न आकाश अलिअलि गड्याङगुडुङ पनि गर्दै थियो । उसको मुहार त्यस्तै लाग्यो । स्थितिलाई पूर्वावस्थामा फर्काउने हेतुले उसको फिल्मी संवादसँग सामञ्जस्य राखिदिनका लागि मैले पनि थप एउटा फिल्मी संवाद बोलिदिएँ, शब्दको अन्धाधुन्ध प्रयोग गर्दै, 'म के भनूँ ? तिमी भन मात्र न प्रिय, म यी बहिरो गणेशका कानका जाली फुट्नेगरी चिच्याइदिनेछु ।'

उसको अनुहार तत्क्षण निरभ्र आकाशजस्तो उज्यालो देखियो ।

भनी, 'साँच्ची ?'

'साँच्ची,' छातीमा हात राखेर शिर निहुन्याउँदै भनेँ ।

पूर्णिमाजस्तो अनुहारमा अतिरिक्त चमक सोहोर्दै भनी, 'आई लभ यु भन त ।'

लौ परेन फसाद । अनावश्यक हिरो पल्टेको बल्ल निक्ल्यो । त्यत्रा मान्छेको अगाडि चिच्याएर कसरी आई लभ यु भन्नु च लाजमर्दो ।

धन्न ! वर्षाको याम थियो पानी छिट्ट्याइहाल्यो ।

हत्तपत्त उसलाई हात समाएर देब्रेपट्टि रहेको सतलमा तानेर लगेँ । बाल बाल बचियो । केहीबेरमै उसले बिर्सी पनि । उसलाई घर पुर्‍याउने बेला आफैँ कुरो झिकेर फेरि सम्झाएँ, 'कस्तो दिक्क लागिराछ कविता, बहिरो गणेशका अगाडि तिमीलाई आई लभ यु भन्नै पाइनँ ।'

भित्र चैं म दंग थिएँ । वर्षातप्रति कृतकृत्य थिएँ ।

'हेर न त्यहाँ ! भित्रभित्र मख्ख परेर बाहिर नौटंकी गन्या ।'

म फगत हाँसिदिएँ मात्र ।

अर्को एकदिन हामी अलि लङ डेटका लागि निस्केका थियौं, दक्षिणकाली । शनिबारको दिन थियो । गाडीबाट ओर्लेर अघिअघि लागेर म सीधै मन्दिरको लाइनमा गएर बसेँ । उसैले मलाई तानेर लाइनबाट हटाई ।

म उसलाई ट्वाल्ल हेरिमात्र रहेँ ।

'बिहा नभएको कपल लाइनमा बस्नु हुँदैन,' उसले भनी ।

मैले सोधेँ, 'किन ?'

'मैले सुनेको ।' किनको जवाफ चैं उसले ठीकठाक दिइन ।

'किन भन न ।'

'शास्त्रमा लेखेको छ,' खिच्च हाँस्दै उसले यसो भनी ।

'कुन शास्त्रमा ?' मैले पुनः सोधेँ ।

'प्रेमशास्त्रमा ।' यसो भनेर त झन् ऊ खित्का छोडेरै हाँस्न लागी ।

एकछिन त म पनि नहाँसिरहन सकिनँ । अनि हाँस्न पुगेपछि उसलाई सोधेँ, 'भनेपछि अविवाहित कपललाई ब्रेकअप गराउनुपर्‍यो भने चैं तिनीहरूलाई यो गम्भिर वर्षन गराइदिए हुने रैछ ।'

एकपल्ट आँखा च्यातेर हेरी उसले मलाई । रिस उसको आँखैमा देखिन्थ्यो । कम्ती रिसाउँदिरैछ ?

अनि उसले तान्दै मलाई जंगलतिर लगी । जंगलको एकान्त वातावरणमा हामी लपक्कै टाँसिएर के बसेका थियौं पानी पर्न थाल्यो । कुद्दैकुद्दै ओत लाग्ने ठाउँमा पुग्दा भिजेर निथ्रुक्कै भगौं ।

त्यस्तो पानी परिरहेको बेला उसलाई खुवा नखाई भएन फेरि ।

भिज्दैभिज्दै खुवा भएको ठाउँ गएर एक पाउ खुवा किनेर ल्याइदिएँ ।

घर फर्कंदा ऊ बेलाबेला आफ्नो भिजेको कपालको पानी निथार्न कपाल झट्कारिरहेकी थिई । त्यसो गर्दा उसको कपालबाट झट्कारिएका पानीका थोपाले मेरो अनुहारमा हिर्काउँथ्यो । म उसलाई 'त्यसो नगर न म झन् भिज्छु' भन्थेँ । ऊ आफ्नो कपाल झन् फिँजाएर जोडजोडले झट्कार्थी । म जति जति 'यसो नगर न' भन्थेँ, ऊ त्यति नै मलाई त्यसै गर्थी ।

मैले त्यसो 'नगर' भन्दा ऊ झन् गर्थी । 'गर' भने कहाँ गर्थी र ! त्यसैले त बाटैभरि नगर भनिरहेँ । किनकि उसले त्यसो गरेको मलाई खुब मन परेको थियो ।

अनि घर पुगिसकेपछि लुगा फेर्न लागेका बेला त्यसदिन मेरो प्रत्येक लुगामा मैले उसको गन्ध भेटेँ । आफ्नो कपाल पुछ्दा उसको कपालको गन्ध महसुस गरेँ । आफूभित्र उसलाई महसुस गरेँ । मेरो कोठाको वायुमण्डलमा ऊ अदृश्य फिँजिएकी छ जस्तै लाग्यो ।

पानी परिरहेको थियो । म आफ्नो कोठाको झ्यालबाट पानी परेको दृश्य हेर्दै सोचिरहेको थिएँ– के ऊ पनि आफ्नो कोठामा मेरो गन्धलाई महसुस गरिरहेकी छे ? के मैले आफूमा उसलाई भेटेजस्तै ऊ पनि आफूमा मलाई भेट्टाउँछे ? के यो जरूरी छ, प्रेममा अनुभूतिको तादात्म्य परस्पर रहन्छ ? यी यावत् प्रश्नहरू बलेँसीजस्तै मेरो मन-मस्तिष्कमा चुहिरहे ।

एक दिन म उसको घर गएँ । उसैको आग्रहमा । बौद्ध गेटमा दस मिनेट कुरिसकेपछि 'नयाँ बस्ती' लेखेको गाडी आयो । त्यसमा चढाई । बाग्मती नदी पुग्नुभन्दा अलिक वरै रोकाई । त्यहाँ उसको घर थियो । साढे दुईतले ।

दोस्रो तल्लामा सुईँसुईँ चढाई । म पुग्दा उसकी आमा गमलामा पानी हालिरहेकी थिइन् ।

उसले 'मम्मी' भनेर बोलाई । आमा गमलामा पानी हाल्न छाडेर हामी भएतिर आइन् ।

त्यसपछि उसले आमालाई मेरो नाउँ बताइदिई ।

परिचितभैँ उनले मतिर हेर्दै, 'ए वहाँ बाबु नै हो ?' भनेर आफ्नी छोरीलाई सोधिन् ।

ऊ मुसुमुसु हाँसी मात्र रही ।

त्यसपछि उसले मलाई भित्र लगी । मलाई ऊदेखि निक्कै रिस

उठिरहेको थियो । भित्र उसको भाइ थियो जो फुल भोल्युममा टेन स्पोर्टबाट आउने डब्लुडब्लुइ हेरिरहेको थियो ।

त्यो बैठक कोठा रैछ ।

हामी पुगेपछि उसले भोल्युम सानो बनायो । र, आफ्नो ध्यानलाई डब्लुडब्लुईबाट एक सय असी डिग्रीमा मोडेर मैतिर लगायो ।

आमाले हलुवा बनाएर ख्वाइन् । चिया काम गर्ने महिलाले ख्वाइन् । चिया दिँदै गर्दा ती महिलाले पनि मलाई निक्कै बेर हेरिरहिन् । मलाई एकदमै असजिलो लाग्यो ।

आमाले मेरो खानदानको जम्मै नालीबेली सोधिन् । अनि मैले केही सोध्दै नसोधी आफ्नो खानदानको पनि सब विवरण सुनाइन् ।

उसका बुवा अमेरिकाको क्यालिफोर्नियामा थिए । घरमा काम गर्ने महिलासहित चारजना बस्दा रहेछन् ।

पछि घरबाट निस्किसकेपछि थाहा भो, उसले आफ्नो घरमा मेराबारे सब बताइसकेकी रैछ । यहाँसम्म कि उसको घरबाट निस्कने बेलामा उसको भाइले मलाई एकपल्ट 'भिनाजु'सम्म भनेर बोलायो । म लाजले पानीपानी भएँ ।

जोरपाटी चोकसम्म ऊ मलाई पुन्याउन निक्ली । बाटाभरि झगडा परिरह्यो । मलाई त्यस दिन ऊसित खुब रिस उठ्यो । यसकारणले कि उसले घर लैजाँदा मलाई 'आज मेरो घरमा कोही पनि छैनन्' भनेकी थिई ।

हाम्रो सम्बन्धबारे मेरो घरमा पनि थाहा भयो । फोनमा घन्टौं भुण्डिरहँदा थाहा नपाउन् पनि किन ! 'को हो, कोसँग यत्रो लामो गफ ?' मलाई ज्याख्ख्यिी पार्न लागियो ।

मैले सबैका अगाडि कठघरामा झैँ उभिनुपन्यो । भनैँ, 'कविता बस्नेत हो । मेरो गर्लफ्रेन्ड ।'

सब अवाक् । एकआपसमा मुखामुख गर्न लागे ।

सुरूमा मेरा कुरा सुनेर सबले मलाई 'केटो बिग्रिएछ' भने । 'बाहुन भएर क्षेत्रिनीसँग सल्किने' भन्ने अभियोग लगाए । जोसैसँग 'सल्किनु' नै अपराधझैँ मानिने परिवेशमा क्षेत्रिनीसँग सल्किनुलाई अझ महाअपराध मानिएको हुँदो हो ।

म पनि के कम, सक्दो कन्भिन्स गर्नतर्फ लागेँ । आफू कविताको घर गएको कुरा बताएँ । अनि आफूलाई उसको घरमा गरिएको आतिथ्यबारे

पनि अलिक बढाइचढाइ वर्णन गरेँ । त्यसपछि कविताका गुणगान गाउन लागेँ । ऊ पढ्नमा तीक्ष्ण छे । घर-व्यवहार, भान्सा-चुलो सबैथोकमा निपुण छे । परिवार पनि एकदमै भद्र छन् । चाहिनेभन्दा बढ्तै तारिफ गरिदिएँ उसको र उसको परिवारको । त्यतिबेला कमसेकम कविताको तारिफ गर्न मलाई आएकै हो । अहिले सम्झँदा पनि मुख मिठ्याउन मन लाग्छ ।

अनि त्यसपछि बल्ल मेरो घरपरिवारका सदस्य 'कस्ती चैं रैछे क्षेत्रिनी केटी ?' भनेर उसलाई हेर्नसम्म इच्छुक देखिए । र, एक दिन कवितालाई मैले घर लगेँ ।

उसलाई मेरो घरमा कसरी फिट हुन सकिन्छ सबै सिकाएको थिएँ । सबलाई नमस्ते गरी । मीठो बोल्दिई । यहाँसम्म कि एकछिन किचनमा पनि गई । मम्मी चाउचाउ पकाउँदै हुनुहुन्थ्यो ।

ऊ भान्सामा गएर मम्मीलाई सघाउन लागी । मम्मी 'पर्दैन पाहुना मान्छे भएर केको हत्ते ?' भन्दै हुनुन्थ्यो । ऊ, 'म कहाँ पाहुना हुँ र ममी ?' भन्ने जस्ता कुरा गरेर मम्मीलाई इम्प्रेस गरिरहेकी थिई । बुवा आयल निगममा काम गर्नुहुन्थ्यो । ऊ 'नेपालमा भारतबाट कसरी इन्धन आपूर्ति हुन्छ ? किन पारि महँगोमा किनेर यहाँ सस्तोमा बेचिन्छ ?' जस्ता प्रश्न सोध्दै र त्यसका उत्तर ध्यानपूर्वक सुनिदिँदै बुवालाई मख्खै पारिदिएकी थिई । मैले सिकाएभन्दा कहाँ हो कहाँ बढेर उसले सबैसँग व्यवहार गरेकी थिई । म दंग । कहाँ 'बिग्रियो' भन्ने आरोप लागेको मान्छे, म जति सप्रेको मेरो घरमा कोही भएन । उसले त्यो एकै दिनमा सबलाई इम्प्रेस गरी ।

मेरो घरमा अब ऊ क्षेत्रिनीबाट मान्छे भई । कविता भई ।

जस जसलाई इम्प्रेस गरेको भए पनि वास्तवमा भन्ने हो भने त्यस दिन उसले सबभन्दा बढी इम्प्रेस त मलाई गरेकी थिई ।

बेलाबेलामा मेरा बा-आमाले मलाई सोध्न थाले, 'कविताको के छ खबर ?'

म मुसुक्क हाँस्दै र आशिक लजाउँदै भनिदिन्थेँ, 'गज्जप !'

म पनि उसको घर गइरहन थालेँ । उसकी आमा मलाई 'बाबु' भन्थिन् ।

उसलाई मेरो घरमा 'कविता' नै भनेर बोलाउँथे ।

उसले मेरो घरबाट विभिन्न किताब पनि लैजान थालेकी थिई । सबभन्दा पहिले उसले 'नरेन्द्रदाइ' लगी । त्यसपछि 'सेतो बाघ' । 'हिटलर र यहुदी' आधा पढेपछि अल्छी लाग्यो भनेर फिर्ता गरी । थोरबहुत साहित्य

त ऊ पहिल्यैदेखि पढ्थी नै, मेरो संगत गरेपछि ऊ मकहाँबाट रेगुलर किताब लगेर पढ्न थाली । कहिलेकाहीँ केही हरफ कोर्थी पनि । मलाई 'हेरिदिनू' भन्थी । म हेरिदिन्थेँ । तर उसको भाषा राम्रो थिएन । तैपनि 'राम्रो प्रयास' भनिदिन्थेँ र 'यसो गरेको भए अभ्न राम्रो हुन्थ्यो' भन्ने खालका सुभाव दिन्थेँ ।

प्रेमिका मेरी ऊ छँदै थिई । अब प्रेमी भई । साहित्यप्रेमी ।

कहिले ऊ मलाई आफ्नै घर डाक्थी । उसको प्राक्टिकल असाइनमेन्ट गर्न सहयोग माग्थी । म सक्दो गर्दिन्थेँ । अनि काम सकेर हामी बौद्ध जान्थ्यौं । स्याटर्डे क्याफेमा कफी खान्थ्यौं । समय छ भने त्यहाँबाट पशुपति क्षेत्र पनि जान्थ्यौं । एकान्तको एड्भान्टेज लिन्थ्यौं ।

म उसलाई हातपात गर्थेँ । त्यति बेला उसको शरीरमा विचरण गरिरहेका मेरा हात एक्कासि पन्छाउँदै भन्थी, 'नाइँ, तिमी हद गर्छौ के ।'

'यति त गर्न पाइन्छ है !' म धमिलो हाँसोका साथ भन्थेँ ।

'कहाँ लेखेको छ ?' उसको प्रश्न ।

'शास्त्रमा,' उसको शैली चोर्दै धमिलो हाँसो ओठमै टाँसिरहेर भनेँ ।

'कुन शास्त्रमा ?' फेरि सोधी ।

'कोकशास्त्रमा,' मैले हाँस्दै भनेँ ।

ऊ पनि हाँसी, तर लजाएर ।

प्रेमिकाका रूपमा जो भए पनि चल्छ भन्ने मान्यता म राख्थेँ । तर कविताको आगमनपछि मेरो खोज जो पायो त्यहीका लागि थिएन भन्ने लाग्न थाल्यो । ऊबाहेक अरूसित म कम्प्याटिबल हुनै सक्तिनँ भन्ने मलाई लाग्न थालेको थियो ।

किचनमा इकोनोमिक, बैठककोठामा एरिस्टोक्र्याट, बेडरूममा वाइल्ड । यी केटा मान्छेले केटी मान्छेमा खोज्ने गुण हुन् । यी सब गुण उसमा छ भन्ने मलाई लाग्दथ्यो । जीवनमा कविताको आगमनपछि आफू पूर्णमान्छे भएकोजस्तो मलाई लाग्न थालेको थियो ।

एकदिन बौद्ध परिसरमा बसेर गोपीकृष्णमा सिनेमा हेर्न जाने प्लान बनाउँदै थियौँ, मेरो कलेजको साथी भेटियो । ऊ पनि आफ्नो गर्लप्रेन्डसँग थियो । उनीहरू पनि कपल नै भएकाले मैले उनीहरूलाई पनि गोपीकृष्णमै सँगै फिल्म हेर्न जाने प्रस्ताव गरेँ । उनीहरूले सहमति जनाए ।

हामी स्तुपबाहिर आएर माइक्रो चढ्यौं । म उनीहरूसित बोल्नमै मग्न भएँ । कविताले के सोची कुन्नि, माइक्रो चाबेल पुगेपछि 'म घर जान्छु है' भनेर ओली । एउटा स्वाभाविक जिज्ञासा राख्न पनि भ्याइनँ ।

सिनेमा हेर्न जाने त्यो दिनको प्लान भाँडियो । गोपीकृष्ण हल नजिक ओर्लेपछि मैले उनीहरूलाई फिल्म हेर्ने सल्लाह दिएर आफू लुरूलुरू घरतिरै लागेँ ।

अर्को दिन भेटियौं ।

भेट्नासाथ मैले उसलाई सोधेँ, 'हिजो त्यसरी एक्कासि बीचबाटोबाटै किन भाग्यौ ?'

सुरूमा 'त्यसै भ्याउ लागेर' भन्ने उत्तर दिई ।

मलाई पटक्कै चित्त बुझेन उसको उत्तर ।

धेरै किचकिच गरिसकेपछि बल्लतल्ल साँचो बताई । भनी, 'त्यसरी मलाई पूरै बेवास्ता गरेर उनीहरूलाई धेरै भाउ दिन लाग्यौ । रिस उठ्यो, हिँडिदिएँ ।' म छक्क परेँ । ती साथी थिए, संयोगले भेटिएका । तिनीहरूसँग कुरा गर्नु उसको उपेक्षा थिएन । मैले त्यो उसलाई सम्झाउन खोजेँ । मरिगए कन्भिन्स भए पो !

ऊसित हिँड्दाहिँड्दै बाटोमा कोही भेटियो भने पनि पूरै मुन्टो बटारेर हिँड्नुपर्ने भो । कति साथीहरू भेटिन्थे । म देखेको नदेख्यै गर्न विवश हुन्थेँ । कुनै दिन कोहीसित जम्काभेटै हुन्थ्यो । म एकदमै आतंकित भएर ऊसित 'हाई ! हेलो !' गरेर छुट्टिहाल्थेँ । चाहेर पनि त्योभन्दा बढ्ता बोल्न सक्तिनथेँ । नभए ऊ सनक्क सन्केर हिँड्दिहाल्थी ।

मलाई आश्चर्य लाग्थ्यो । ऊ त केटा साथीहरूसितै बोलेको पनि रूचाउँदिन थिई ।

म कतिपल्ट सम्झाउन खोज्थेँ । तर ऊ भन्थी, 'तिमी मसित हुँदा सम्पूर्ण मेरै रहेर बस । मलाई तिमी त्यसरी बाँडिएको मन पर्दैन ।'

यो कस्तो कुरा ! मलाई आश्चर्य लाग्थ्यो । नलागोस् पनि किन ! म सम्बन्ध जोड्दै हिँड्न चाहन्थेँ, ऊ बाँडिएको आरोप लगाउँथी ।

बाह्र क्लास सकी ।

ऊ 'नेम' भन्ने इन्स्टिच्युटमा एमबिबिएसे इन्ट्रान्सको कोचिङ पढ्न थाली । प्रायः पढ्नु छ भनिरहन्थी । इन्ट्रान्स आयो, ऊ झन् व्यस्त रहन

थाली ।

म आफू भने, सधैँ फुर्सदैमा हुन्थेँ । बिएस्सी फस्ट इयरमा ब्याक लागेको थियो । सेकेन्ड इयरको हालत पनि कन्तबिजोक थियो । तर पनि म निस्फिक्री थिएँ ।

कविता कहिलेकाहीँ भेट्न बोलाउँथी । म जान्थेँ । बाह्र सकेपछि ऊ अलिक परिपक्व भएजस्तो लाग्थ्यो । मेरो आफ्नो जीवनको उद्देश्यबारे सोध्न थालेकी थिई ।

म आफूभित्र जे-जस्तो भाव थियो, मनमा केही नराखी भनिदिन्थेँ ।

उसको प्रश्नको जवाफमा म भन्थेँ, 'मभित्र त्यस्तो केही उद्देश्य छैन कविता । जे छ त्यसैमा रमाइरहेको छु । जे पढिरहेको छु, ठीक छ । कुनै ग्लानि छैन ।'

ऊ भन्थी, 'केही त उद्देश्य हुनैपर्छ नि ! केही लक्ष्य त राख्नैपर्छ ।'

म भन्थेँ, 'मलाई केही बन्नु छैन, कविता । कतै भाग्नु छैन । केही अदृश्य चीज कतै अदृश्य दुनियाँमा छ भनेर खोज्दै हिँड्ने यो तमाम भीडसित मलाई मिसिनु छैन । म जे छु, ठीक छु । सामान्य रूपमा जे चल्छ त्यतिमै चित्त बुझाउँछु ।'

उसलाई मेरा कुरा चित्त बुझ्दैनथे । प्रतिवाद गर्थी ।

म भन्थेँ, 'तिमी डाक्टर बन्न चाहन्छ्यौ, हैन ? यदि कारणवश बन्न पाइनौ भने ? निश्चय पनि तिमी दुःखी हुन्छ्यौ । तर मलाई हेर न ! न ममा त्यस्तो केही अभीप्सा छ न त्यो पूर्ति नहुँदा म दुःखी नै हुनेछु । यही छ तिमी र ममा फरक ।'

वास्तवमा म थिएँ पनि यस्तै । मलाई सबभन्दा मन नपर्ने- प्रतिस्पर्धा, होड, महत्त्वाकाङ्क्षा । म सधैँ आफूलाई निरपेक्ष रूपमा उभ्याउँथेँ । मलाई सुखको प्यास थिएन, यसर्थ दुःखको आभास थिएन ।

मलाई यो तमाम भीडमा सामेल प्रत्येक खाले मान्छे, जसका विचारहरू मानौँ क्लोनिङ गरेर निकालिएका छन्, सित दाँजिन मन थिएन । त्यो भीडमा सामेल भएका प्रत्येक मान्छे लाग्छ, आधुनिक युगका हनुमान हुन् । जसको पुच्छरमा आगो लगाइएको छ र उनीहरू कुनै रावणको लंका खोज्दै जलाउन अन्धाधुन्ध भागिरहेछन्, दौडिरहेछन् । त्यस्तो हुनु थिएन मलाई ।

समग्रमा मैले आफ्नो जीवनबाट नै कहिल्यै केही आश गरिनँ । रोपेको भए न फलको पनि आश गर्नु ! भन्नु नै पर्दा, मलाई रोप्नु नै थिएन ।

***

कविता 'नेसनल मेडिकल साइन्स कलेज, वीरगन्ज'मा एमबिबिएस पढ्न गई ।

सुरूसुरूमा निक्कै फोन गरिन्थ्यो । ऊ मलाई खुब मिस गरेको कुरा बताउँथी । मोरी ! आफू पनि त मलाई मिस गर्ने बनाइदिएर गएकी थिई । उसलाई के थाहा ऊ गइसकेपछि हरेक रातले मेरा आँखाहरूलाई जिस्क्याउन थालेका थिए । मेरा नियमितता तितरबितर भएका थिए । मेरो समस्त चेतना अतीतमोहमा निर्लिप्त हुन थालेको थियो । ऊ गएपछि म स्वयं खण्डित भएको थिएँ आफैँबाट । यसो भन्नू, मलाई मबाट निर्ममतापूर्वक चुँडालेर उसले आफैँसित लगिदिई, म बेकुफलाई रत्तीभर पनि भेउ नदिइकनै ।

ऊ आफ्ना रूम पार्टनर, टिचर र सब्जेक्टबारे बताउँथी । म उसका सब कुरा ध्यानपूर्वक सुनिदिन्थेँ । हरेक दिन के पढी, के गरी, के खाई, ऊ सब सुनाउँथी । मलाई पनि चासो लाग्थ्यो । उसको परिवेशमा उपस्थित भएका ती तमाम कुरादेखि इर्ष्या लाग्थ्यो । हो, मलाई उसका सब्जेक्ट टिचर, उसका साथी, उसका किताब, खानेकुरा, उसको होस्टल, बाटाघाटा सबै थोकसँग ईर्ष्या लाग्थ्यो ।

म पनि आफ्ना सामान्य गतिविधिका वृत्तान्त सुनाउँथेँ । उसको जस्तो त के हुन्थ्यो र सुनाउनलायक तैपनि सुनाइराख्थेँ । 'ट्युसन पढाउँदै गरेको फुच्चे बदमास छ', वा 'घरमा तिमीलाई सबले सोधेका छन्', वा 'आज कलेजमा प्राक्टिकल भएन' जस्ता सामान्य कुरा पनि सुनाउँथेँ ।

उसले बेलाबेलामा मलाई सम्झाइरहन भने छाड्थिन । भन्थी, 'लाइफमा केही त लक्ष्य राख । केही बन्ने अठोट त लेऊ !'

मलाई भने उसका त्यस किसिमका कुरा मनै नपर्ने । लक्ष्य, अठोट, उद्देश्य । यी सब त मान्छेभित्र आफैँ पलाउनुपर्ने होइन ? कसैले बल लगाएर पनि कसैको दिमागमा उसको जीवनप्रतिको लक्ष्य उमार्न सकिन्छ ? जबसम्म भित्रबाट कुनै प्रेरणा आउँदैन, म आफ्नै दुनियाँमा चराभैँ उडिरहन चाहन्थेँ । मलाई उसको आकारमा ढल्नु थिएन । म जे छु, जस्तो छु,

कम्तीमा आफ्नो दुनियाँको राजा हुँ भन्ने लाग्थ्यो ।

तर ऊ हरेकजसो वार्तालापमा केवल यिनै प्रसंग उक्काउन थालेकी थिई । भन्थी, 'मेरो फ्याम्लीले मसित धेरै एक्स्पेक्टेसन राखेका छन् । वहाँहरूको त्यस किसिमको एक्स्पेक्टेसन तिमीमा पनि छ ।'

उसका कुराबाट लाग्थ्यो, ऊ मलाई होइन आफूलाई मात्र प्रेम गर्छे, त्यसैले मलाई पनि आफूजस्तै बनाउन चाहन्थी ।

म उसका कुरा सुनिसकेपछि भन्थें, 'त्यसो भए के त ? तिमी जे जे बन्दै गयौ म पनि त्यै त्यै बन्दै हिँडू ? तिमी आफैं भन कविता । कहाँसम्म जाऊँ त्यसरी ? कैलेसम्म तिम्रो फ्याम्लीको एक्स्पेक्टेसनलाई पूरा गरिरहूँ ? यो एक्स्पेक्टेसनको शृङ्खला फेरि कहिल्यै पनि सकिँदैन । आज एउटा त भोलि अर्को ।'

ऊ गएको सुरूसुरूका दिनमा हाम्रो तीन चारपल्टसम्म कुरा हुन्थ्यो । त्यसपछि दिनमा एकपल्ट मात्र कुरा हुन्थ्यो । अलिक पछि तीन दिनमा एकपल्ट कुरा हुन थाल्यो ।

'तिमी आजकाल मलाई फोनै गर्दैनौ,' ऊ भन्थी ।

'तिमी पनि त आजकाल मलाई फोन गर्दिनौ,' म भन्थें ।

अनि फेरि रेगुलर फोन गर्ने वाचा गर्थ्यौं ।

केही दिनसम्म वाचा कायम पनि हुन्थ्यो । तर हाम्रो फोन कल अनियमित थियो । तीन चार दिनसम्म उसको फोन नआउँदा मलाई लाग्थ्यो, उसले अब मसित सम्बन्ध तोडी । सायद उसको फ्याम्लीको एक्स्पेक्टेसन पूरा गर्न सक्ने अर्कै केटो फेला पारी । उसलाई फोन गरेर सोधूँजस्तो लाग्थ्यो । तर ऊ नै गर्थी । म अर्कै केटीसित सल्किन थालेको हो भनेर शंका गर्थी ।

म उसको शंका आधारहीन भएको पुष्टि गरिदिन्थें । ऊ ट्र्याकमा आउँथी । फेरि कैयौं दिनसम्म फोनमा कुरा भइरहन्थ्यो । तर अलिकति ग्याप लम्बियो कि शंकाको बातावरणले राशेष्ट मलजल पाइहाल्थ्यो । मलाई पनि उसको पूरै बेवास्ता लाग्न थाल्थ्यो । फेरि टिसीको माहोल कम थिएन कविता बस्नेत जस्ता थरीथरीका केटी उपलब्ध गराउनलाई । कत्तिलाई आँखा लगाएँ । कत्तिको पछि लागेँ । हो, कविता बस्नेत अब विस्मृत हुन थाली । तर के हुन्थ्यो भने कुनै एक दिन कविता फेरि फोन

गर्दिन्थी । मोबाइलमा उसको नम्बरले कलिङ गरेको देख्यो कि शरीर पुराना स्मृतिको धपेडीमा गएर सिथिल हुन्थ्यो । उसको फोन नआइदिए हुन्थ्यो जस्तो लाग्थ्यो । ऊ जति जति विस्मृत हुन थाल्थी, पुराना स्मृतिबाट मेरो मनमस्तिष्कमा किस्ता किस्तामा चुहिन थाल्थी । एक्कासि ऊ कुनै चट्याङ्भैँ मेरो दुनियाँमा भरिदिन्थी र मलाई भष्म हुनेगरी जलाउँथी ।

उसको फोन नउठाऊँ भने मनले पटक्कै मान्दैनथ्यो । उठाइदिन्थेँ । अनि पुनः शंका र आरोपको माहोलमै भगडा परिरहन्थ्यो ।

ऊ सीधै भन्थी, 'तिमी चेन्ज भयौ ।'

म पनि 'यु टु' भनिदिन्थेँ ।

ऊसित फोनमा कुरा गरेको कैयौँ दिनसम्म यसै बेचैन रहिरहन्थेँ । छट्पटीजस्तो भैरहन्थ्यो । आखिर कैलेसम्म यसरी एक-अर्कामाथि शंका गरेर बित्छ ! न ऊसित कुनै ढुक्कको सम्बन्ध स्थापित हुन पाएको थियो, न उसलाई सम्पूर्ण रूपमा बिर्सिने सामर्थ्य राख्थेँ । कैयौँ महिनास यसै गरी बितिरहे ।

एकदिन फोनमा कुरा हुँदै गर्दा मैले भन्दिएँ, 'यसरी सधैँ चल्दैन कविता । सधैँभरि एक अर्कालाई दोषारोपण गर्‍यो अनि दुःखी भयो । न तिमी ढुक्कसित पढ्न सक्छ्यौ, न म आफूले चाहेजस्तो जीवनयापन गर्न सक्छु । चुँडिएको चप्पल लगाएर पनि कहीँ हिँड्न सकिन्छ ? सम्बन्ध पनि त्यस्तै हो । यसरी घिस्रीघिस्री सम्बन्धलाई जबरजस्ती डोर्‍याउनुभन्दा बरू खाली खुट्टा हिँडेभैँ निष्फिक्री र निरपेक्ष भएर हिँडौं ।'

ऊ 'किन यस्तो कुरा गर्दैछौ ?' भनेर सोध्दै थिई ।

मैले भनेँ, 'मैले प्राक्टिकल कुरा गरेको हो, कविता । न त्यहाँ तिमीलाई चैन छ न यहाँ मलाई । केही नराम्रो हुनुभन्दा अगाडि नै बरू समभदारीमा यो सम्बन्धलाई एउटा सुरक्षित अवतरण गराऔं । कमसेकम संयोगवश भोलि कुनै दिन बाटोमा भेट्दा एकअर्कालाई आँखा तरेर हिँड्न नपरोस् ।'

'तिमी यही चाहन्छौ ?'

'मेरो मात्र चाहनाको कुरा होइन कविता,' मैले भनेँ, 'तिमी के चाहन्छ्यौ, भन त ? के सधैँ यस्तै चलिरहोस् ?'

कविताका शरीरमा पखेँटा पलाउँदो थियो । उड्न चाहन्थी धेरै माथि ।

ऊ स्वयंलाई पत्तो नहुँदो हो– कति उचाइको उडानले ऊ तृप्त हुन्छे ? कहाँसम्म छ उसको यात्रा ? कहाँ हो उसको गन्तव्य ?

मलाई आकाश मन नपर्ने । उडान मन नपर्ने । उचाइ मन नपर्ने । तर ऊ रिंगटा लागुन्जेलसम्म उड्न रुचाउँथी । कठै, कसरी सम्भव होस् त साथ हाम्रो !

मलाई पनि रहरले ऊसँगको सम्बन्ध तोड्न कहाँ मन थियो ? तेल सकिएर धिपधिप गरिरहेको दियोको ज्वालालाई हत्केलाले छेकेर निभ्नबाट जोगाउन खोज्ने मूर्खता मैले पनि कहाँ नगरेको हो ! ऊसित सम्बन्ध तोडेर म सुखी हुन सक्तिनथें । एक मनले यस्तो पनि सोच्थ्यो, जेजस्तो चलिरहेको छ चल्न दिऊँ । कति जल्छ यो मन ? हद भए खरानी त होला, जल्न दिऊँ । ऊसितको धराप सम्बन्धको झुटो सुखमा मुतको न्यानोमा गुट्मुटिएभैँ केही समय गुट्मुटिऊँ । कृत्रिम श्वास दिएर बचाइराखिएको रुग्ण व्यक्तिझैँ मैले हाम्रो प्रेमलाई बचाउन खोजेकै हो ।

तर मलाई शंका र अविश्वासले मात्र परिवेष्ठित भएको सम्बन्ध स्वीकार्य थिएन । रात-दिन पिरोलिइरहनुपर्ने । दुःखी मात्र भइरहनुपर्ने । छट्पटाइ मात्र रहनुपर्ने । मैले बारम्बार यही तर्क पेस गरिरहँदा उसले अन्त्यमा मेरो प्रस्ताव स्विकारी ।

***

उसको अस्तित्वलाई पछ्याइरहेको मेरो विखण्डित एक टुक्रा, अन्ततोगत्वा आफैँमा आएर समागम हुनु थियो । कति गाह्रो हुन्छ कसै प्रति आफ्नो एउटा आसक्त अंशको प्रत्यागमन गराएर आफूमा पुनःस्थापित गराउन । आफैँलाई काटेर फेरि जोड्नुजस्तै । तर यही नियति थियो । मेरै कठोर रोजाइ । आखिर क्यान्सरले ग्रस्त अंग काट्दा पीडा हुन्छ भन्दै जबरजस्ती शरीरमा टाँसेर हिँड्न पनि त सकिन्न । अब कविताविना अग्रसर हुनुको अभ्यास गर्नु थियो । उसलाई सगनाजस्तै बिर्सने सामर्थ्य बटुल्नु थियो । छाती दह्रो बनाउनु थियो । संसारको कुनै प्रकाशले उसको प्रतिविम्ब मेरो मस्तिष्कमा प्रत्यावर्तित नगरोस्, यही चुनौती लिएर कठिन समय व्यतीत गर्नु थियो ।

मेरी कविता, तिमीलाई बिर्सनको निम्ति प्रेम गरेको होइन । तर पनि

तिमीलाई बिर्सनु चुनौती मानेको छु । त्यसैमा सफलता भेट्टाउन उद्यत छु । यो पनि हाम्रो जीवनको एउटा आइरेनी मान्नुपर्छ कि वियोगमा पनि हामीले सफल हुनुपर्ने अभिनय गर्नुपर्दै छ । दिमाग यसै यसै रन्थनिन्छ । मैले हारेँ कि जितेँ ? पाएँ कि गुमाएँ ? मलाई थाहा छ कविता, न त्यहाँ तिमी सुखी छौ न म यहाँ । तर सुखी उसै पनि हामी थिएनौ । तिमी सोच्छ्यौ होला, हामीबीचको सम्बन्धको अन्त्य गर्ने प्रस्ताव राख्ने म कत्ति निर्दयी, कति स्वार्थी ! मेरो भूल केवल यत्ति हो कि मैले हामीबीच विद्यमान तनावलाई तन्काउन चाहिनँ । सत्य कविता, न म त्यसरी तनावमा बस्न सक्थेँ, न तिमीलाई नै त्यो अवस्थामा राख्न सक्थेँ । कहीँ त हामी छुट्टिनै पर्ने थियो । यो यात्रामा म तिमीजस्तै गतिमा दौडन सक्तिनथेँ, न तिमी मेरो गतिलाई अंगीकार गर्ने सामर्थ्य राख्थ्यौ । मेरो यस्तो कदमका निम्ति मलाई निर्दयी मान्छ्यौ भने मान, तिम्रो अधिकारको कुरा हो । तर तिमीले जे सोचे पनि, जे ठाने पनि मभित्र अझै पनि तिमीप्रति प्रेमभावना छ । उस्तै, उत्तिकै, एक इन्च पनि तलमाथि होइन ।

तिमी भन्थ्यौ, बिहा नभएका जोडीले दक्षिणकालीमा दर्शन गर्नु हुँदैन । कहाँनेर भूल भो ? अझै पनि सोध्न मन लाग्छ तिमीलाई ।

कुखुरे बैंस

राबत

मध्यान्तर भयो ।

त्यतिखेरसम्म काजोलले रेलको ढोकामा उभिएर रातो दुपट्टा उडाइदिइन् र शाहरूखबाट बिदा भइन् । शाहरूख 'ट्वाँ' परेर रून्चे अनुहार हामीलाई देखाइरह्यो ।

हलमा बत्ती बल्दा मैले आँसु पुछिसकेको थिएँ । र, म पनि शाहरूख खानबाट 'रामे' भइसकेको थिएँ ।

चुपचाप बसेका मान्छेहरू उठबस गर्न थाले । रानी मुखर्जीपट्टिकी छोरी अञ्जलीकी उमेरका भुराहरूले हलभित्रै चाउचाउ, बिस्कुट, पानी, मुमफली बेच्न ल्याए । चाउचाउ खोलेको र चपाएको आवाजले सबभन्दा डिस्टर्ब हामी (म, भोजे, किस्ने, प्रेम) लाई गन्यो । कारण- हामीसँग फर्किने गाडी भाडाबाहेक अर्थोक किनेर खाने पैसा थिएन । पिसाब मात्र फेन्यौं, पैसा नलाग्ने भएकाले । र, चुपचाप जिब्रोले ओठ भिजाएर फेरि डेढ घन्टासम्म शाहरूख खान बनिरह्यौं ।

त्यो फिल्म हेर्दाताका हामीलाई लबेरियाले छोइसकेको रहेछ !

भोलिदेखि हामीले बाटोमा, कक्षाकोठामा, स्कुलको ट्वाइलेटमा जताततै 'कुछ कुछ होता है' भनेर खुब गागौं । सरले पढाइरहेका बेला पनि म आँखा चिम्लेर मनमनै यो गीत दोहोऱ्याइरहन्थेँ । 'अप्सनल-म्याथ' पढाउने पातलो, अग्लो न्यौपाने सरले नाकको दुइटा प्वाल 'ट्वाङ्ङै' देखिने गरी चिउँडो शीरै माथि उठाएर चकको निशानाले 'ट्वाक्क' मेरो निधारमा लाग्नेगरी हान्नै भन्नुहुन्थ्यो, 'यो रामबादुर दिउँसै निदा छ ।'

र, म सबैको आँखालाई नाघेर ब्ल्याक-बोर्डमा हेर्थें । 'कुछ कुछ होता है' गीत झ्यालबाट बिस्तारै निस्केर हावामा मिसिन्थ्यो ।

सरको चकले हामी कोही पनि डराउँथेनौं । सरको ध्यान 'ब्ल्याक-बोर्ड'मा भएको मौका पारेर, मेरो छेउमा बस्ने प्रेमले कागजको रकेट, केटीहरूको चुल्ठोमा ल्यान्ड गराउँथ्यो । जुन केटीको चुल्ठोमा रकेट ल्यान्ड गर्थ्यो, त्यो मक्ख पर्थी । कहिलेकाहीँ रकेट केटीहरूको टाउको छल्दै न्यौपाने सरको पातलो कम्मर ठुड्न जान्थ्यो । त्यतिबेला न्यौपाने सर, पौराणिक कथाको भगवानभैँ आफ्नो ठाउँबाट अदृश्य भएर एक्कैचोटि हाम्रो बेन्च अगाडि प्रकट हुनुहुन्थ्यो, किनकि कक्षाभरिमा रकेट हान्ने केटाहरू हाम्रो बेन्चमा मात्रै थिए । सरले हत्पत्त पिट्न सक्नुहुन्थेन । रिसले मुमुरिएर अनुहार कचौराजत्रो पार्दै भन्नुहुन्थ्यो, 'तिम्हरलाई खुब कुखुरे बैस चढ्या छ । जाँचमा देख्छौ तिम्हरको बैस ।'

केटाहरू के ठान्थे कुन्नि, म भने सरको वाक्यको केही अंशमा सत्य देख्थें । हामीलाई लबेरिया कम, कुखुरे बैस ज्यादा लागेको प्रस्ट थियो । किनकि त्यतिबेला हामी कात्तिके कुकुरहरू नचुँडिएसम्म हेर्थ्यौं । भाले कुखुराले पोथी कुखुरालाई पछाडिबाट ठुँगेर थचक्क बसालेको पनि मज्जा लाग्थ्यो । गाईगोरूलाई त लखेटीलखेटी धान काटेर रित्तिएको खेतबीच लैजान्थ्यौं र गोरूले गाईको पुच्छरको पिँधमा सुँघेर आकाशतिर चाँचो फर्काएको स्वादले हेर्थ्यौं । केटाहरूबीच पनि लभैका कुरा चल्थे । एकचोटि भोजेले पशुहरूको लीला हेरेर भनेको थियो, 'यिनीहरूलाई छ मोज । न लभ गर्नुपर्ने, न वर्षौं लगाएर फकाउनुपर्ने !'

हुन पनि हो । बिचरा भोजेले तिन्टा नयाँ वर्षमा हिरोको पोस्टकार्डपछाडि लेखेर पठाएको 'आई लभ यु' को जवाफ पाएन । प्रेम-प्रस्ताव राख्ने माध्यम हिरो-हिरोइनको 'पोस्टकार्ड' हुन्थ्यो । नयाँ वर्षमा पठाइन्थ्यो । जवाफ 'एस' आए औपचारिक लभ सुरू भएको मानिन्थ्यो । र, तिनीहरू लुकीलुकी सालघारीतिर जान्थे । त्यति मात्र हैन, जोरनामको बीचमा 'प्लस' चिह्न भएका अक्षरहरू स्कुलका भित्तामा, ब्ल्याक-बोर्डमा, रूखमा वा धुलौटे बाटोमा छ्यापछ्याप्ती देख्न पाइन्थे । तर भोजेले त्यो अवसर पाएको थिएन । दिनदिनै देख्दा पनि दिनदिनै दुब्लाएजस्तो लाग्ने दुब्लो भोजेलाई

लभ गर्ने केटीबाट 'लुरेकी बूढी' भन्ने वाक्य खेप्नुपर्थ्यो । त्यसैले होला, केटीहरूले त्यो हिम्मत देखाएका थिएनन् ।

प्रेमले बढी दादागिरी गर्थ्यो । सरहरूसँग पनि मुखमुखै लाग्थ्यो । अर्कालाई होच्याएर केटीहरूको अगाडि हिरो बन्न खोज्थ्यो । एउटा शुक्रबार, जुन दिन कक्षाकोठा लिपपोत गर्नुपर्थ्यो, लिपेर उब्रिएको पानी उसले हाम्रै कक्षाकी सोभी सीताको गर्धनमा खन्याइदियो । सीता 'अटो साइज'मा भिजी । भिजेको सर्ट पारदर्शी बन्दै गएर भित्री लुगाको 'प्रिन्ट' सर्लक्क बाहिर ल्याइदियो । त्यो दिनदेखि भएको सीता र प्रेमको कट्टी मैले थाहा पाउन्जेलसम्म फुकेको थिएन ।

सीता मात्र हैन, अरू केटीहरू पनि प्रेमको हर्कतबाट आजित थिए । 'डल्ले' भन्न पनि मिल्ने होचो कदको प्रेमले केही न केही उपद्रो गरिरहन्थ्यो । एकचोटि हामीभन्दा आधा नै तल्लो कक्षाको केटोले गेटिसवाला कट्टु लगाएर स्कुल आएको रैछ । स्कुलबाट फर्किंदा प्रेमले केटीहरूको अगाडि पारेर केटोको गेटिसवाला कट्टु ल्वात्त कुर्कुच्चासम्मै पुर्‍याइदियो । केटो लाजले एउटा हातले कट्टु तान्दै, अर्को हातले घोप्टो भी जस्तो देखिने भागको चेपलाई छोप्दै टाप कस्यो । केटीहरूले प्रेमलाई ओठको हाउभाउले मात्र बुझिनेगरी सासले 'मुर्दार' भनेर गाली गरे । केटीहरू प्रेमसँग डराउँथे तर उसलाई मन पराउँथेनन् । त्यसैले प्रेमले आफ्नो नामको अगाडि वा पछाडि 'प्लस' चिन्ह र केटीको नाम लेख्न पाएन । मनमनै लेखेको भए उही जानोस् ।

हामी लास्ट बेन्चमा बस्थ्यौ । किस्ने सुर्ती खान र थुक्न सजिलो हुने भएकाले भित्तातिर बस्थ्यो । उसका दाँत सुर्तीले पहेँलिएका थिए । तीमध्ये माथिल्ला दुइटा दाँत तल्लो ओठलाई छोप्नेगरी बाहिर निक्लेका थिए । केटीहरू किस्नेलाई हाकाहाकी 'दारे' भन्थे । त्यही कारण होला, हामीले थाहा पाउनेगरी किस्नेले पोस्टकार्डपछाडि 'आई लभ यु' लेखेर पठाएन । किस्नेलाई बेलाबेलामा प्रेमले जिस्काउँदै भन्थ्यो, 'ओए बे ! तँलाई मिल्ने केटी नेपालमा पाइन्न, भविष्यमा म सोमालिया या अफ्रिका गएँ भने खोजेर ल्याइदिम्ला ।'

'साले ! तैंले चाइँ पाउलास् नि, काजोल,' किस्नेले पनि जवाफ फकाईहाल्थ्यो, हाँर्दै । ऊ हाँस्दा, मुखका देब्रे कापजेरामा लुकाको सुर्ती पनि देखिन्थ्यो ।

भोजे, प्रेम र किस्नेजस्तै म पनि बिजोडी नै थिएँ । केटीसँग दोहोरो कुरा गर्नुपर्‍यो भने, भर्खर बोल्न थालेको बच्चाजस्तो पूरा वाक्य आउँथेन । कुरा सुरू नहुँदै अन्त्य गरिदिन्थेँ । जुन केटीका लागि गीत गाउँथेँ, त्यो आफैले मात्र सुन्न सक्थेँ । जुन केटीलाई धेरैथोक भन्थेँ, त्यो पनि आफैले मात्र सुन्थेँ ।

धन्न कक्षाको 'फस्ट-बोई' थिएँ । नत्र प्रेमले के-के भनेर जिस्काउँथ्यो । भन्थ्यो होला— लाटो, घुसघुसे, गोज्याङ्ग्रो ... अझ के-के, के-के !

जे होस्, मैले आफूलाई ऐनामा खुब हेर्न थालेको थिएँ । ऐना हेरिहेरी दाँतको कुनाकाप्चा टल्काउँथेँ । निधारबाट चुहिनेगरी कपालमा तेल घस्थेँ र सर्लक्क सिउँदो काट्थेँ । तेल नसुकुन्जेल सिउँदो बस्थ्यो, तेल सुकेपछि कपाल फेरि छाताजस्तो अगाडि तेर्सिन्थ्यो । त्यतिबेला मलाई मेरो कपालजस्तो नराम्रो अरू केही लाग्थेन । कहिलेकाहीँ फोटो खिचाउँदा, क्यामेरा अलि टाढा पर्‍यो भने फोटोमा मेरो आँखै देखिन्थेन । निधारको ठीक मुनि पत्तीले चिरेजस्तो दुइटा तेर्सो धर्सोमात्र देखिन्थ्यो । त्यतिखेर चाहिँ कपाल हैन, मेरो आँखै नराम्रो हो भन्ने लाग्थ्यो ।

आफ्नो रूपको आलोचक म आफैँ थिएँ । ड्रेस मैलिएको दिन स्कुलै जान्थिनँ । हिँड्दा, बस्दा, खाँदा आफूलाई स्याहार गर्न थालेको थिएँ । स्कुलमा 'फस्ट-बोई' को रवाफ छँदै थियो । त्यसमाथि पनि थोरै हिरो बन्न पाए, पोस्टकार्डपछाडि पठाएको प्रस्तावको जवाफ 'एस' हुन्थ्यो भन्ने लागिरहन्थ्यो । रातरातभर टोलाएर बस्न जानिसकेको थिएँ । सानो कुरामा पनि बाआमा, भाइसँग झरङ्ग-झरङ्ग झर्किन्थेँ । कहिलेकाहीँ भाइले मेरो ड्रेस लगाएर गइदिन्थ्यो । त्यो दिन म भाइलाई रुवाएरै छोड्थेँ । स्कुलमा पनि मविरूद्ध बोल्नेलाई भक्कु पिट्थेँ । यो सब गर्नुको कारण पछि मैले थाहा पाएँ कि, मैले पनि चुपचाप-चुपचाप मनमा एउटा छुट्टै संसार बनाएको रहेछु, जहाँ केटीहरूको लाइनबाट दोस्रो बेन्चमा बस्ने रमिला मात्र अटाउँथी । बाँकी मान्छेहरूको उपस्थिति मलाई झिँजार लाग्थ्यो ।

कक्षाभरिमै गोरी थिई रमिला । निधारको थोरै देब्रेबाट एक झुप्पो कपाल 'एस' आकारमा तल झरेर दाहिने आँखीभौंलाई छुँदै सुलुत्त कानतिर जान्थ्यो । बाँकी कपाल रातो रिबनमा लुकामारी खेलेर, टाउकोको दुईतिर फूलको थुँगाजस्तरी थपक्क बस्थ्यो । दुई-तीन जनाले सुन्नेगरी मात्र

हाँस्थी । न मोटी, न दुब्ली । मैले त्यो उमेरमा त्यस्ती केटी फिल्ममा मात्र देखेको थिएँ । हो, त्यही रमिलाको गोलो, गोरो अनुहारलाई मैले कतिखेर मुटु ढुकढुक गर्ने ठाउँमा राखिसकेको रहेछु ।

सायद न्यौपाने सरले भन्नुभएको 'कुखुरे बैंस'लाई 'लबेरिया'ले पो जित्दै थियो कि !

दिनभरिमा रमिला मसँग कतिचोटि बोली र के-के भनी, सबै कण्ठ गर्न थालेको थिएँ । र, उसले बोलेका वाक्यलाई बच्चा खेलाएजस्तै रातभरि मनमा खेलाउँथें ताकि ती वाक्यहरूको अर्थ मेरो मुटुको नजिक भएर जाओस् ! उसले मलाई हेरेको दृश्यलाई पनि हुबहु आँखामा उतार्थें र कुन कोणबाट हेरी भनेर विश्लेषण गर्थें । किनकि प्रेमले भन्ने गर्थ्यो, 'छड्के आँखाले एकोहोरो हेर्‍यो भने 'लाइन' देको हुन्छ रे !' सायद, रमिलाले मलाई त्यही कोणबाट हेरेकी हो भनेर मख्ख पर्थें । म मेरो रङ्गीन संसारमा यसरी विचरण गर्थें कि ब्युँझदा कापीकलम भुइँमा, किताब खुट्टातिर र सिरानीचाहिँ टाउकोमाथि हुन्थ्यो ।

मलाई सबभन्दा रमाइलो बञ्जाडे सरले नेपाली व्याकरण पढाउँदा लाग्थो । थलथले मासुले भरिएको बाक्लो जिउ, टमक्क मिलेको दाँत र निक्खर कालो जुँगा भएको बन्जाडे सरले व्याकरण पढाउँदा प्रायः मेरो नाम उच्चारण गर्नुहुन्थ्यो । म उहाँको प्रिय छात्र भएर होइन, मेरो नाम 'कमन' भएकाले । ढुङ्ग्रोजस्तो गोलो पारेको किताबको चुच्चोले एकजनालाई उठाएर सोध्नुहुन्थ्यो, 'राम स्कुल आएन । यो कुन काल हो ?'

उठ्नेले उत्तर देओस् कि नदेओस्, मेरो मनमा भने 'राम स्कुल आएन' वाक्य मात्र दोहोरिन्थ्यो । म साँच्चैको स्कुल नआएको दिन सम्झिन्थें । म ड्रेस मैलिएको दिन स्कुल आउँथिनँ । किनकि रमिला सधैं सफा ड्रेस लगाएर आउँथी ।

विशेषण पढाउँदा सर उदाहरण दिनुहुन्थ्यो, 'राम धनी छ ।'

आहा ! म गति खुसी हुन्थें । म आफ्नो काल्पनिक कारको 'झाङभिड सिट'मा हुन्थें । मेरो दागाँ हात 'स्टेरिङ'मा र बायाँ हात रमिलाको कुममा हुन्थ्यो । 'म्युजिक प्लेयर'मा पुरानो फिल्मको गीत घन्किरहेको हुन्थ्यो । हामी मान्छेको बस्ती नाघेर टाढा पुगिसकेका हुन्थ्यौं ।

तर मोटे, जुँगे बञ्जाडे सरले हामी कारमा फर्किन नपाउँदै अर्को विशेषण पेस गर्दै भन्नुहुन्थ्यो, 'राम चोर हो ।'

सबै मलाई 'टार्गेट' बनाएर हाँस्थे । सर पनि दाँत नदेखाइकन मुसुक्क हाँस्नुहुन्थ्यो । म भने सुन पसलतिर सुन चोर्न पुगिसकेको हुन्थेँ । र, रमिलाको हिउँजस्तो सफा जिउलाई सुनैसुनले पहेँलपुर पारिदिन्थेँ । पैसा चोरेर ल्याएर रमिलालाई ओछ्यान लगाइदिन्थेँ ।

सर अझै के-के उदाहरण दिँदै जानुहुन्थ्यो । हरेकमा म हुन्थेँ । र, मसँगसँगै रमिला हुन्थी ।

यसरी धेरै दिन बितेपछि नयाँ वर्ष आयो । भोजे, किस्ने र प्रेमले टन्नै पोस्टकार्ड किनेर ल्याए । मैले पनि हाटबजारको दिन पारेर पोस्टकार्डहरू किनेँ । एउटाबाहेक सबै कार्डमा 'नयाँ वर्षको शुभकामना' मात्र लेखेँ । एउटाचाहिँ खाली नै राखेँ । कतै रमिलाले 'ग्रिन-सिग्नल' देली र 'आई लभ यु' लेखेर पठाउँला भनेर छुट्याएको थिएँ । भोजेले पनि स्कुलको पछाडि लगेर मलाई उक्साएको थियो । दुईजनालाई पनि मुश्किलले छहारी दिने ख्याउटे सिसौको रूखमुनि बसेर, साँच्चिकै रमिलाकै दूतजस्तरी लामो नाकले मेरो निधार छुँलाभैँ गरी भोजे कानमा फुस्फुसाएको थियो, 'बे रामे ! तैले रमिलालाई आई लभ यु लेख, माँ कसम मिस्टेकै जान्न ।'

म आँखामा भुसुना पसेकोजस्तरी झस्किएँ । सोचेँ, साला भोजे मेरो मनमा कतिखेर पस्यो ! कतै यसले मेरो छातीको जिब्रोले बोलेको सुन्यो कि क्या हो ! एक मनले खुसी भएँ, अर्को मनले भइनँ । किनभने यदि रमिलाले अस्वीकार गरी भने, त्यसपछिको जिन्दगीबारे मैले सोच्न भ्याएको थिइनँ । बरू यत्तिकै अघोषित प्रेमिका बनाएर दिनरात कटाउनुमा नै सन्तुष्ट थिएँ । तैपनि भोजेको मन चोर्न खोज्दै भनेँ, 'नाइँ हुन्न बे, त्यसले अर्कैलाई मन पराकी होली ।'

भोजेले पूरै अन्तर्यामीको हाउभाउले मलाई हेर्यो । मानौ उसले नै यो सृष्टि चलाएको हो । दुब्लो लामो-लामो औंलाले मेरो देब्रे पाखुरा च्याप्प समाएर भन्यो, 'भोजेले भन्थ्यो भनेस् ! माँ कसम ।'

'छोड्दे बे,' मैले हाँसीहाँसी भनेँ ।

म रमिलाप्रति हुरूक्क छु भन्ने कुरा भोजेको अगाडि देखाउन चाहन्थिनँ । यदि भोजेले त्यो कुरा चाल पायो भने हावाको वेगमा स्कुलैभरि फैलाउँथ्यो । लभको मामिलामा हामी भोजेलाई 'आज-तक' भन्थ्यौं । कसको लभ कोसँग छ भन्ने खबर एक-एक ल्याउँथ्यो । 'तँलाई मात्र भनेको हुँ,

कसैलाई नभन्' भन्दै सबैलाई भनिसकेको हुन्थ्यो । जे होस्, भोजेको कुराले मेरो इन्द्रेनी सपनामा एउटा रङ भरिदियो ।

त्यो रातैभरि रमिलालाई भन्दा भोजेलाई पो सम्झिएँ । सालेले भनेको कुरा सत्य नै हो जस्तो लाग्यो । किनभने रमिलाको नाम अझै कसैसँग जोडिएको थिएन । पूजामा चढाउने अक्षताजस्तो रमिलाको नाम चोखो थियो । हाम्रै अगाडि कति केटाहरूको 'पोस्टकार्ड' च्यातेर फालेकी पनि थिई । उसले अर्काको पोस्टकार्ड च्यात्दा सबभन्दा खुसी हुने जवान म थिएँ । तर त्यो खुसी रमिलाले थाहा पाउँथी कि नाइँ कुन्नि ! जे होस् रातभरमा मैले, भोजेले सिसौको रूखमुनि भनेको कुरामा सहमति जनाएँ । खाली 'पोस्टकार्ड'को पछाडि 'डबल' अक्षरले 'आई लभ यु रमिला' लेखेँ । मेरो नाम र उसको नामबीच रातो कलमले पानको पात पनि बनाएँ । र, सोचेँ— भोलि मेरो प्रस्ताव बोकेर भोजे जानेछ । फर्किंदा भोजेले आफ्नो च्याउँसे अनुहार, हजार वाटको बत्तीजस्तो उज्यालो पार्नेछ । मुखको दुई कुनालाई कानको फेदसम्म पुग्नेगरी हाँसेर मेरो पुट्ठोमा खुसीले 'भ्वाक्क' एकलात्ती हान्नेछ । र, भन्नेछ, 'देखिस्, चिम्से ! मैले भनेको होइन, हेर् । तँलाई पनि रमिलाले 'आई लभ यु टु, रामु' लेखेर पठाई ।' एक्लै हाँसेर रात बिताइदिएँ ।

शनिबार भएकाले रमिला र मेरो नाम लेखिएको कार्ड अझै एकरात मैसँग रहने भयो । जाबो एक रूपैयाँको कार्ड पनि यति गह्रुँगो भयो कि, पृथ्वी नै बोकेजस्तो । भार थाम्नै नसकेपछि भोजेलाई भेट्न उसको घरतिर तेर्सिएँ ।

गर्मीको दिन भएकाले तराईको तातो हावा नाक र मुखमा मात्र बहिरहेजस्तो लाग्थ्यो । राजमार्गलाई फैलिनै नदिनेगरी च्याप्प अँठ्याएर बसेका घरहरूको टिनको छाना यसरी टल्किरहेका थिए कि, मानौँ हरे क छानामा एकुन्टा सूर्य छ । घरको छयामा बसेका कुकुरका जिब्रा चुँडिएजरतरी लत्रिएका थिए । र, जिब्रोबाट तगतग ग्याल चुहिएको शिगो।

राजमार्गका घरहरूलाई काटेर भोजेको घरतिर मोडिँदै थिएँ, लल्लनको चिया दोकानबाट प्रेमले बोलायो । किस्ने पनि रैछ । पन्यो फसाद ! 'मिसन-लभ' बोफेर म एफलै भोजेलाई भेट्न जान्छु भनेको थिएँ, पाइएन । दुवैजना पछि लागिहाले । तिनीहरूले नदेखून् भनेर खल्तीमा राखे

को 'पोस्टकार्ड' खल्तीभित्रै दोबारेँ ।

भोजे घरमा रैनछ । अब कता जाने ? प्रेमले भन्यो, 'मुमफली किनेर ल्याम् र जङ्गलमा बसेर खाम् ।'

किस्नेले मुमफली किनेर ल्यायो । हामी भोजेको घरपछाडिको कुलैकुलो हुँदै जङ्गलको छेउमा गयौँ र बस्यौँ । किस्ने दुइटा दाँत देखाउँदै फाडा फेर्न फाडीतिर गयो । र, एकैछिनमा सुनको हात्ती भेटेजस्तरी दौडिँदै आयो र भन्यो, 'ओए, ओए… ! मैले देखेँ बे ।'

'के देखिस् बे ?' प्रेमले एउटा मुमफलीले त्यसको गालामा लाग्नेगरी हानेर सोध्यो ।

'भोजे बे, भोजे !' किस्नेले सबै दाँत देखाएर हाँस्दै भन्यो, 'फाडीको पात किन हल्लियो भनेको त बे पातसँगै त्यसको दाहिने हात पनि हल्लिराखेको । माँ कसम !'

हो रैछ । बिचरा भोजे फस्यो । लाजले बोल्न पनि सकेन । 'त्यस्तो गरेको हैन बे' मात्रै भन्न सक्यो । तर किस्नेले आँखैले देखेको हुनाले भोजेको ठूलो बिजेत भयो । त्यो दिनदेखि प्रेमले भोजेको नामै 'हस्तबहादुर' राखिदियो । राम्रै गाली गर्नुपर्‍यो भने केटाहरू भोजेलाई 'हस्ते' पनि भन्न थाले ।

भोजेको कुखुरे बैसले गर्दा मेरो 'मिसन-लभ' पनि स्थगित भयो ।

दुई दिनसम्म भोजे स्कुलै आएन । मैले आफैँले लेखेको रमिला र मेरो नामको बीचबाट कार्ड च्यातेँ । रमिला उड्दै-उड्दै फेरि मेरो देब्रे छातीमा आएर बसी । कुनै दिन रमिलाले मलाई मन पराएको खबर भोजेले ल्याउला भनेर धेरै दिन आशामुखी भइरहेँ ।

रमिलाको घर मध्यबजारमा थियो । हाम्रो घरबाट रमिलाको घर सिङ्गै देखिन्थ्यो । म साँझमा हाम्रो घरबाट त्यही घरको झ्यालमा हेर्थेँ । र, कल्पना गर्थेँ–

बत्तीको मधुरो उज्यालोमा बिस्तारै रमिलाको गोलो अनुहार आउँथ्यो । निधारको देब्रेतिरबाट एक झुप्पो कपाल तल झर्थ्यो । उसका अगाडि एउटा मन पर्ने हिरोको पोस्टर हुन्थ्यो । र, पोस्टरको पछाडि 'आई लभ यु – आर' लेख्थ्यो । अनि बीचबीचमा सेतो दाँत टल्किनेगरी ओठ खोल्दै, बन्द गर्दै पढ्थी र लजाउँथी । म बिरालोको चालमा पछाडिबाट आउँथेँ । उसको

कपालमा नाक घुमाउँथें । उसको सुलुत्त परेको औंलामाथि आफ्नो औंला खप्टाउँथें । ऊ अझ लजाउँथी र हात लुकाउँथी । म बिस्तारै उसको टाउकोलाई आफ्नो छातीमा अड्याउँथें । ऊ चुपचाप मेरो सर्टको टाँक खेलाउँथी । अनि म उसको कमलो चिउँडोलाई दुइटा औंलाले माथि उचाल्थें र हजार जन्मको माया पोखिनेगरी उसको गालामा 'च्वाप्प' म्वाइँ खान्थें । निधारको बीच्चमा पनि खान्थें । र, भन्थें, 'रमिला ! म तिमीलाई धेरै माया गर्छु ।'

कल्पनाबाट ब्युँझिँदा भाइले खाना खान बोलाइरहेको हुन्थ्यो । म कुन संसारबाट फिर्दैछु भन्ने कुरा भाइलाई थाहा हुन्थेन । यसरी मैले रमिलालाई कैयौं साँझ स्वर्गपुरी नगरीमा घुमाएँ । सिसाकलमले उसको चित्र धेरैचोटि कोरेँ, मेटेँ ।

थाहै नपाई मैले दुइटा रूप धारण गरिसकेको रहेछु !

एउटा रूप सबैले देख्यो । अर्को मैले मात्र देख्थेँ । मैले मात्र देख्ने रूप दिनहुँ टोलाउँथ्यो । बर्बराउँथ्यो । रक्सी खान्थ्यो । घरीघरी रमिलाको नाम मात्र लिन्थ्यो । स्कुल छुट्टी भएपछि मेरो देखिने रूप घर जान्थ्यो भने, नदेखिने रूप रमिलाको पछिपछि लाग्थ्यो । रमिलालाई घरसम्म पुर्‍याउँथ्यो । र, फर्किंदा विभिन्न प्रेमगीत गाउँदै फर्किन्थ्यो ।

सायद मैले आफैँमाथि अपराध गरिरहेथें । कसुरविनै आफैँलाई सजाय दिइरहेथें । मैले आफैँलाई मात्र हैन, रमिलालाई पनि ढाँटिरहेथें कि, उसलाई मन पराउने नामहरूमध्ये एउटा नाम मेरो पनि हो भनेर । म त्यत्ति कमजोर पनि थिइनँ कि, जाबो तीन शब्द पोख्नका लागि भोजेको सहारा लिउँ ! सँगै पढेकी केटी हो । त्योभन्दा पनि मिल्ने साथी हो । के नै भन्ली र ? हदै भने, 'आइन्दा मसँग यस्तो कुरा नगर् रामे' त भन्ली । एउटा 'सरी' भन्दे त भैहाल्यो नि ! यही सोचेर मेरो गर्धनमाथि जुरो पलाएर आयो । टाउकोको दुईतिर सिङ पनि उम्रिए । गैले आफूलाई यति शक्तिशाली ठानेँ कि अर्को दिन नै गएर रमिलालाई 'आई लभ यु टु मच' भन्दिन्छु भन्न लाग्यो ।

अर्को दिन आयो । अझ अर्को दिन आयो । रमिलाको अगाडि मेरो मुखबाट 'आई लभ यु' त के थुक पनि निस्किएन ।

गीजेको गुराजरतरी उठी भोजेको अगाडि उपस्थित भएँ । 'गो मुला आज-तकले संसारैभरि फैलाए पनि फैलाओस्' भन्ने सोचेर मैले भोजेको

अगाडि आन्द्राभुँडी पखालिदिएँ । उसले आँखा चिम्लिएर टाउको कन्यायो । र, पाँच-छ पटक सास भित्र-बाहिर गरून्जेल सोचेर भन्यो, 'आइडिया ! यसपालिको पिकनिकमा त्यो पनि जान्छे, त्यही बेला भन् बे ! जे पर्ला-पर्ला ।'

'हुन्छ' भन्ने मानेमा मैले टाउको हल्लाएँ ।

पिकनिकको दिन । प्रायः सबै ठाँटिएर आए । मैले पनि नयाँ लुगा लगाएर गएँ । भोजेले त रूमाल पनि नयाँ किनेछ, बीचमा 'चुम्मा दे दे' लेखेको । देखाउनकै लागि आधा भाग खल्तीको बाहिर झुन्डाएको थियो । हामी 'सिनियर' भएकाले लाने-ल्याउने र खाने व्यवस्थापन हामीले नै गर्नुपर्थ्यो । प्रेम, भोजे, किस्ने अरू-अरू कामतिर खटिए । म भने रमिलाकै व्यवस्थापनमा व्यस्त भएँ । उसकै रोजाइअनुसार अगाडिको सिट मिलाइदिएँ । खाँदा पनि बढी नै हुनेगरी थपिदिएँ । बेलाबेला भोजे आफ्नो तीखो कुइना मेरो ढाडमा गाड्थ्यो र 'के हुँदै छ' भन्ने इसारामा आँखा झिम्काउँथ्यो । मैले 'अहँ' भन्नलाई ओठ लेप्राइरहन पर्‍यो । फर्किंदा गाडीमा जति नै 'कुछ कुछ होता है' गीत बजे पनि मेरो भने केही भएन ।

एक हप्तापछि भोजेले फेरि अर्को 'आइडिया' निकाल्यो ।

एसएलसी नजिकिँदै थियो । त्यसका लागि ट्युसन अनिवार्यजस्तै मान्थ्यौं । 'अप्सनल-म्याथ'को ट्युसन टोलीमा रमिला समावेश गर्ने कुरा भयो । उसले मानी । पाँच-पाँच रूपियाँको मुमफली सिध्याउन लाग्ने समयजति हिँडेर, हामी न्यौपाने सरको घरमा ट्युसन जान थाल्यौं । ट्युसन त म ध्यानसँग के पढ्थें र ! रमिलालाई तीन शब्द भन्नका लागि उचित समय खोजिरहेथैं । तर एसएलसी आउँदासम्ममा पनि मैले उसलाई केही भन्न सकिनँ ।

सोचैँ, पृथ्वी ध्वस्त भएर म र रमिला मात्र रहे पनि म भन्न सक्दिनँ ।

एसएलसी जसरी आउनुपर्थ्यो, त्यसरी नै आयो । एसएलसी दिनका लागि चार गाउँ पर जानुपर्ने बाध्यताले परीक्षा अवधिभरका लागि उतै बस्ने, खाने घर मिलाउनुपर्थ्यो । त्यसका निम्ति हामी सातैजना गयौं । दिनभरि लगाएर तीनवटा घर खोज्यौं । केटा र केटीहरूका लागि छुट्टाछुट्टै । फर्किंदा रमिला मेरो साइकलको पछाडि बसी । रमिला र म चढेको साइकल एक्कासि हवाईजहाजझैँ उड्यो । हामी हरियो डाँडापाखालाई र निलो समुद्रलाई तल पारेर आकाशमा तैरिरहेका थियौं । बादलका सेता,

हलुङ्गा पङ्खहरूले हामीलाई चिसो हावा दिइरहेका थिए । अचानक दुवैजना तर्सिनेगरी 'घच्च्याक्क' भयो । साइकलले सानो खाल्डो नाघेको रहेछ, धन्न साइकल पल्टिएन । रमिलाले मेरो कम्मरमा बेस्सरी समाती र मलाई साइकल राम्ररी चलाउन भनी । साइकल बिस्तारै चलाउँदै उसलाई घरसम्म पुराइदिएँ, साँझमा ।

त्यो रातैभरि मैले रमिलालाई बिर्सिनँ । उसले समातेको कम्मर र उसले छोएको सर्टलाई निकैबेर सुम्सुम्याएँ । उसैले समातिरहेकी छे कि जस्तरी भर्सिकरहेँ । यति मीठो स्पर्श मैले कपड्डी खेल्दा कमलीलाई समाएको बेला पनि गरेको थिइनँ । त्यत्ति स्पर्शले पनि मैले रमिलालाई पूर्णरूपमा पाएँ जस्तो भयो । ऊ मेरोबाहेक कसैको हुन सक्दैन भन्ने ओँट आयो र 'एसएलसी नसकिँदै उसलाई भन्छु र बिहे गर्छु भनेर निधो गरेँ । तर त्यसो गर्न सकिनँ ।

एसएलसीको जाँच सकियो । रिजल्ट पनि आयो । सधैं फस्ट हुने म सेकन्ड डिभिजनमा पास भएछु । फेल हुनेहरूलाई हेरेर चित्त बुझाएँ । बाँकी आफ्नै पागलपन जिम्मेवार थियो । धन्न हाम्रो ग्रुपको कोही फेल भएन ।

एसएलसीपछि म राजधानी आएँ । दिदी-भिनाजुबाहेक चिनेका कोही थिएनन् । उनैकोमा बसेँ । सुरूमा जुन घर देखे पनि क्याम्पस हो कि भनेर भुकिएँ । दिनभरि क्याम्पस खोजेर आउँथेँ र रातभरि रमिलालाई खोज्थेँ । अन्तमा भान्जाको सहायताले सरकारी क्याम्पसमा भर्ना भएँ । काठमाडौंमा हराइन्छ कि भनेर क्याम्पस जाँदा भान्जालाई पनि साथै लगेँ । पछि सोचेँ- यत्रो धेरै मान्छे भएको ठाउँमा पनि कसरी मान्छे हराउन सक्छ ! थोडी यो जङ्गल हो र ! त्यो दिनदेखि भान्जालाई लैजान छोडेँ । तर रमिला सधैं साथमा हुन्थी । उसले जानीजानी कुनै उपहार त दिएकी थिइन तर उसले छोएको मेरो कम्मर सधैं मैसँग हुन्थ्यो । यत्ति नै काफी सम्झिन्थेँ, यो जुनी काट्नलाई ।

आइए दोस्रो वर्षमा पढ्दै थिएँ । एक दिन घरबाट भाइले फोन गर्‍यो । सोचेँ, रासनपानीबारे सोध्छ होला ! सोधेन । पढाइबारे सोध्छ होला भनेँ, त्यो पनि सोधेन । सोध्यो, 'तेरो बिदा छ कि छैन ? भए पाँच-छ दिनका लागि घर आइज । थोरै काम पनि छ । र, तेरा साथी रमिलाको बिहेको

चुले निम्तो पनि आएको छ ।'

त्यसपछि पनि भाइले धेरै कुरा बोल्यो, मैले बुझ्न सकिनँ । 'अँ र हँ मै फोन राखिदिएँ । सोचेँ- सधैं त्यति मीठो बोल्ने भाइले आज किन यत्ति नमीठो बोल्दैछ ? पोहोर साल आमा बिरामी हुँदा, पूजा छ भनेर बोलाएजस्तरी उसले मलाई ढाँटेको त होइन ?

उसले ढाँटेको भइदिए हुन्थ्यो भन्ने मनमा लागिरह्यो । तर उसले सत्य बोलेको रहेछ !

बिहेको दिन आयो । म गइनँ । उता रमिलाको बिहेको मण्डप सजिँदै गर्दा, म पनि यता सजिँदै थिएँ । उता भोजभतेरको लागि टेन्ट टाँगिदै गर्दा, म पनि यता चौरमा पाल टाँग्दै थिएँ । कुर्चीहरू मिलाउँदै थिएँ । निम्तालुहरूलाई खानपानको व्यवस्था मिलाउँदै थिएँ । साथमा रक्सीको गिलास पनि थियो । त्यस दिन मलाई रक्सी पिउन बिहानैदेखि छुट थियो । अरू दिन भएको भए, म त्यसरी दिदी-भिनाजुका अगाडि दिउँसै पिउने आँट गर्दिनथेँ । भान्जा-भान्जीले पनि 'आज त मज्जाले नाच्नुपर्छ है, मामा' भन्दै थिए । उनीहरूको कुराले म अझ साहसी बन्दै एक गिलासको सट्टा दुई गिलास नै स्वाट्ट पार्थेँ ।

साँझपख भोज सकिनै लाग्दा, म धेरै मातेछु र रोएछु पनि । धन्न त्यो दिन, भान्जाको छोरीको पास्नी परेको थियो । त्यसैले मैले त्यसरी रक्सी पिएको र रोएको कुरालाई सबैले रक्सीमै उडाइदिए । मैले रक्सी पिउनु र रुनुको कारण कसैले थाहा पाएनन् । म जत्ति रोए पनि हुन्थ्यो । रोएँ ।

मध्यरात । मैले ओछ्यानमा आँखा खोल्दा 'ट्युब-लाइट' निभिसकेको थियो । झ्यालको पर्दा थोरै सारेँ । र, झ्यालबाट पस्ने बिहानीको नयाँ किरण पर्खेर अनिँदो बसिरहेँ ।

आइडियल बोई

शोभा शर्मा

'तिमी त मेरो आइडियल गर्ल थियौ नि !' फेसबुकको च्याट बक्समा यसो लेखेर पठाउने उही हो, जो मेरो प्रथम आइडियल बोई थियो । तर मैले लेखिनँ, ऊ पनि मेरो आइडियल थियो । मैले लेखिनँ, ट्युसन क्लासमा पहिलो पटक देख्दादेखि नै ऊ मेरो आइडियल बनेको थियो । मैले लेखिनँ, बिर्सन खोज्दा कति पटक सम्झेँ उसलाई । मैले लेखिनँ, उसको यादको डुबान र उडानमा आफैँलाई नि बिर्सिएँ कति पटक । लेखिनँ यी सबै ।

'तिमी कहाँ हरायौ ? किन बोल्न छोड्यौ ? ए, बिन्दास लेडी,' उसले फेरि सोध्यो ।

'मख्ख परेर बसेको नि !' मैले गफ लगाएँ ।

'किन मख्ख ?'

'थाहै नपाई कसैको आइडियल बन्न पाउनु चानचुने कुरा हो ?'

'बाहुनी, धेरै नाक नफुलाऊ ।'

म जिस्किएभैँ मानेर होला उसले त्यसै गरी भन्यो जसरी पहिले भन्थ्यो । उसको बोली फेरिएको रैनछ ऊप्रति मेरो भावना फेरिएजस्तो ।

'तिमी त उस्तै रैछौ,' मैले भनेँ ।

'तिमी पो बाठी भैछौ ।'

'म लाटी थिएँ त ?'

'सोझी थियौ । तर बिन्दास थियौ । अरूलाई पढाइको कत्रो चिन्ता थियो । तिमीलाई भने फिक्री नै थिएन ।'

'हहहह ।'

'हामी हिसाब नआएर र्थनिँदा तिमी अरूलाई जिस्काएर बस्थ्यौ ।'

'फिक्री गरेर पढ्न आउने हो र ?' मैले फेरि गफ दिएँ । 'इन्ट्रेस्ट भएको विषयमा को जिस्केर बस्दो हो ?'

'इन्ट्रेस्ट नभएको मान्छेले किन अप्सनल म्याथ लिएको नि ?' उसले भन्यो । 'तिमलाई हिसाब नआको देखेर त… ।' उसले वाक्य अधुरै छोड्यो मेरो प्रेमभैँ ।

मलाई त हिसाब भन्दा पिसाब आउँथ्यो । सोधेँ उसलाई, 'मलाई हिसाब नआको देखेर तिमलाई के हुन्थ्यो ?'

'हाँसो लाग्थ्यो । यस्ती लद्दुले किन अप्सनल म्याथ लिएको होला जस्तो लाग्थ्यो ।'

'ए, ए । हिसाब त मलाई अझ पनि आउँदैन र त्यसको फिक्री अहिले पनि छैन मलाई ।'

'तिमी आज पनि उस्तै बिन्दास देखिन्छौ,' उसले भन्यो ।

'कहाँ देख्यौ ?'

'फेसबुक फोटो र स्टाटसहरूमा ।'

'ए, हिसाब-किताब नगरी बिन्दास हुन पाए को हुँदैन ?'

'तिमीसँग बोलेर को सक्ला ?'

'तिमी सक्दैनौ र ?'

'अहँ ।'

'त्यसो भए बाई ।'

'किन रिसाको ?'

म रिसाको थिइनँ । उसले के गर्दो रहेछ भनेर केही नभनीकन घुर्की लाएभैँ गरी एकछिन त्यत्तिकै बसिरहेँ । ऊ रिसाएछ क्यारे, च्याटबाट हिँडेछ, मलाई विगत सम्झन बाध्य बनाएर ।

***

ट्युसन क्लासको पहिलो दिन । निलो टिसर्ट लगाएको उसलाई सरले ब्ल्याकबोर्डमा हिसाब गर्न लगाउनुभयो । उसले हिसाब गरेर देखायो । सर प्रसन्न । उसलाई धाप मार्दै भन्नुभयो, 'राम्रो ।'

त्यहीँदेखि ऊ मेरो आइडियल भएको थियो ।

उसलाई मैले त्यसभन्दा अघि पनि देखेकी थिएँ । दोबाटोमा हाम्रो भेट भएको थियो धेरै पटक । तर म उसलाई वास्ता गर्दैनथेँ । त्यो दिनदेखि भने

वास्ता गर्ने भएकी थिएँ । मलाई ट्युसन क्लास कति खेर पुगौँभैँ हुन्थ्यो । मनको क्यानभासमा कुन्नि कस्तो रंग पोतियो, म त्यसैको मोहनीमा हराउन थालेँ ।

हुन त क्लासमा अरू पनि थिए जान्ने केटाहरू । उनीहरू घमण्डले फुलेका हुन्थे, अझ केटीहरूलाई त मान्छे नै गन्दैनथे । तर ऊ भने असल थियो । मै जान्ने हुँ भन्ने भावना थिएन उसमा ।

क्लासमा खुब जान्ने पल्टिने केटो थियो । संसारभरको हिसाब आफैँलाई आउँछभैँ गर्ने । सरसँग डिस्कस गरेर कहिल्यै नथाक्ने । एक दिन मेरो आइडियलले थर्काइदियो, 'ओए बाहुन, कति जान्ने हुन्छस् ? अरूलाई नि बोल्न दे न ।'

त्यो दिनदेखि बाहुन चुप । यता मेरो ढुकढुकी दिनदिनै बढ्न थाल्यो । म आफैँले मेसो पाएकी थिइनँ, किन त्यस्तो हुन्छ । मेरो ट्युसन क्लास संसारभरमा रमाइलो थियो, किनभने ऊ थियो । उसलाई म्याथमा इन्ट्रेस्ट थियो, मलाई उसमा ।

म झन् केटाकेटी जस्तै बनेकी थिएँ । चकचके र चञ्चल । किनकिन साना साना नानीभैँ खेल्न मन लाग्थ्यो । मेरो आइडियलको ध्यान मैतिर होस्जस्तो लाग्थ्यो । हरे ! फेरि लाज पनि लाग्थ्यो ।

एक दिन साथीसँग एउटा खुट्टाले टेकेर आफैँले फालेको गोटी छुने खेल नरिवल खेल्दै थिएँ । गोटी फालेर एउटा खुट्टा उचालिसकेकी के थिएँ उसलाई देखेँ । दुइटा खुट्टाले टेक्दा त उसलाई देखेपछि मुटु हल्लिन्थ्यो, भुइँचालो नै आएजस्तो भयो । म त ढिलपिल ढिलपिल भएँ । कतिखेर दुई खुट्टा टेकेछु, पत्तै भएन । म आउट भएँ ।

ऊ नजिक आयो र जिस्क्यायो, 'यो बाहुनीलाई लाज पनि लाग्दैन । बूढी भैसकेको पत्तो छैन, जामा उचालेर एकखुट्टे खेल्छे ।'

म पानीगानी भएँ ।

अरू केटाहरूले पहिल्यै जिस्काएका थिए उनीहरूलाई मैले नै थर्काएर चुप बनाएकी थिएँ, उनीहरूले खुच्चिङ गरे । त्यसपछि मैले कहिल्यै एकखुट्टे खेलिनँ ।

त्यसै बेला हो, एक्लैएक्लै बस्न थालेको पनि । त्यसै बेला हो, हरियो पाखाभरि गीत गाउँदै घाँस काट्न मन लागेको । पराईलाई आफ्नो देख्न

थालेको पनि त्यसै बेला हो । पहिला कहिल्यै नौलो नलागेको संसार रहस्यमय लाग्न थालेको पनि त्यही बेला हो । एक्लैएक्लै लाज मान्न र हाँस्न थालेको पनि त्यही बेला हो । ऐना अगाडि घन्टौं बस्ने बानी लागेको पनि त्यही बेला हो । र, आफ्नो ढुकढुकीमा अरूको नाम सुन्न थालेको पनि त्यही बेला हो ।

अनुभूतिको रंगीन छाया थियो ऊ । त्यही छायाको मायामा म फसेकी थिएँ, पत्तै नपाई । त्यसैले रमाइलो थियो मेरो मनको संसार । तर सधैं होइन । कहिलेकाहीँ कताकता अनौठो पीडा हुन्थ्यो, छालाभित्रको कमलो मासु घोचिँदाखेरिको जस्तो । छातीभित्र कतै दुख्यो तर कहाँनिर, मलाई थाहा थिएन ।

म क्लासभित्र पस्दा पहिलो पटक आँखा उसैलाई खोज्थे । उसलाई देखिनँ भने म झ्यालतिर गएर बस्थेँ । झ्यालबाट उसको घर र आउने बाटो पूरै देखिन्थ्यो । त्यहाँबाट पनि उसलाई देखिनँ भने कुन्नि कुन ठाउँमा दुख्यो भित्र-भित्र ।

उसको स्कुलमा पढ्ने भाइहरू थिए हाम्रो गाउँमा । उनीहरूका कुरा चाख मानेर सुन्ने भएकी थिएँ म, उसका कुरा पो गर्छन् कि भनेर । हाँसो लाग्छ अहिले त्यो कुरा सम्झँदा ।

एक दिन एकजना भाइले उसको स्कुलको कुरा गर्दा ऊ भलिबल खेल्न च्याम्पियन छ भनेको थियो । म ऊसँग सम्बन्धित अरू प्रश्न पनि जान्न चाहन्थेँ, जस्तो मेरो आइडियल के गर्थ्यो ? उसलाई के मन पर्छ के मन पर्दैन ? आदि, इत्यादि । त्यसैले म घुमाई-घुमाई मेरो आइडियलबारे प्रश्न गर्थेँ । तर भाइ कुरा अन्तै मोड्थ्यो, दिक्क लाग्थ्यो । मेरो अन्तरमा कसैका बारे यति गहिरो उत्सुकता जिन्दगीमै पहिलो पल्ट पलाएको थियो । उसलाई जतिखेरै पनि हेर्न मन लाग्थ्यो । उसबारे सुन्न मन लाग्थ्यो । खाना खाँदाखाँदै टोलाउथेँ । कुचो लाउँदा लाउँदै र घाँस काट्दाकाट्दै हराउँथेँ म । सम्हालिन गाह्रो हुन्थ्यो । अरूसँग सत्य बोल्न झन् कति हो कति गाह्रो ।

***

अप्सनल म्याथ पढाउने सर कडा हुनुहुन्थ्यो, त्यसैले हल्ला गरेर बस्थ्यौं । मेरो आइडियलको एउटा साथी थियो अति नै चालु । मेरी दुइटी

साथीलाई एकैसाथ साइड मारेर बस्थ्यो । हाम्रो बेन्चपछि एउटा खाली बेन्च हुन्थ्यो त्यसमा चालु केटा आएर बस्थ्यो र मेरा साथीलाई काउकुती लगाउँथ्यो । एक दिन त्यो केटा आएन र बेन्च खाली नै भयो । खाली बेन्च पछाडिको बेन्चमा मेरो आइडियल र अरू केटा बसेका रैछन् । खाली बेन्चमा अडेस लागेको त बेन्च ढल्किन्छ, फेरि फेरि । मैले मेरो आइडियललाई नै आँखा तरेँ । रिसै त उठेको थिएन ।

'मलाई थाहा थियो यो बाहुनीले मलाई हेर्छे,' उसले भन्यो ।

'के गरेको ?' म रिसाएजस्तो गरेँ ।

अरूले पो रैछ । म उनीहरूसँग रिसाएँ । उसले फेरि भन्यो, 'अरूले जे गरे नि मलाई हेर्छे ।'

मलाई हाँसो लाग्यो र कताकता पछुतो पनि । तैपनि भनेँ, 'हेर्नै नहुने भए आफ्नो अनार मधुसमा लुकार आऊ ।'

'कति मुख फर्काउन आको हो यो बाहुनीलाई !' उसले यत्ति भन्यो ।

मैले उसलाई त्यति धेरै हेर्दी रैछु ? अचाक्ली लाज लाग्यो मलाई । लाज र पछुतोको यति गहिरो अनुभूति पनि पहिलो पटक त्यही बेला भयो ।

***

'म तिमलाई हिसाब सिकाइदिन्थेँ, तिमले मलाई कति राम्रा-राम्रा पेन दिन्थ्यौ । थाहा छ ? तिमले दिएका पेन पोखरा आउँदासम्म पनि मैले जोगाएर राखेको थिएँ ।' एकदिन उसले च्याटमा भनेको थियो । यो कुरा त मैले बिर्सिसकेकी थिएँ ।

नयाँ-नयाँ पेन किन्न मलाई गाह्रो थिएन । बुवा र आमाले आफ्ना लागि किनेका कलम पनि मैले नै हिँडाउथेँ । त्यसैले मसँग त्यो बेला भखरै बजारमा आएका सेलो जेल पेन हुन्थे— निला, काला, राता, हरिया पाइने जति रङका । तर मलाई रंगाउने रंग त ऊ थियो । मलाई खुसी बनाउने र दुःखी बनाउने कं थियो ऊसँग ?

'तिमीलाई केहीको पिन्त्री थिएन,' उराले गन्यो । तर थियो, उसको ।

कक्षामा जहिल्यै ऊ मेरो पक्षमा बोल्थ्यो । एकदिन मेरी साथीले मलाई भनी, 'उसले तँलाई मन पराउँछ ।'

मेरो मन भरिलो भयो भावनाले, जोडसँग धड्किन थाल्यो मुटु । तर मैले पनि उसलाई मन पराउँछु कसरी भन्न सक्थेँ र ! भनेँ, इस् ! कसरी थाहा पाइर ? त्यसले मन गराए पराओस्, मलाई के मतलब !'

साथीलाई त यस्तो भनैँ । तर मन आत्मसन्तोषले भरियो । अरूलाई बाँड्न नसक्ने आत्मसन्तोष पनि कति मीठो हुँदो रहेछ, त्यही बेला महसुस भयो ।

मैले पनि त उसलाई सधैँ सम्झन्थेँ । उसलाई त म पारि डाँडामा देखे पनि चिन्थेँ । सायद उसको छाया पनि चिन्थेँ होला ।

पारि देखिने घर उसको हो भन्ने थाहा पाएपछि मेरा आँखाको ठेगाना पनि त्यतै सरेको थियो । मेरो घरको ओँटीको पल्लो कुनाबाट उसको घर देखिन्थ्यो । त्यहाँ बसेर घन्टौँ उसको घर हेर्थेँ । वनमा दाउरा लिन जाँदा सिरपाटाबाट तल उसको घर देखिन्थ्यो । मेरा आँखा उसैको घरमा गएर ठोकिन्थे । केही हल्का हुन्थ्यो, दाउरा बोक्दाको थकाइ पनि मेटिन्थ्यो । उसको घर वरिपरि देखिने हर आकृति मलाई आफ्नो लाग्थ्यो । घरबाहिर कोही देखियो भने म ठम्याएर हेर्थेँ, 'उही पो हो कि ?'

उसको फिक्री गर्दागर्दै एसएलसी सकियो । सुनेँ, ऊ त गाउँ छोडेर गयो अरे पोखरा । मेरो मनको चंगा ओस्सिएर झन्यो । हल्लियो मेरो धरती । मेरो आँखाको ठेगानामा कुनै जादु थिएन । बस्, उदासी ।

ऊ गयो पोखरा साइन्स पढ्ने तयारी कक्षा लिन । मेरो मुटु उफ्रिन थाल्यो । अकस्मात बिरानो लाग्यो संसार । मलाई मन परेका हर चिज फिक्का लाग्न थाले । आफ्नै ठाउँ, आफ्नै घर उराठलाग्दो लाग्न थाल्यो । ओहो ! कहाँ जाऊँ ? कसलाई भनूँ ? छातीभित्र मडारिएको तुफान बाँड्न सक्ने मेरो कोही थिएन । डर लाग्थ्यो, एक्लैएक्लै कोही केटोलाई सम्झिन्छु भन्दा अरूले के सोच्लान् ! इज्जतै जाने भयो भन्ने कुराले कार्थेँ भित्रभित्रै फेरि । तनाव, उदासी र डरको त्यो आँधीमय अनुभूति एक्लै कसरी सामना गरेँ होला, सोच्दा अचम्म लाग्छ ।

एसएलसीपछिको फुर्सदमा मैले किताब पढ्न थालेँ । कम्युनिस्ट आन्दोलनबारे लेखिएका उपन्यास मनपर्थ्यो मलाई । मैले पढ्ने उपन्यासको नायकमा पनि उसको छवि देख्थेँ । उपन्यासमा प्रेममा परेका नायक-नायिकाका अनुभूति पढ्दा थाहा भयो, मेरो पनि आइडियलसँग प्रेम परेको रैछ । अनौठो लाग्न नपाउँदै सम्झिएँ, प्रेम परेपछि उसैसँग बिहे गर्नुपर्छ । हो त नि मैले किन सम्झेको होला ! मलाई डर लाग्न पो थाल्यो । न म उसलाई बिर्सिन सक्थेँ, न उसलाई छुट्ट्याएर भविष्यको कल्पना गर्न । म साह्रै आत्तिएँ । उसको र मेरो बिहे कसरी हुन सक्छ ? मगर केटोसँग

मलाई बिहे गर्न कस्ले दिन्छ ! मेरो अन्तर काम्न थालेको थियो । धेरै दिन म यस्तै तनाव लिएर बसेँ । एक दिन मनले आफैं भन्यो, 'कसैले ऊसँग बिहे गर्देनन् भने भाग्नुपर्ला ।'

तर आइडियलले के भन्ने हो, पत्तो थिएन । म भने एक्लै यता भाग्ने योजना बनाइरहेकी थिएँ ।

***

एसएलसी पास भएपछि म काठमाडौं आएँ । मेरो मन भने उसको सहरमा डुल्न थाल्यो ।

जाडो बिदामा घर गएँ, ऊ भेटिन्छ भन्ने आस लिएर । तर ऊ आएको रहेनछ ।

माघे संक्रान्ति मेलामा त आउला ? सहरबाट आउने बाटोमा मैले आफ्ना आँखा ओछ्याएर राखेकी थिएँ ।

माघे संक्रान्तिको दिन । स्कुलमा मेला थियो । भलिबल प्रतियोगिता चलिरहेको थियो । मान्छेहरूको भीड छिचोल्दै म स्टेजनिर गएर हेर्न थालेँ । उसका भाइ, बहिनी, बा, आमा सबैलाई देखेँ, तर उसलाई देखिनँ । तर मेरो मनले भनिसकेको थियो, ऊ आएको छ । एक्कासि उसलाई मतिरै आउन लागेको देखेँ । मुटु ढक्क फुल्यो । यति जोडसँग बज्न थाल्यो कि संसारमा मेरो मुटुको आवाज जति ठूलो केही छैन होलाजस्तो लाग्यो । निधारमा चिटचिट पसिना आए । उसले हाँस्दै मलाई बोलायो । मलाई याद छैन म हाँसेँ कि हाँसिनँ ? उसले सोध्यो, 'कति दिन भयो आएको ?'

'१५ दिन ।'

'कति दिन छ बिदा ?'

'अझै १५ दिन ।'

'कति भैरै बिदा । हाम्रो त भोलि क्लास सुरू हुन्छ । आजै जाने हो ।'

'हो र ?' मैले यति नै भन्न राकेँ ।

उसैले सोध्यो, 'तिमले कहाँ, कुन विषय पढ्दैछौ ?'

'आरआर क्याम्पसमा पढ्दैछु, पत्रकारिता ।'

'ए ! राम्रो विषय पढिछौ । राम्ररी पढ्नू, यहाँ जस्तो ठगठाग गरौला, हैहै ।'

उसका आँखामा हेर्न त सकेकी थिइनँ, बोल्ने कुरै भएन ।

'पोखरा आजै जाने हो, लौ म त गएँ,' उसले भन्यो । अनि ऊ हिंड्यो मेरो मुटुको धड्कन लिएर ।

आँखा ऊ गएतिरै दौडिए । ऊ जान्छ भन्ने चिन्ताले उदास भएँ । अघि राम्रोसँग नबोलेकामा पछुतो पनि भयो, तर म कसरी बोल्न सक्थें ? मुटु फुलेर सासै रोकिएला जस्तो त भएको थियो । ऊ गएपछि मलाई मेलाको रमाइलोले बाँध्न सकेन । मेरो मन त उसैसँग हिंड्यो । म भीडबाट निस्किएँ, साथीहरूलाई घर गएर आउँछु भनेर ।

सेरा बजारको छेउमै देखैँ उसलाई । मैले सोचेकै ठाउँमा । तर उसलाई नदेखेभैँ गरेर हिंडैँ !

'ओए,' ऊ करायो, 'पख न ।'

म फर्किएँ । ऊ नजिकै आएपछि मैले भनैँ, 'जान लाग्यौ ?'

'तिमी किन मेला हेर्न छोडेर हिंडेको ?' उसले सोध्यो ।

'सञ्चो नहोलाजस्तो भयो ।'

'ए, आराम गर गएर । काठमाडौं गएपछि त हामलाई बिर्सिन्छौ तिमले ।'

म केही बोलिनँ । जहाँ गए नि तिमलाई बाहेक कसैलाई सम्भिन्न भन्न नमिलेपछि के बोल्नु त ?

'फोन छैन तिम्रो ?' उसले सोध्यो ।

'छैन । तिम्रो छ फोन ?' छन त अंकलको फोन थियो ।

उसले नम्बर भन्यो र थप्यो, 'फोन गरेर मलाई बोलाइदिन लगाउनू ।'

कलम थिएन साथमा, नम्बर मनमनै दोहोऱ्याएँ ।

'ल हुन्छ म फोन गरूँला । तिमी राम्रोसँग जाऊ,' मैले भनैँ ।

'राम्रोसँग पढ । यहाँजस्तो होइन, अब सिरियस हुनुपर्छ' भन्दै ऊ पर पुग्यो । म माथितिर उक्लैँ । नम्बर बिर्सिन्छु कि भन्ने चिन्ता थियो, दोहोऱ्याइरहैँ ।

पर पुगेर चिच्यायो, 'फोन गरे है !'

सुनेर मेरो मन चंगा भयो । घर पुगेर पहिले उसको नम्बर टिपैँ कपीमा । ऊ गैसक्यो भन्ने सम्झेर मन फेरि त्यसै अमिलो भयो ।

भावनाको उफानले नम्बर टिपेकै कपीमा एउटा कविता पनि लेखायो । आफैँले लेखेको कविता पढ्दा आँखाबाट आँसु झऱ्यो । प्रेम कविता पहिलो पटक लेखैँ । उसको नाउँमा कवि पनि भएँ । म आफै आफ्नै नियन्त्रणमा

थिइनँ । कस्तो आवेश थियो त्यो ?

काठमाडौँ आइपुगेको एक-दुई महिना भइसकेको थियो । यतिका समय ऊसँग भेटेको त्यही पाँच मिनेट काफी थियो सम्भिन र मुस्कुराउन । बेचैनी बढ्न थाल्यो, ऊसँग एकै पटक बोल्न मात्र पाए पनि हुने । तर बोल्न त ऑट चाहिन्थ्यो । पिसिओभित्र छिरेर फोन लगाउर्थें । हातै काँथे अनि त्यसै छोडेर हिँड्थें । कैयौँ पटक आधा नम्बर डायल गरेर छोडैँ । कैयौँ पटक नम्बर डायल गरेर काटैँ । एक दिन हिम्मत गरेर पूरै रिङ जान दिएँ, फोन उठ्यो । मसिनो आवाजमा डराई-डराई हेलो भनैँ । उताबाट बूढो मान्छेको स्वर आयो । उसलाई बोलाइदिन भनैँ ।

'को हो ?'

'को रे ?' उसको आवाजले मेरो कानै चिरिएलाजस्तो भयो ।

मैले उसको नाम भनैँ ।

'बेल्का गर । ऊ अहिले खेल्न गाको छ ।'

साँभ्रु कहिले पर्ला जस्तो भयो, दिनभरि । मनमा अनेकथरी कुरा खेलिरहे । म भावनाको रंगीन तालमा डुबिरहँ । मुटुको धड्कन पनि बढेको बढ्यै भयो । बेलुका साथीलाई लिएर पिसिओ छिरैँ । अर्को चोटि फोन गर्ने ऑट आएन । साथीलाई फोन डायल गर्न लगाएँ । फोन गयो । उताबाट आइमाईको आवाज आयो । साथीले हेलो भनी र एकैछिनमा फोन राखी ।

मेरो मन चिसो भयो ।

'डरलाग्दी रैछे बूढी,' साथीले भनी ।

'के भनी र ?'

'के के भनी के के नि !'

म अलमल्ल परैँ ।

'के भनी र ?' फेरि सोधैँ ।

'कस्तो हो र तिम्रो साथी ? बूढीले त 'कति केटीले फोन गर्च यो केटालाई' भनी त !'

राधीको कुरा गुटु छेडेर गित्र परयो ।

विमल आरोही
मार्टिन चौतारीसँग आबद्ध विमल आरोही त्रिचन्द्र कलेजमा पढाउँछन् ।

शिवानीसिंह थारू
चर्चित टेलिभिजन कार्यक्रम मेरो गीत, मेरो सन्देशकी सञ्चालक शिवानीसिंह थारूको नाटक भर्चुअल रिआलिटी मञ्चन भएको छ । उनले बिबिसी मिडिया एक्सनको रेडियो नाटक कथा मिठो सारंगीकोमा लेखक र प्रड्युसरका रूपमा काम गरिसकेकी छन् ।

कुमार नगरकोटी
प्रयोगधर्मी लेखक कुमार नगरकोटीका रचना थुप्रै दैनिक र साहित्यिक पत्रपत्रिकामा प्रकाशित छन् । मोक्षान्त : काठमान्डु फिभर उनको पहिलो प्रकाशित कृति हो ।

कमल नेपाली
विभिन्न पत्रपत्रिकामा लेखरचना लेख्ने कमल नेपाली आफ्नो पहिलो उपन्यासमा काम गर्दैछन् ।

लेनिन बज्जाडे
कारोबार दैनिकसँग आबद्ध लेनिन बज्जाडे सक्रिय ब्लगर हुन् ।

अजित बराल
अजित बराल द लेजी कनम्यान एन्ड अदर स्टोरिजका लेखक र न्यु नेपाल, न्यु भ्वाइसेजका सहसम्पादक हुन् ।

ऋचा भट्टराई

ऋचा भट्टराईका थुप्रै समीक्षा, लेख, रचना पत्रपत्रिकामा छापिएका छन् ।
उनको कथासंग्रह फिफ्टिन एन्ड थ्री क्वार्टस प्रकाशित छ ।

सुबिन भट्टराई

कथाकी पात्र कथासंग्रह र उपन्यास समर लभका लेखक हुन् सुबिन भट्टराई ।

राबत

राबतका कविताले राष्ट्रिय-अन्तर्राष्ट्रिय पुरस्कार पाएका छन् । उनको पहिलो
कवितासंग्रह यसै वर्ष आउँदैछ ।

शोभा शर्मा

साहित्यमा रूचि राख्ने शोभा शर्मा हिमालय टाइम्स दैनिकमा अदालती
रिपोर्टिङ गर्छिन् ।

www.ingramcontent.com/pod-product-compliance
Lightning Source LLC
Chambersburg PA
CBHW020956160726
47994CB00006B/2258